# L'ATLANTIDE

## LES RÉVÉLATIONS D'UNE CIVILISATION PERDUE

*SHIRLEY ANDREWS*

Titre anglais original: Atlantis
Translated from (or Reprinted from)
Atlantis
Copyright©1997  Shirley Andrews
Published by Llewellyn Publications
St.Paul, MN  55164 USA
©1998 Éditions AdA Inc.

Révision: Nancy Coulombe, Cécile Rolland
Typographie et mise en page: François Doucet
Graphisme: Carl Lemyre
ISBN 2-921892-36-7
Traduction: Suzanne Grenier - Intersigne

Première impression: 1998

Éditions AdA Inc.
172, Des Censitaires
Varennes, Québec, Canada, J3X 2C5
Téléphone:   450-929-0296
Télécopieur: 450-929-0220
**www.ADA-INC.com**
**INFO@ADA-INC.COM**

**Diffusion**
Canada: Éditions AdA Inc.
Téléphone:   450-929-0296
Télécopieur: 450-929-0220
**www.ADA-INC.com**
**INFO@ADA-INC.COM**

France: D.G Diffusion
6, rue Jeanbernat
31000 Toulouse
Tél: 05-61-62-63-41
Belgique: Rabelais- 22.42.77.40
Suisse: Transat- 23.42.77.40

**Imprimé au Canada**

# L'ATLANTIDE

## LES RÉVÉLATIONS D'UNE CIVILISATION PERDUE

SHIRLEY ANDREWS

## L'ATLANTIDE EST DISPARUE
## MAIS PAS OUBLIÉE

Certains prédisent que l'Atlantide resurgira un jour de la mer. D'autres croient plutôt que rejailliront les connaissances éclairées et la spiritualité de l'Âge d'or.

Si nous suivons l'exemple de longévité de la civilisation de l'Atlantide et simplifions nos vies... si nous mettons au premier plan l'amour, la compassion et l'accord avec la nature... si nous acceptons de recevoir éventuellement les conseils des visiteurs venus du ciel pour nous aider, alors, la race humaine et la Terre pourront survivre.

Et, en esprit, l'Atlantide s'élèvera de nouveau.

*Lire, non pas pour contredire et réfuter, ni pour croire et tenir pour acquis, mais pour jauger et considérer... Les histoires rendent l'homme sage.*

*FRANCIS BACON*

# REMERCIEMENTS

*L'Atlantide : les révélations d'une civilisation perdue* ne se serait jamais matérialisé sans l'aide et les encouragements soutenus de ma famille et de mes amis. Je tiens tout particulièrement à remercier Bill Andrews pour la patience avec laquelle il m'a aidée à surmonter la complexité de la technologie informatique, pour sa lecture avisée ainsi que pour le temps et les efforts qu'il a consacrés à l'impression des multiples versions du manuscrit. Katherine Min, Karen Taylor, Marianne Trost et Rebecca Zins ont effectué un soigneux travail d'édition, et je leur en suis sincèrement reconnaissante, tout comme à Jim Keck, Marian et Dick Thornton, Susan, Carol et Roy Andrews, Terry Baker, Peggy Davenport, John Reid et Barbara et Jack Wolf, dont les commentaires et les suggestions me furent très utiles.

Les points de vue que j'ai exprimés dans *L'Atlantide* sont les miens, ils ne sont pas nécessairement partagés par les personnes qui m'ont aidée et que j'ai tenu à remercier.

# TABLE DES MATIÈRES

# LISTE DES ILLUSTRATIONS

## PRÉFACE

Lorsque j'étais très jeune, je pensais constamment à une terre nommée l'Atlantide. Celle-ci se trouvait, j'en étais sûre, dans l'océan Atlantique. Les adultes m'ont finalement convaincue qu'elle n'existait pas mais, comme un enfant adopté à la recherche de ses parents biologiques, j'ai continué de manifester un intérêt insatiable pour ce mystérieux pays. Je réalise maintenant que, dans une vie antérieure sur l'Atlantide, j'ai utilisé mes connaissances et mes habiletés à de mauvaises fins, pour gagner du pouvoir. Jeune prêtre, je suis tombé sous l'influence d'un mage plus âgé qui m'a encouragé à abuser des femmes et à faire usage de mes talents en dominant les autres. Pour racheter ces méfaits, je crois que je dois diffuser mon savoir concernant les richesses de la civilisation atlante, et ce, dans l'espoir de contribuer aujourd'hui à l'amélioration et au maintien de la vie sur cette planète.

Pendant des années, chaque fois que cela m'était possible, j'ai poursuivi mes lectures au sujet de l'Atlantide. J'ai appris des anciens érudits, de scientifiques, de chercheurs contemporains, des Amérindiens, des lectures d'Edgar Cayce et d'autres médiums renommés. J'ai été surprise de découvrir à quel point, malgré l'absence de contact mutuel, le matériel transmis par les médiums pouvait correspondre à celui que nous fournissent les sources plus traditionnelles. J'ai acquis très vite la certitude que, jusqu'à il y a environ 12 000 ans, le peuple de l'Atlantide a bel et bien vécu et prospéré sur une terre située dans l'océan Atlantique, laquelle, comme tant d'autres choses à la surface de notre instable planète, est simplement disparue.

Une grande part des connaissances que j'ai accumulées au sujet de l'Atlantide ont une pertinence au regard de la vie actuelle. Nos ancêtres atlantes étaient parvenus à vivre en paix avec la nature, sans la détruire. Ils adoptèrent une manière de vivre semblable à ce que nous tentons actuellement d'atteindre, une manière de vivre admirable où les individus comprennent pleinement ce qui se trouve en eux; ils saisirent aussi la grandeur et la puissance de l'univers et réussirent à établir une relation satisfaisante avec celui-ci.

Edgar Cayce nous offre d'autres motifs d'étudier ce pays perdu. Il soutient que plusieurs habitants de l'Atlantide ont choisi de renaître à l'époque actuelle; ces personnes conservent des qualités latentes qui influencent aujourd'hui leur comportement. Certaines s'intéressent à la science et à la technologie. D'autres, parce que leur terre a subi une terrible destruction, recherchcnt désespérément l'harmonie, la paix et la préservation de notre planète. Enfoui dans le subconscient de l'humanité, le souvenir du passé lointain demeure vivace. Pour plusieurs, cela signifie la mémoire des expériences vécues à l'époque de l'Atlantide. J'ai l'espoir qu'en nous rapprochant de manière scientifique et intuitive de cette terre perdue et de son peuple nous serons davantage en mesure de créer un monde meilleur, inspiré de cette exceptionnelle civilisation de la préhistoire.

Mon étude de la préhistoire a révélé un saisissant parallèle entre ce qui nous est parvenu des réalisations avancées des Sumériens, qui vécurent dans la région située entre le Tigre et l'Euphrate vers 4000 av. J.-C., et les descriptions de la vie sur l'Atlantide. Alors que je tentais de m'expliquer les progrès rapides et incroyables des êtres humains à Sumer et leur similitude avec les exploits des Atlantes, mon attention a été attirée par les recherches de Zecharia Sitchin, un érudit renommé, et d'autres qui comme lui suggèrent que des extraterrestres ont un jour visité notre planète et contribué au développement accéléré de certaines sociétés primitives. Si des êtres venus de l'espace ont séjourné sur la Terre dans l'Antiquité, l'Atlantide, une terre libérée des glaciers et riche en minéraux, aura sans doute été pour eux la destination toute désignée. Cela apporte une explication aux allusions que fait Platon au mariage du dieu Poséidon avec une mortelle et à son installation sur l'Atlantide, tout en rendant compte des prodigieuses réalisations des Atlantes.

Les connaissances de cette époque lointaine se sont estompées dans la brume des temps, mais une part substantielle de ce savoir a subsisté sous la lumière du soleil et demeure visible pour ceux qui la recherchent. J'espère que les pages qui suivent éveilleront l'intérêt et la curiosité du lecteur, et l'encourageront à poursuivre dans des directions nouvelles et variées la fascinante quête de l'Atlantide.

# PARTIE I

# À L'AUBE DE L'ATLANTIDE

# INTRODUCTION

L'*Homo sapiens sapiens,* notre propre espèce, est apparu sur Terre il y a plus de 100 000 ans. Alors que les inondations dévastatrices, les tremblements de terre, les volcans, les pé riodes glaciaires, les comètes et les astéroïdes ont complètement détruit plusieurs autres espèces de plantes et d'animaux, ces vulnérables humains se sont débrouillés pour survivre. Utilisant leur intuition extrêmement développée et un esprit dont les capacités étaient aussi élevées que les nôtres, non seulement ont-ils persévéré mais, quand les circonstances naturelles le permirent, ils ont prospéré.

On m'a enseigné à l'école que nos ancêtres, 10 000 ans av. J.-C., étaient de grosses et fortes brutes au corps velu qui ne portaient pas de vêtements, vivaient dans des cavernes et se comportaient comme des animaux sauvages. Quand j'ai appris avec quelle difficulté les artisans modernes essaient de reproduire leurs outils de pierre les plus quotidiens, j'ai réalisé qu'une personne ayant cette somme d'habileté et de patience pouvait aisément fabriquer un banc pour s'asseoir ou une maison pour se loger. L'image que je m'étais faite de familles préhistoriques accroupies sur le sol sous un abri rocheux a été bientôt remplacée par une représentation plus réaliste de leur vie dans des habitations de pierre ou de bois, avec des tables, des chaises et des lits.

Alors que leurs solides maisons se sont depuis longtemps transformées en poussière et qu'il n'existe pas d'archives les concernant, ils ont laissé des traces de leur mode de vie sophistiqué. Des anthropologues ont découvert des colliers que nos aïeux placèrent sur des corps qu'ils enterrèrent il y a des dizaines de milliers d'années dans le sud-ouest de l'Europe. Des perles dont la fabrication avait nécessité des centaines d'heures de travail étaient soigneusement enfilées à l'aide de délicates aiguilles. Les peuples préhistoriques pouvaient facilement avoir utilisé ces aiguilles pour coudre des vêtements doux et confortables, faits de peaux d'animaux ou de coton et de lin, lesquels étaient cultivés dans l'Antiquité. Une fois que j'ai eu acquis une représentation plus réaliste de nos prédécesseurs et que j'ai eu compris qu'ils étaient vraiment très semblables à nous aussi bien mentalement que physiquement, le concept d'une civilisation atlante avancée ayant accompli des réalisations exceptionnelles m'est apparu de plus en plus plausible.

Il y a 65 millions d'années —
Extinction des dinosaures

450000 av. J.-C. — Des extraterrestres arrivent sur Terre

100000 av. J.-C. —
Homo sapiens sapiens

55000 av. J.-C. — Homme de Cro-
Magnon

52000 av. J.-C. – 50722 av. J.-C. —
Conférences de cinq nations sur les
animaux sauvages importuns

52000 av. J.-C. – 50000 av. J.-C.—
Progrès des technologies atlantes

50000 av. J.-C. — L'Atlantide perd
du terrain et se compose dorénavant
de cinq îles

50000 av. J.-C.—
Changement polaire

35000 av. J.-C. — Formes sophistiquées d'art rupestre dans le
sud-ouest de l'Europe et en
Amérique du sud

28000 av. J.-C. – 18000 av. J.-C. —
L'Atlantide perd du terrain et se
compose d'une seule île et d'une
chaîne de petites îles la reliant au
continent nord-américain

28000 av. J.-C.— Le pôle magnétique de la Terre se déplace, début
d'une période glaciaire

16000 av. J.-C.— La période
glaciaire à son apogée

12000 av. J.-C. —
La Guerre oiseau-serpent

10000 av. J.-C.— Destruction finale
de l'Atlantide

10000 av. J.-C.— Le pôle magnétique de la Terre se déplace, les
glaciers commencent à se retirer, 40
millions d'animaux meurent sur le
continent américain

6000 av. J.-C.— Cataclysme à
Bimini

3800 av. J.-C.— Émergence rapide
d'une civilisation avancée à Sumer

Chronologie historique de l'Atlantide (toutes les dates sont approximatives)

## Les origines de la civilisation atlante

Si l'on condense les 100 000 dernières années de manière à ce qu'elles égalent une année de 365 jours et que l'on imagine que l'histoire de l'humanité moderne a pris place dans cette période de douze mois, les documents d'archives apparaissent dans la dernière semaine de décembre. C'est entre juillet et le début du mois de décembre que s'est déployée la civilisation atlante. La période qui s'étend de janvier jusqu'à la dernière semaine de décembre est désignée comme la préhistoire, une époque qui n'a laissé presque aucun document d'archives, mais sur laquelle nous avons beaucoup d'information.

Une large variété de sources contribuent à dépeindre ce qu'était l'Atlantide il y a de cela 100 000 à 12 000 ans. Les lectures d'Edgar Cayce, reconnu pour ses dons de médium, offrent un aperçu de son emplacement et de sa désintégration comme territoire ainsi que de ses réalisations comme société. Toutes les données avancées par Cayce correspondent à ce qu'indiquent des sources plus conventionnelles qui ne pouvaient lui être familières. La plupart des médiums décrivent seulement une période, généralement la plus récente, de la longue histoire de la vie en Atlantide. Cayce fait exception: même si la majorité de ses lectures concernent les derniers 20 000 ans, il fournit aussi des détails sur les premiers temps de l'Atlantide. Les médiums W. Scott-Elliot et Rudolph Steiner donnent aussi de l'information au sujet du début de la civilisation atlante.

Des révélations supplémentaires sur le peuple de l'Atlantide nous proviennent de l'Angleterre et de l'Irlande, par la voix de récits décrivant les milliers d'individus qui fuirent vers ces régions depuis un pays qui s'était englouti dans l'océan Atlantique. Des Amérindiens rappellent cette terre perdue dans des légendes qu'ils ont soigneusement transmises de génération en génération depuis leur origine. Diodore de Sicile, un géographe et historien sicilien du premier siècle av. J.-C., était un grand voyageur ainsi qu'un compilateur formé et expérimenté. Il a noté au sujet de l'Atlantide plusieurs renseignements détaillés que lui ont communiqués les indigènes pendant qu'il faisait des recherches en Afrique. Les récits et les légendes de la préhistoire méritent d'être considérés avec sérieux, car les peuples anciens n'étaient pas enclins à la fiction, et ceux qui parmi eux avaient la fonction de conserver la mémoire ont de cette façon transmis de l'information qui était fondée sur des faits; on estimait que la transmission orale était plus durable que l'inscription sur des matériaux périssables. L'étroite correspondance entre les données provenant d'une grande diversité de sources au sujet de la région perdue est impossible à expliquer si l'on ne croit pas, à la base, au concept de l'Atlantide.

Plusieurs érudits ont apporté de l'eau au moulin de la connaissance au sujet de l'Atlantide. L'Écossais Lewis Spence (1874-1955), mythologue et spécialiste de l'histoire ancienne, a compilé des données liées aux Atlantes et à leur nation en provenance d'un grand éventail de sources, dont Hérodote – un voyageur grec du cinquième siècle av. J.-C. –, Pepi 1er d'Égypte (2800 av. J.-C.) et, plus tard, les chercheurs de trésor britanniques Cuchulain Fionn, Laegaire MacCrimpthian Labraidh et Mannannan Osin. Le penseur grec Platon (429 av. J.-C. – 347 av. J.-C.), l'un des principaux philosophes du monde occidental, décrit en détail la géographie, le peuple et le gouvernement de la plus grande île de l'Atlantide, qu'il situe dans l'océan Atlantique environ 9 000 ans avant lui. Mentionnant toutes ses sources, il confirme à quatre reprises dans deux dialogues, *Critias* et *Timée*, la véracité de ses affirmations sur l'ancien pays. Sa description précise, en 355 av. J.-C., de la géographie de ces îles du milieu de l'Atlantique ainsi que du continent se trouvant au-delà de celles-ci contribue à rendre crédible l'information fournie par Platon. Plus récemment, les travaux d'Edgarton Sykes, de David Zink, de Nicholai F. Zhirov, d'Ignatius Donnelly et de plusieurs autres ont apporté de nouveaux éclaircissements concernant ce pays perdu.

Quelques-uns des aspects de la vie à l'époque préhistorique qui ont perduré jusqu'à nous nous informent de manière plus tangible sur le vie en Atlantide. Le chamanisme, une forme de spiritualisme qui a prédominé durant 40 000 ans, est pratiqué d'une façon comparable dans plusieurs endroits du monde. De sensibles oeuvres d'art créées il y a aussi longtemps que 30 000 ans sont encore visibles sur les murs et les plafonds de cavernes en France et en Espagne. Ces superbes peintures laissent voir plusieurs indices qui nous aident à mieux comprendre la vie des maîtres qui les ont créées.

D'autres renseignements contribuant à dépeindre l'Atlantide ont été recueillis dans les extraordinaires librairies qui, dans le monde occidental, durant les siècles antérieurs au christianisme, étaient ouvertes aux fins de l'étude et de la recherche. Avec ses quelque 500 000 livres, l'une des plus remarquables se trouvait à Carthage, sur la côte nord de l'Afrique. Les Carthaginois étaient d'excellents marins et leurs archives contenaient des cartes et autres données concernant le monde qu'eux-mêmes et leurs prédécesseurs avaient exploré. En 146 av. J.-C., quand les Romains ravagèrent la bibliothèque de Carthage, les rois des tribus nord-africaines trouvèrent le moyen de sauver quelques-uns des livres de grande valeur.[1] Ils les conservèrent soigneusement pendant des centaines d'années, et des fragments de ces connaissances des temps anciens finirent, avec les Maures, par atteindre le continent européen.[2]

Alexandrie, dans le nord de l'Égypte, était l'emplacement d'une vaste librairie qui, selon Edgar Cayce, fut créée par les Atlantes en 10300 av. J.-C.[3] La grande université qui gravitait autour de la bibliothèque d'Alexandrie comprenait des facultés de médecine, de philosophie, de mathématique, d'astronomie et de littérature. En 391 ap. J.-C. et à une autre reprise en 642 ap. J.-C., des envahisseurs incultes brûlèrent les bibliothèques et plus de un million de leurs précieux volumes. Dans le chaos et la confusion de ces événements traumatisants, les populations locales rejoignirent les maraudeurs et sauvèrent plusieurs livres irremplaçables. Néanmoins, la chaleur du feu brûlant les manuscrits réchauffa les eaux des bains d'Alexandrie pendant plusieurs mois. Quand les Maures de l'Afrique du Nord occupèrent une partie de l'Espagne entre le huitième et le quinzième siècle, ils apportèrent avec eux sur le continent européen quelques-uns des livres anciens que leurs ancêtres avaient réussi à sauver.[4] L'Écossais Michael Scot (1175 ap. J.-C. – 1232 ap. J.-C.), qui connaissait bien l'arabe, se rendit en Espagne en 1217 et traduisit les connaissances inscrites dans les manuscrits provenus d'Afrique, dont des renseignements sur la vie atlante.

Les cartes marines de l'Antiquité conservées dans le nord de l'Afrique et dans les zones arides du Moyen-Orient sont des sources qui décrivent bien les habiletés dont disposaient les Atlantes. Durant les treizième et quatorzième siècles ap. J.-C., quand il devint permis de penser que le monde s'étendait au-delà du détroit de Gibraltar, des copies de ces cartes précises et détaillées apparurent en Europe occidentale. Elles illustrent le nord de l'Europe avec ses lacs et ses surfaces glacées, telle qu'était cette région avant que les glaciers ne fondent en l'an 10000 av. J.-C., ainsi que des îles inconnues situées dans l'océan Atlantique.

### Où se trouvait l'Atlantide?

Platon, des médiums et des centaines de légendes décrivent un ancien pays sur une terre située dans l'océan Atlantique. Des études intensives et minutieuses du fond océanique aux environs de la dorsale atlantique – dont des carottes, la géographie du terrain, des résidus glaciaires, de la lave rocheuse, des coraux, des dépôts de sable et des pousses végétales – apportent des preuves convaincantes que certaines parties de la dorsale atlantique étaient au-dessus de la surface jusqu'à l'an 10000 av. J.-C.

La dorsale atlantique était un emplacement enviable pour une population. De fertiles sols volcaniques abondaient sur cette terre caressée par les vents tièdes du Gulf Stream. Les glaciers que devaient affronter les hommes de Neandertal sur le continent européen voisin étaient circonscrits dans la zone la plus au nord de l'Atlantide. Les eaux de l'océan formaient tout autour une protection contre les agresseurs, tandis que des chaînes de petites îles offraient l'accès nécessaire au reste du monde. Des conditions insulaires tout aussi favorables permirent l'évolution des grandes araignées dans les îles Canaries, des tortues géantes dans les îles Galápagos et de lézards de un mètre dans l'île de la Grande Canarie; elles fournirent donc, en Atlantide, des conditions de vies idéales pour le développement du premier groupe moderne et pleinement évolué d'*Homo sapiens*, soit l'homme de Cro-Magnon.

L'homme de Cro-Magnon apparut en différents lieux de la Terre environ 55 000 ans av. J.-C. Pendant les milliers d'années qui précédèrent son apparition, la race humaine était restée inchangée. Soudainement, sans ascendance directe, ces êtres au cerveau plus gros et au corps plus fort, dont les modifications du squelette par rapport à leurs prédécesseurs auraient nécessité une période d'isolement infiniment longue pour se produire, furent présents dans des régions du monde très éloignées l'une de l'autre. L'expert biblique Zecharia Sitchin avance une explication concernant la mystérieuse origine de l'homme de Cro-Magnon. Alors qu'il étudiait l'Ancien Testament, Sitchin était fasciné par les références bibliques aux *Nefilim* ayant passé un temps sur Terre et par cette phrase de la Genèse 6:4: « Après que les fils de Dieu furent venus vers les filles des hommes, et qu'elles leur eurent donné des enfants. Ce sont ces héros qui furent fameux dans l'Antiquité. » Sitchin a réalisé que même si *Nefilim* est généralement traduit par « géants », le terme signifie littéralement « ceux qui du Ciel sont venus sur Terre ». Ses recherches sur l'origine des phrases bibliques l'ont conduit aux premières civilisations de la vallée du Tigre et de l'Euphrate et l'ont amené à croire qu'à cette époque ancienne le terme *Nefilim* faisait référence au peuple que les Sumériens appelaient Anunnaki, « qui vinrent sur Terre en descendant du ciel », et que ceux-ci étaient des extraterrestres. Sitchin suggère que les extraterrestres ont été attirés par l'abondance des minéraux que l'on trouvait sur Terre. Espérant créer des esclaves afin d'extraire les grandes quantités d'or dont ils avaient besoin pour protéger leur planète de l'atmosphère, ils travaillèrent à l'amélioration génétique de la race humaine. L'homme de Cro-Magnon fut l'un des résultats de leurs efforts.

Les extraterrestres menèrent leurs projets génétiques sur la terre idyllique de l'Atlantide, et l'homme de Cro-Magnon auquel ils aboutirent s'épanouit dans ce climat idéal. Toutes les dates antérieures à l'an 10000 av. J.-C. sont approximatives, mais vers l'an 30000 av. J.-C., en raison des conditions instables qui ont marqué l'Atlantide, plusieurs de ces êtres supérieurs quittèrent leur foyer et prirent la mer dans de petits bateaux pour se diriger vers les terres voisines du sud-ouest de l'Europe et de l'Amérique du Sud. Leurs oeuvres d'art, leurs os, leurs outils et leurs bijoux se trouvent encore dans les vallées des rivières conduisant à l'océan Atlantique, où ils les enfouirent soigneusement il y a des milliers d'années. Alors qu'il travaillait en Europe et en Amérique du Sud, l'archéologue allemand Marcel F. Homet découvrit que les techniques d'inhumation des hommes de Cro-Magnon ainsi que les restes de leurs squelettes, de leurs outils et de leurs biens personnels retracés dans ces deux régions fort éloignées l'une de l'autre avaient une étroite ressemblance.[5] En fait, des archéologues ont découvert que des hommes de Cro-Magnon vécurent en Amérique du Sud avant leur apparition en Europe. Des pratiques occultes identiques et d'autres similitudes entre les cultures anciennes de l'homme de Cro-Magnon dans les régions bordant l'océan Atlantique nous informent quant à leur source commune: la civilisation des îles situées dans cet espace qui les sépare.

On ne pourrait réunir les pièces d'un puzzle composé uniquement de faits complets et vérifés au sujet de la préhistoire de notre Terre et de ses habitants à l'époque de l'Atlantide, soit de 100000 av. J.-C. à 10000 av. J.-C., en recourant aux techniques scientifiques conventionnelles de l'archéologie et de l'anthropologie. De la même manière que les historiens réalisent maintenant que les Vikings ont visité ce continent longtemps avant Christophe Colomb et que Troie n'était pas qu'un mythe, l'Atlantide fera un jour partie de nos livres d'histoire. Pour en arriver à une description exhaustive de l'Atlantide, je combine des données plausibles provenant d'une grande diversité d'individus, dont l'information transmise par des médiums doués d'intuition. Les conjectures sont parfois nécessaires, mais, autant que possible, j'indique mes sources et j'évite les suppositions et les exagérations. Je crois que ce qui suit dépeint cette « terre paradisiaque » et ses habitants du mieux qu'on puisse le faire actuellement, et que ce qui est avancé sera en grande partie vérifié un jour, au bénéfice de notre civilisation. Donc, je vous invite à ouvrir votre esprit pour retrouver cette lointaine Atlantide, et à

> Lire, non pas pour contredire et réfuter, ni pour croire et tenir pour acquis, mais pour jauger et considérer... Les histoires rendent l'homme sage.

> – Francis Bacon

# 1
# *GÉOGRAPHIE*

*A*ujourd'hui, l'océan Atlantique recouvre presque au complet
l'ancienne Atlantide, dont les terres
s'étendaient jadis, en suivant parfois
la forme d'un serpent, depuis ce qui
est maintenant le Groenland, au
nord, jusqu'au Brésil, au sud, et des
États-Unis jusqu'à proximité des
côtes africaines. Quand les fertiles
plateaux continentaux bordant
l'océan Atlantique étaient au-dessus
de la surface, plusieurs Atlantes
laissèrent leur terre instable pour
s'établir dans ces attirantes régions.
La topographie variée de l'Atlantide
comprenait de vastes plaines d'une
riche terre rouge, de profondes
vallées baignées par des rivières et
des chaînes de montagnes abruptes,
dont plusieurs des sommets étaient
couverts de neiges éternelles. Le
pays est graduellement retourné au
fond de l'océan d'où il était venu.
Grâce aux sonars, ces appareils qui
utilisent les ondes sonores pour
repérer et localiser des objets
submergés, il est de nos jours
possible de dépeindre les

Figure 1 :
L'Atlantide –
de 48000 av. J.-C.
à 28000 av. J.-C.

caractéristiques physiques de l'Atlantide telles qu'elles se présentaient il y a des milliers d'années quand les terres s'élevaient au-dessus de l'océan.

L'Atlantide commença à émerger des entrailles chaudes et liquides de la Terre il y a 200 millions d'années, quand Pangée, le supercontinent qui englobait toutes les terres de notre globe, lentement se sépara. Des dislocations se produisirent le long des lignes des plaques tectoniques – d'énormes masses rocheuses de soixante-dix à cent vingt kilomètres d'épaisseur qui couvraient la surface de la planète. Les plaques flottaient sur un liquide chaud et épais nommé « manteau », tels des morceaux de bois flottant à la surface d'une soupe consistante en train de mijoter. Après que Pangée se fut divisé, de la lave en fusion et des roches volcaniques s'écoulèrent des fissures sur la ligne séparant la plaque américaine et la plaque eurasienne. Cette matière expulsée en grande quantité de l'intérieur de la Terre s'unifia pour former la dorsale qui traverse du nord au sud, en son centre, le fond de l'océan Atlantique. La dorsale médio-atlantique et le plateau des Açores (390 000 km$^2$ de terres relativement plates du côté nord-est de la dorsale) formaient le continent de l'Atlantide.

Aujourd'hui, le fond marin entre les continents américain et eurasien continue de se séparer à une vitesse irrégulière atteignant en moyenne un peu plus de un centimètre par année, soit à peu près le rythme de croissance de nos ongles. Il y a deux cents milliers d'années, les continents de chaque côté de l'océan étaient plus près de seulement trois kilomètres, l'un de l'autre, par rapport à leur position actuelle. Des études sur les strates rocheuses révèlent que les anciennes couches de roche cristalline des continents sud-américain et africain sont identiques et coïncident très bien les unes avec les autres. À l'époque où elle émergeait de la surface de l'océan, la partie nord de la dorsale atlantique occupait tout l'espace entre l'Amérique du Nord et l'Europe.

À l'origine, l'Atlantide était limitée au sud par la zone de fracture de la Romanche, une profonde vallée sous-marine située près de l'équateur et qui s'étend entre deux chaînes de montagne entre l'Afrique et l'Amérique du Sud. Les profondes dépressions océaniques de ce genre se trouvent presque toujours près d'une île ou d'un continent. La zone de fracture de la Romanche est la seule exception – elle n'est proche d'aucune terre, puisque l'Atlantide, jadis à proximité, est disparue sous la mer.[1]

Figure 2 :
L'Atlantide et
les plates-formes
continentales
en 18000 av. J.-C.

Pendant les quelques 100 000 ans durant lesquels les gens vécurent sur la dorsale atlantique, l'étendue de l'espace habitable fut variable. À l'époque où d'épais glaciers enveloppaient une grande partie de la surface de notre planète, la masse de neige et de glace qui les constituait renfermait des quantités énormes d'eau glacée en provenance des océans. Les eaux de l'océan Atlantique, qui pouvaient s'abaisser jusqu'à 120 mètres en-deçà de leur niveau actuel, laissaient ainsi exposées de larges bandes le long de la dorsale atlantique et sur les côtes des continents. Tels des oiseaux attirés par une mangeoire fraîchement remplie au coeur de l'hiver, les plantes, les animaux et les humains ne tardèrent pas à affluer en ces habitats enviables.

## Une région instable

Pour de multiples raisons, la région de l'Atlantide était, et est encore, une zone instable. Deux plaques tectoniques sont en mouvement au point charnière de la dorsale atlantique, perturbant la délicate croûte terrestre et en faisant l'un des endroits du monde où l'on observe la plus grande activité sismique et volcanique. Trois plaques sont en interaction dans la région du plateau des Açores. Comme la lave fait éruption par les fissures de la croûte terrestre, le fond de l'océan s'affaisse pour combler l'espace ainsi créé dans ces zones fébriles. L'instabilité du fond océanique aux environs de la dorsale atlantique fut révélée de manière spectaculaire en 1923, quand l'équipage d'un navire appartenant à la Western Telegraph Company se mit à la recherche d'un câble installé à cet endroit 25 ans plus tôt. Grâce à des sondages du lieu précis où le câble fut trouvé, les ingénieurs purent déterminer que le fond de l'océan s'était élevé d'environ trois kilomètres et demi au cours de ces 25 années.[2]

D'autres facteurs contribuent à l'instabilité de la dorsale atlantique. Celle-ci est constituée d'une croûte océanique composée principalement de basalte, une lourde et dense matière volcanique provenant de l'intérieur de la Terre. Les structures basaltiques sous-marines ont une durée de vie relativement courte, car elles s'affaiblissent et finissent par se désagréger. Les continents sont par contre composés surtout de granite et demeurent relativement stables durant des millions d'années. Le granite est suffisamment léger pour que les continents continuent de flotter à la surface du manteau, même lorsqu'ils se déplacent et se fragmentent en entrant en collision. Parce qu'elles sont lourdes, les structures de basalte telles que la dorsale atlantique vont plutôt sombrer.

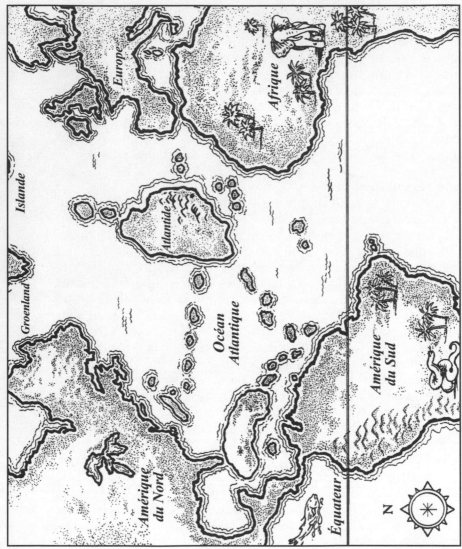

Figure 3 :
L'Atlantide avant
sa destruction en
10000 av. J.-C.

**Trois périodes de destruction**

La phénoménale désintégration de l'Atlantide s'est produite graduellement, mais la majeure partie des dommages sont survenus au cours de trois différentes périodes. Edgar Cayce situe dans le temps les dévastations majeures ayant conduit à la disparition de l'Atlantide dans les eaux de l'océan Atlantique. Ces dates, qui sont approximatives, correspondent aux périodes où de graves bouleversements ébranlèrent l'instable croûte terrestre. La date à laquelle Cayce situe la disparition finale de l'Atlantide coïncide avec un moment relaté par Platon dans *Timée* où « l'île de l'Atlantide fut avalée par la mer et anéantie. »

Vers 50000 av. J.-C.

Une grande partie de l'Atlantide est engloutie. Cinq grandes îles, et plusieurs petites, demeurent au-dessus de la surface. Quelque chose perturbe la croûte terrestre, et le Pôle Nord se déplace du Groenland vers la baie d'Hudson.

Vers 28000 av. J.-C.

D'autres parties de l'Atlantide disparaissent lentement dans l'océan Atlantique. Avec le temps, il ne reste plus qu'une seule grande île et une chaîne de petites îles la reliant au continent nord-américain. À la même époque, le champ magnétique de la Terre se déplace considérablement.

Vers 10000 av. J.-C.

L'océan recouvre ce qui subsiste de l'Atlantide, sauf le sommet de quelques montagnes. La dernière grande période glaciaire se termine, et une grande partie de la surface de la Terre est envahie par les eaux.

Ces trois catastrophes majeures ont duré chacune des centaines d'années et ont affecté l'ensemble de la planète. Plusieurs espèces de plantes et d'animaux disparurent, et les êtres humains qui survécurent perdirent tout, y compris les traces qu'ils auraient pu laisser de leur civilisation. Les Grecs, les Tibétains, les Hindous et les autres peuples anciens vivant sur le continent américain conservent la mémoire de la Terre anéantie par le feu et par l'eau. Les Hopi, qui habitèrent le

*Figure 4 :*
*La dorsale*
*atlantique et les*
*plates-formes*
*continentales*
*aujourd'hui*

sud-ouest des États-Unis bien avant que ne s'écrive l'histoire, relatent les terribles épisodes où furent détruits leurs trois précédents mondes, ou patries. Tout comme dans les autres traditions, leurs descriptions de trois désastres naturels correspondent aux trois perturbations de la croûte terrestre qui ont décimé l'Atlantide en 50000 av. J.-C., en 28000 av. J.-C. et en 10000 av. J.-C. Les Hopi disent que le feu et l'activité des volcans furent la cause de la première calamité. À la deuxième, la Terre cessa de tourner comme il se devait, perdit son équilibre, se mit à tournoyer dans tous les sens et bascula. Durant le chaos qui s'ensuivit, les jumeaux qui gardaient le nord et le sud de l'axe de la Terre quittèrent leur poste et la Terre chavira dans l'espace, la forme de la planète s'en trouvant modifiée jusqu'à ce qu'un nouvel axe et un nouveau monde ne fussent établis. Il finit par faire très froid, et tout fut recouvert par d'épaisses couches de glace. Le troisième monde des Hopi fut submergé par les eaux, ce qui correspond au sort final de l'Atlantide. Les Hopi croient que le monde actuel est le quatrième, et qu'il sera brûlé par le feu; trois autres mondes restent à venir.[3]

**Sous la surface?**

Actuellement, la dorsale atlantique est une chaîne de montagnes sous-marine dont les hauts sommets s'élèvent depuis le fond de l'océan. Elle s'étire du nord au sud, de nombreuses chaînes plus petites venant toutefois la traverser. Une épaisse couche de boue, de lave et de cendre volcanique dissimule les détails du fond océanique à l'endroit où se trouve la dorsale atlantique. La composition de la lave,[4] l'analyse des récifs de corail sous-marins, la localisation de la vase de ptéropodes entourant habituellement les îles,[5] les résultats de forages et de dragages, tous ces éléments démontrent que la dorsale atlantique était au-dessus de la surface de l'eau avant 10000 av. J.-C.

En 1948, une expédition suédoise qui menait des travaux dans une partie de la dorsale atlantique située à 800 kilomètres de la côte africaine a extrait des carottes à une profondeur d'environ trois kilomètres. Les échantillons recueillis comprenaient plus de soixante espèces d'algues d'eau douce. Avant que la mer ne les eût englouties, ces minuscules plantes d'eau douce avaient séjourné dans un lac de l'Atlantide. Des tests effectués sur les algues indiquent que la dernière période de terre ferme de cette région se situe entre 10 000 et 12 000 ans avant nous. Depuis 1948, les scientifiques ont extrait un grand nombre d'échantillons semblables contenant les coquilles de mollusques d'eau douce issues des profondeurs de l'océan Atlantique à proximité de la dorsale atlantique et du plateau des Açores.

**L'hypothèse méditerranéenne**

Certaines personnes croient que l'Atlantide était située dans la mer Méditerranée, ce qu'une série de preuves vient toutefois réfuter. L'un des premiers à avancer l'hypothèse méditerranéenne fut le Dr Spyridon Marinatos. Sa fille, Nanno Marinatos, qui a travaillé à ses côtés, a exprimé de sérieux doutes concernant la validité de la proposition. Selon cette théorie, une terrible éruption volcanique aurait ébranlé, vers 1628 av. J.-C., la région de la Méditerranée, projetant des dizaines de kilomètres cubes de roche dans l'atmosphère, avec une force équivalente à celle de 50 bombes à hydrogène. À l'endroit où se trouvait le volcan, sur l'île de Théra, se creusa un énorme trou, aujourd'hui devenu une tranquille lagune. Depuis 1967, à proximité de ce site, des archéologues continuent de déterrer les villes construites par la civilisation avancée de l'époque minoenne, qui furent profondément enfouies, il y a très longtemps, sous la lave et les débris de l'explosion, ce qui encourage l'idée fausse selon laquelle cette région serait celle de l'Atlantide disparue.

Les adeptes de la théorie de Marinatos tentent de fonder leurs conjectures sur l'information que livre Platon sur l'Atlantide dans le *Timée* et le *Critias*. Toutefois, quand les découvertes concernant la civilisation minoenne ne correspondent pas aux descriptions de Platon, comme c'est souvent le cas, ils font une mauvaise interprétation de ce dernier, formulent des suppositions erronées, ignorent son travail ou essaient de le discréditer. La théorie méditerranéenne de l'Atlantide ne concorde pas avec les écrits de Platon, et ce, sur plusieurs plans. L'éruption volcanique s'est produite à Théra vers 1628 av. J.-C., mais Platon établit correctement la date de la destruction finale de l'Atlantide, soit 9 000 ans avant son époque ou environ 9500 av. J.-C. Pour justifier ce décalage, il faut attribuer d'autres erreurs à Platon et à ses sources par ailleurs fiables. Platon affirme que l'île était plus grande que l'Afrique du Nord et l'Asie mineure réunies — ni Théra ni Crète n'approchent, et même de loin, cette taille. La terre minoenne était sèche et aride, tandis que Platon parle de « marais, lacs et rivières ». Platon décrit, se référant à l'Atlantide, un aliment avec une coquille dure, utilisé comme « boisson, nourriture et pommade », que l'on peut supposer être la noix de coco. La noix de coco ne pousse pas bien dans la région de la Méditerranée. L'Atlantide de Platon était reconnue pour son utilisation abondante de l'or et de l'argent, substances d'une grande valeur qui n'ont pas été trouvées lors des fouilles à Théra. L'or et l'argent abondaient dans l'Atlantide de Platon, dont les montagnes formaient une ligne continue, traversant l'île de Madère, avec la Sierra Moreno, en Espagne, où ces métaux précieux existaient en grande quantité.[6]

Platon précise clairement que l'Atlantide était dans l'océan Atlantique, au-delà des Colonnes d'Hercule (détroit de Gibraltar). Il décrit un chaînon d'îles qui s'étendaient à l'ouest de l'Atlantide, rendant possible de traverser à partir de celles-ci « jusqu'au continent entier juste de l'autre côté et qui entoure ce véritable océan ». Il rapporte en outre que le peuple de l'Atlantide gouvernait dans différentes parties de ce lointain continent et aussi sur des terres à l'intérieur des Colonnes d'Hercule. Pour combattre cette divergence, les tenants de la théorie méditerranéenne laissent entendre que Platon aurait pensé à un lieu moins familier que la Méditerranée afin d'impressionner son auditoire, mais Platon n'avait pas besoin d'un tel effet dramatique. Il a écrit sur l'Atlantide alors qu'il était un philosophe estimé, qu'il avait plus de 70 ans et nulle nécessité d'exagérer pour se gagner un public.

L'une des sources auxquelles se réfère Platon au sujet de l'Atlantide est Solon, un avocat grec hautement respecté qui se rendit en Égypte vers 579 av. J.-C. Certains tenants de l'hypothèse méditerranéenne suggèrent que Solon, « l'esprit le plus aiguisé parmi les Sept Sages », déplaça la localisation de l'Atlantide de la Méditerranée vers l'océan Atlantique. Cette affirmation est cependant très peu plausible. Au cours de son voyage en Égypte, Solon établit des échanges avec des prêtres possédant une vaste connaissance du monde préhistorique. Ceux-ci lui apprirent que les scientifiques ne savaient rien des temps anciens et que les désastres naturels avaient effacé toute information tangible. Ces érudits lui dirent aussi que s'étaient produits et se produiraient encore plusieurs épisodes de destruction de l'espèce humaine, les plus importants devant être marqués par le feu et par l'eau. Ils parlèrent alors à Solon de la terre perdue dans l'océan Atlantique 9 000 ans auparavant. Ces Égyptiens connaissaient bien le passage des Colonnes d'Hercule vers l'Atlantique. Leurs marins avaient parcouru ces mers sur des bateaux atteignant les 140 mètres et rapporté de ces lointaines destinations de l'ivoire, de l'or, des parfums, des teintures et autres produits exotiques. Ils connaissaient très bien les limites de la Méditerrannée et l'océan qui se trouvait au-delà de celles-ci.

## Les sommets de l'Atlantide

Tels de solitaires clochers d'églises émergeant à la surface d'une ville inondée, seuls quelques-uns des sommets de l'Atlantide s'élèvent aujourd'hui au-dessus de l'eau. Les Açores, Madère, les îles Canaries et les îles du Cap-Vert — caractérisées chacune par des côtes rocheuses qui s'enfoncent abruptement et sans plate-forme sous-marine vers le fond de l'océan — furent jadis les cimes des montagnes de l'Atlantide.[7] Le mont Atlas était la montagne la plus massive et escarpée de cette chaîne. Il s'agit de l'actuel Pico Alto, qui se trouve aux Açores. Les éruptions successives de ce grand volcan ont rendu le Pico Alto de plus en plus haut et ont formé, avant que la mer ne s'accapare de l'Atlantide, une série de terrasses.[8] Selon le Dr Nicholai F. Zhirov, un géologue marin russe, la présence de ces terrasses confirme que cette région a bel et bien été au-dessus de la surface de l'eau pendant une longue période et que la hauteur du Pico Alto a subi des changements. Actuellement, celui-ci s'élève à 5 400 mètres à partir du fond de l'océan, bien que seulement 2 400 mètres ne soient visibles au-dessus de l'eau. À l'époque de l'Atlantide, le mont Atlas avait l'air d'une gigantesque colonne surgissant directement de la terre. De la vapeur était constamment projetée de ses profondeurs volcaniques, et les nuages qui entouraient en permanence son haut sommet semblaient supporter le ciel. L'imposante montagne reçut le nom d'Atlas, le premier fils de Poséidon, le dieu de la Mer. Avec son sommet enneigé, entouré de ses compagnons, le mont Atlas offrait un panorama plus grandiose que tout ce que nos yeux peuvent voir aujourd'hui, même dans les Alpes ou l'Himalaya. Quel tableau magnifique a dû se révéler à ceux qui, venant de lointaines contrées, approchèrent l'Atlantide en bateau!

Au fil du temps, les parties de la dorsale atlantique et du plateau des Açores qui étaient au-dessus de l'eau devinrent un véritable paradis sur Terre, une réplique du jardin d'Éden. Le capitaine Boid, qui visita les Açores en 1835, les décrit dans les termes suivants : « Une fois embellies par l'art et les raffinements de la vie civilisée, elles deviendraient une espèce de paradis terrestre conçu en vue de rendre l'homme presque trop heureux pour cette sphère sous-lunaire. » De nos jours, tout comme à l'époque de l'Atlantide, les montagnes captent l'humidité des vents d'ouest dominants, laquelle se condense pour se transformer en pluie et produire de petits courants qui s'écoulent le long des flancs abrupts des montagnes, d'abord lentement, puis de plus en plus vite, créant des chutes qui tombent en cascade dans des bassins cristallins.

À des endroits inattendus, d'abondantes sources bouillonnantes de six à neuf mètres de diamètre s'animent comme des tuyaux percés, expulsant des profondeurs de la Terre de puissants jets d'eau bouillante qui jaillissent dans l'air. Platon nous les décrit ainsi : « les sources qu'ils utilisaient, les unes étant des sources d'eau froide et les autres étant des sources d'eau chaude, produisaient en abondance, et les deux genres étaient merveilleusement bien adaptés aux besoins en raison de leur goût naturel et de l'excellence de leurs eaux. »[9] Les eaux de source minérales des Açores sont aujourd'hui reconnues pour leur effet bénéfique sur la digestion et leurs puissantes vertus curatives. Les troupeaux d'animaux, sentant les possibilités curatives des vapeurs qui émanent de ces sources, se placent en travers de la trajectoire de leurs fortes odeurs pour se débarrasser de la vermine ou guérir les coupures ou les plaies dont ils souffrent. Attirées par l'humidité et la richesse du sol, des fleurs odorantes et colorées viennent s'épanouir autour des sources et créent ainsi, comme elles l'ont toujours fait depuis des milliers d'années, de charmants jardins naturels.

L'érosion des rivages à l'ouest et au sud de l'Atlantide a créé des plages de sable fin qui sont maintenant au fond de l'océan. Le sable étant un produit de l'érosion, il se forme uniquement dans les hauts-fonds le long des côtes, et rarement dans les grandes profondeurs. En 1949, un océanographe américain, le Dr Maurice Ewing, explora la dorsale atlantique à partir d'un sous-marin et rapporta avoir vu du sable à des distances très profondes sous la surface de l'eau, et jusqu'à 1 600 kilomètres de la terre ferme. Les tests établirent que ce sable datait, à quelques centaines d'années près, de 10000 av. J.-C.; des forages plus en profondeur révélèrent que du sable datant de 20 000 av. J.-C. se trouvait en-dessous. Les débris détectés entre les deux forages suggérèrent que la terre était couverte de cendre volcanique.[10] Après avoir exploré minutieusement la dorsale atlantique à partir de sous-marins, des scientifiques russes ont eux aussi fourni une description du sable présent dans les fonds océaniques. Près des Açores, et dans d'autres régions, on le retrouve sur des plates-formes situées à des milliers de mètres sous la surface, dans des endroits retirés et protégés, à proximité d'escarpements ou dans des eaux très profondes où il est inconcevable que des courants, ou encore le vent, ne l'aient déposé.[11] La présence de sable dans la vallée de la Romanche est une autre indication qui nous incite à penser que cette zone fut, à une certaine époque, au-dessus de la surface de l'eau.[12]

Les récifs de corail dans l'océan Atlantique constituent une preuve supplémentaire de l'existence de l'Atlantide. Ces masses de carbonate de chaux qui s'édifient sur le fond océanique sont constituées de restes d'animaux qui ne peuvent survivre à des profondeurs dépassant quinze mètres. Les bas-fonds des côtes occidentales de l'Atlantide attirèrent une profusion d'algues et de minuscules animaux qui se développèrent grâce à la nourriture apportée par les courants stables. Une multitude de squelettes d'animaux s'accumulèrent, se transformèrent en corail et formèrent des récifs, protégeant ainsi les plages des puissantes vagues de l'océan et des tempêtes. Le corail des eaux chaudes, formé des dépôts de chaux dans les hauts-fonds des côtes de l'Atlantide, se trouve maintenant solidement accroché dans les profondeurs de l'océan sur le flanc ouest de la dorsale atlantique.[13] Les types de coraux que l'on retrouve dans les récifs proches de l'Afrique de l'Ouest sont manifestement semblables à ceux que l'on retrouve dans les Antilles; Zhirov signale que, pour produire cette continuité, un groupe d'îles a dû s'étendre à travers l'océan à partir des Antilles jusqu'à l'Afrique de l'Ouest, dans un tracé reliant l'archipel de Fernando de Noronha, les rochers de Saint-Paul et les îles de l'Atlantide aujourd'hui submergées.[14]

Pays de basalte situé sur la dorsale atlantique, l'Islande nous permet d'étudier les caractéristiques d'une terre ferme qui, tout en se trouvant beaucoup plus au nord, possède une topographie semblable à celle de l'Atlantide. Le paysage y est parsemé de lacs, de sources thermales et de montagnes, et des panaches de fumée s'échappent des nombreux volcans actifs. Environ tous les quatre-vingts ans, l'Islande subit une série de tremblements de terre majeurs. On peut facilement imaginer les conséquences de l'activité volcanique sur le peuple de l'Atlantide si l'on considère les résultats de l'éruption qui s'est produite en Islande en 1783. L'émission de seulement 12 kilomètres cubes de lave basaltique y causa la mort de 75 % du cheptel et de 24 % de la population du pays.[15]

La région la plus au nord de l'Atlantide connut des températures froides,[16] mais la majeure partie du pays put jouir d'un climat idéal. Les eaux tempérées du Gulf Stream remontaient des environs de l'équateur pour caresser ses côtes et réchauffer les vents d'ouest dominants qui traversaient les régions centrale et méridionale du pays. Des courants aériens stables apportaient une brise régulière, atténuant les effets du soleil brûlant. À l'époque où la dorsale atlantique émergeait davantage de l'océan, la situation était toutefois assez différente sur le continent européen. Les hautes montagnes de l'Atlantide bloquaient le passage des vents chauds du Gulf Stream, ce qui rendait cette région beaucoup plus froide. De dangereux glaciers se déplaçaient et venaient fréquemment recouvrir le nord et le centre de l'Europe. Des restes de pollen révèlent qu'il y a 18 000 ans, les glaciers s'étendaient vers le sud de l'Europe sur une distance à peu près aussi grande qu'en Amérique du Nord, et que le climat était semblable, à la même latitude, sur les deux continents.[17] Aux environs de 17500 av. J.-C., les limites des neiges au sol étaient les mêmes le long d'un transect linéaire nord-sud, peu importe la latitude. Cela est différent aujourd'hui. Les vents d'ouest dominants qui soufflent au-dessus du Gulf Stream ne sont plus arrêtés par la dorsale atlantique et apportent un air chaud aux îles britanniques. Ainsi, les températures sont considérablement plus chaudes à Londres, en Angleterre, qu'au Labrador, au Canada, même si les deux régions sont à peu près à la même distance de l'équateur. Quand l'Atlantide s'enfonça dans l'océan en 10000 av. J.-C., les vents chauds traversant le Gulf Stream atteignirent le continent européen et provoquèrent la fonte des glaciers, ce qui changea rapidement le climat des îles britanniques et le rapprocha des températures modérées actuelles. L'analyse d'échantillons de sol venant du fond de l'océan Arctique indique que le premier courant chaud du Gulf Stream a pénétré dans ces eaux nordiques il y a 12 000 ans, lorsque l'Atlantide disparut dans l'océan et que les glaciers se mirent à fondre en Europe. La localisation des fossiles de foraminifères des mers froides et des mers chaudes dans l'océan Atlantique est une autre preuve que les courants circulaient différemment jusqu'à il y a 12 000 ans.[18]

Les plages de l'Atlantide étaient bordées de cocotiers, ses forêts étaient remplies d'ébéniers et de massifs de lauriers verdoyants, et ses sols riches en lave alimentaient une végétation qui rehaussait l'intérieur des terres. Le doux parfum des fleurs embaumait l'air, et partout les oiseaux volaient — de colorées fauvettes migratrices, des oiseaux moqueurs aux multiples chants joyeux, des mouettes affairées et de vertigineux albatros. En dehors des tremblements de terre et de l'activité volcanique, l'Atlantide était vraiment, quand les premiers peuples y arrivèrent, l'endroit le plus idyllique au monde.

# 2
# HISTOIRE

*L*orsqu'on porte un regard sur les 90 000 ans d'histoire de l'Atlantide, on s'aperçoit qu'un même scénario s'est manifestement répété plusieurs fois. Très souvent la Mère Nature est venue tourmenter ses habitants, secouant violemment la terre sous leurs pieds, les persécutant avec des coulées de lave bouillante ou des amas de poussière volcanique, inondant leurs terres. Ces éléments dissuasifs n'ont pas empêché, à trois reprises, de grandes civilisations d'éclore et de s'épanouir jusqu'à atteindre des sommets impressionnants, avant de décliner et presque disparaître. Les désastres ont toujours correspondu à des catastrophes naturelles qui touchaient simultanément le reste de la planète.

De la même manière que les Atlantes allaient fuir leur instable pays, les premiers colons qui arrivèrent en Atlantide y cherchaient refuge après avoir abandonné leur propre région dévastée. Tout au long de son histoire, l'Atlantide fut à la fois un refuge et un point de départ pour de nombreux groupes de personnes.

### DES DÉBUTS DE L'ATLANTIDE À 48000 AV. J.-C.

Le médium W. Scott-Elliot, qui était, à la fin du XIXe siècle, membre de la Société théosophique, nous dit que parmi les premiers colons de l'Atlantide[1] se trouvaient des représentants d'un peuple très évolué venu de la Lémurie, une terre aujourd'hui engloutie sous l'océan Pacifique.

Il y a plus de 100 000 ans, prévoyant que la région de plus en plus instable qu'ils habitaient allait se désintégrer et être submergée, les avisés Lémuriens quittèrent leur terre natale et prirent la route en direction de la partie la plus au sud de l'Atlantide. La Lémurie, un pays très ancien, était sujette tout comme l'Atlantide à une constante activité sismique et à de fréquentes éruptions volcaniques avant de disparaître presque complètement dans l'océan. De nombreux médiums, dont la fondatrice de la Société théosophique, Madame Blavatsky, croient que la Lémurie fut le berceau de l'humanité. Des légendes du Pacifique décrivent des groupes d'îles qui seraient les seuls vestiges de ce qui fut jadis un vaste territoire, la Lémurie. Dans le cadre du récent Tenth World Pacific Congress, George H. Cronwell a fait part de la découverte de traces de charbon et de flore ancienne sur l'île de Rapa, au sud-ouest de l'île de Mangareva, qui fournissent la preuve qu'un continent a déjà existé dans cette partie de l'océan Pacifique.[2]

Le voyage de la Lémurie jusqu'à l'Atlantide était difficile mais possible. À l'époque préhistorique, des humains aventuriers parcoururent à pied de longues distances d'un point à l'autre du globe. Les ingénieuses populations qui vivaient près de la mer employèrent quant à elles leur énergie à concevoir des véhicules susceptibles de flotter et de les transporter plus rapidement. Les Lémuriens qui s'établirent en Atlantide réussirent à se développer, et leurs descendants vécurent heureux pendant des milliers d'années.

Ces premiers habitants de l'Atlantide vivaient en contact intime avec leur environnement naturel, dans de petites colonies entourées d'arbres et de jardins. Pour eux, les objets matériels n'étaient pas nécessaires à l'estime de soi; les gens s'appréciaient en fonction de leurs qualités personnelles et non de leurs possessions. Libérés des désirs, les individus cherchaient le bonheur à l'intérieur d'eux-mêmes et vivaient en harmonie avec le monde extérieur. Les Atlantes de cette période avaient une conscience globale de leur esprit et de leur corps. Ils approchaient ce que certains considèrent comme étant l'état d'existence parfait, soit un état où le plan spirituel et le plan pratique occupent une place à peu près égale.[3]

Jusqu'à récemment, certains groupes humains non encore atteints par notre civilisation ont joui d'une vie semblable à celle qui prévalait, il y a si longtemps, aux premiers jours de l'Atlantide. Jacques Cousteau a décrit la grande qualité de l'existence des aborigènes de l'« âge de pierre » dont les lointains ancêtres étaient déjà, en 40000 av. J.-C., en Australie. À distance des appareils électriques et des autres éléments du confort moderne, ces aborigènes possédaient la sécurité, une liberté personnelle et un sentiment de pleine satisfaction. Leur mode de vie sain laissait une large place aux loisirs et comportait un sens solidement ancré du bien-être.[4]

Edgar Cayce indique que les premiers Atlantes utilisaient le pouvoir de leur esprit pour contrôler leur corps.[5] On peut y voir un reflet de l'héritage qu'ils ont reçu de leurs très doués ancêtres lémuriens. Ils étaient capables, si nécessaire, d'accroître à volonté leur force physique, tout comme des individus, de nos jours, réussissent dans certaines situations d'urgence à accomplir des exploits normalement impossibles, comme soulever une automobile pour dégager une personne écrasée. Les muscles d'une personne en état d'hypnose peuvent réaliser des actions spectaculaires de ce genre dans une société contemporaine parce que les capacités de nos ancêtres sont toujours avec nous. Aujourd'hui, de rares individus très bien entraînés réussissent à se rappeler et à utiliser cette capacité de contrôler leur corps et parviennent à modifier leur pouls ainsi que leur pression sanguine. Des ermites tibétains pratiquant le tuomo utilisent ainsi leur esprit et en viennent à produire dans leur corps une chaleur telle qu'ils peuvent traverser des hivers extrêmement froids sans vêtements.[6]

La rumeur selon laquelle l'Atlantide offrait des conditions de vie agréables ayant atteint le proche continent africain, de puissantes et agressives tribus s'avancèrent vers la région convoitée. Les envahisseurs refoulèrent peu à peu les Lémuriens vers le nord et, pendant une longue période, des combats effroyables eurent lieu entre les deux groupes. Un mélange se produisit inévitablement entre ces deux différents groupes, et leurs gènes respectifs se fusionnèrent.

## La mythologie

Platon nous dit que le dieu Poséidon et sa femme mortelle, Cleito, s'installèrent sur la fertile et agréable terre de l'Atlantide presque au début de sa civilisation. Le couple s'établit sur une grande île où ils élevèrent cinq couples de jumeaux, qui à leur tour eurent des familles nombreuses. Poséidon divisa l'île en dix parties, soit une pour chacun de ses fils. Atlas, le plus vieux, reçut la partie la plus enviable, c'est-à-dire celle où vivaient ses parents; celle-ci ainsi que l'océan environnant furent nommés Atlantide en son honneur.[7] Le mot Atlantis signifie « fille d'Atlas » en grec. Atlas, le dieu grec qui soutenait le ciel sur ses épaules, avait sept filles qui devinrent les étoiles de la Pléiade. Le mot *atl* signifie « eau », tant dans la langue berbère de l'Afrique du Nord qu'en nahuatl, un ancien dialecte mexicain. Le rôle de Poséidon dans la mythologie grecque témoigne de ses liens avec la civilisation atlante. Il était considéré à la fois comme le dieu des chevaux, le dieu des tremblements de terre et le dieu de la Mer, et il enseigna aux habitants de la Terre les éléments de base de la voile. Un fois réveillé, il était capable de provoquer des tempêtes et des inondations, et aussi de faire trembler la terre. D'un seul coup de son trident il pouvait soulever des îles du fond de l'océan ou les faire disparaître.

Dans la mythologie grecque, Poséidon et les autres dieux et déesses sont décrits comme des personnes réelles dotées d'émotions et de capacités sexuelles. Possédant des armes puissantes et pouvant se déplacer à des vitesses vertigineuses, ils se mêlent des choses humaines tout en demeurant inaccessibles. Les dieux du fameux temple de Zeus ressemblent de manière frappante aux dieux de Sumer, que les tablettes de Mésopotamie décrivent comme des visiteurs venus du ciel. Pour les Sumériens, les extraterrestres étaient des dieux parce qu'ils venaient du ciel et semblaient tout-puissants. Plusieurs traditions et religions grecques provenaient de Sumer et avaient été transmises de l'Asie mineure à la Grèce en passant par la Crète et d'autres îles méditerranéennes.[8] Les allusions de Platon à l'union de Poséidon avec une mortelle se rapprochent de certains événements décrits dans les textes et les pictogrammes sumériens, et aussi des références bibliques qui apparaissent au chapitre 6, verset 4, de la Genèse (voir page 17).

## Les premières conférences

En 52000 av. J.-C., des animaux et des oiseaux énormes et dangereux dépassèrent en nombre la race humaine et semèrent la terreur sur toute la planète. Ils rendirent la vie presque impossible en Atlantide.[9] Plusieurs espèces d'éléphants, des mammouths d'une hauteur de plus de quatre mètres aux épaules, des troupeaux de massifs mastodontes, des chats et des loups affamés ainsi que de grands chevaux sauvages erraient librement dans les régions que les gens essayaient d'habiter. Quand ces créatures nuisibles piétinaient les champs et détruisaient les récoltes, la nourriture de toute une saison était souvent perdue. La médium Ruth Montgomery, qui a reçu l'information de ses guides spirituels par la voie de l'écriture automatique, décrit les batailles que ces sanguinaires carnivores se livraient entre eux afin de déterminer qui aurait le privilège de s'emparer les proies humaines disponibles.[10] Des oiseaux gigantesques planaient dans le ciel, avides de dévorer les restes de tout humain, et en particulier les enfants, laissé dans la nature. Les Atlantes qui, dans un geste désespéré, tentaient d'enfoncer leur lance ou leur épée dans la chair épaisse de ces animaux voyaient leur arme plier comme du papier; les lance-flammes et les explosifs étaient également inefficaces.[11] Bref, quelque chose devait être fait.

Cherchant une aide extérieure, les chefs de l'Atlantide envoyèrent des messagers qui parcoururent la planète à pied ou dans de petites embarcations. Ils apprirent que les bêtes sauvages étaient un problème auquel devaient faire face partout dans le monde les populations sans défense. En quête de moyens originaux pour combattre les redoutables animaux, les Atlantes traversèrent des mers dangereuses, des déserts arides et des montagnes glacées.

De nombreuses conférences eurent lieu en Atlantide dans l'espoir de trouver une solution satisfaisante au problème des bêtes dangereuses. La première rencontre fut tenue en 52000 av. J.-C. Des sages de cinq nations, représentant les cinq races, y participèrent. Ils venaient de différentes régions: du territoire devenu aujourd'hui la Russie et du Proche-Orient; du Soudan et de la partie haute de l'Afrique de l'Ouest; de la région correspondant au désert de Gobi; de ce qui restait de la Lémurie et de l'Atlantide.[12] Des délégués de l'Inde et du Pérou, alors appelé Og, se joignirent au groupe original lors de conférences subséquentes.[13] Il fut convenu que les Atlantes expérimenteraient l'utilisation de forces chimiques au sol et dans les airs, dans l'espoir que ces recherches poussées leur permettent d'étendre leur arsenal.[14]

L'avancement des connaissances et de la technologie que connut l'Atlantide vers 51000 av. J.-C. eut un effet sur la vie quotidienne. Les méthodes agricoles s'améliorèrent, l'éducation s'étendit et les biens matériels occupèrent de plus en plus de place dans la vie des gens. De meilleures techniques d'extraction minière donnèrent accès à de grandes quantités d'or, d'argent et de pierres précieuses, que les Atlantes utilisaient comme parures et pour décorer leurs édifices. L'esprit et la pensée s'attardèrent de plus en plus aux questions matérielles, les gens devinrent plus analytiques, et le côté gauche de leur cerveau commença à prédominer par rapport au côté droit. Le respect de leurs semblables et leur relation étroite avec la nature s'amenuisèrent au profit de l'ambition et de l'intolérance. La plupart des Atlantes cessèrent de cultiver la transmission de la pensée par la clairvoyance et leurs autres habiletés liées à l'intuition. N'y croyant plus, ils cessèrent d'avoir confiance en ces aptitudes intrinsèques qu'ils avaient pourtant conservées.

Deux groupes très différents cherchèrent à gagner le pouvoir avant 50000 av. J.-C. en Atlantide. Edgar Cayce décrit l'un deux comme étant les Fils de Bélial. Ceux-ci avaient le culte de la facilité et du plaisir, étaient attachés aux possessions matérielles et, sur le plan spirituel, avaient opté pour l'immoralité.[15] Les membres de l'autre groupe, les Enfants de la Loi d'Un, étaient centrés sur l'amour et, dans l'espoir de diffuser la connaissance divine, pratiquaient ensemble la prière et la méditation.[16] Leur nom, les Enfants de la Loi d'Un, tenait au fait qu'ils préconisaient Une Religion, Un État, Un Foyer et Un Dieu.[17]

Peu après la dernière conférence, en 50722 av. J.-C., le « dieu tout-puissant » se révolta devant la décadence de la population de l'Atlantide. Le mouvement des pôles et l'usage inconsidéré que les Atlantes faisaient des explosifs provoquèrent des tremblements de terre et le début de l'activité volcanique. Des chercheurs ayant étudié les déplacements polaires ont soumis l'hypothèse selon laquelle, lorsqu'un changement se produit dans la position des pôles, la surface de notre planète voit son centre liquide se déplacer jusqu'à un angle de 90 degrés, et ce, avec des conséquences désastreuses pour les habitants de la Terre. En 5000 av. J.-C., la plupart des animaux dangereux moururent à la suite du chaos et les Atlantes eux-mêmes souffrirent terriblement. Des milliers furent tués en conséquence des violentes secousses du sol et finirent recouverts par les gaz toxiques et la lave brûlante crachée par les volcans. Les eaux ne tardèrent pas à envahir les champs et les maisons, laissant les survivants sans nourriture ni abris. Alors que le sol se fragmentait graduellement en cinq grandes îles et plusieurs plus petites, les misérables victimes s'empilèrent sur des radeaux de fortune ou de petits bateaux et abandonnèrent leur pays ravagé, espérant recommencer ailleurs une nouvelle vie.

Les chanceux qui s'échappèrent avaient une idée des refuges possibles, de leurs avantages et désavantages, car des marins ayant eu souvent l'occasion d'explorer les côtes de l'océan Atlantique avaient rapporté de l'information sur l'existence d'autres colonies humaines. L'Afrique, continent voisin, était une destination populaire parmi les pauvres réfugiés. Le climat était favorable et les nombreux animaux qui erraient dans les savanes constituaient une source de nourriture immédiatement disponible. Les descendants des Atlantes qui fuirent vers l'Afrique vivaient heureux et, à mesure que la civilisation devint prospère, la population s'accrut considérablement. Comme la provision de créatures sauvages semblait illimitée, des groupes de chasseurs enthousiastes se mirent à abattre stupidement les bêtes innocentes, parfois par simple défi sportif. En moins de 1 000 ans (vers 50000 av. J.-C.), de nombreuses espèces d'animaux qui habitaient les plaines africaines disparurent.[18]

Le fertile bassin du fleuve Amazone était aussi facilement accessible aux Atlantes en 50000 av. J.-C., et des familles entreprenantes réussirent le périple jusqu'en Amérique du Sud. La possibilité de cultiver les sols riches plutôt que de chasser le gros gibier en Afrique était pour eux alléchante, car ils craignaient les effets que pourrait avoir sur leur corps et sur leur esprit une alimentation basée sur la chair animale. Ces Atlantes croyaient que, lorsqu'ils étaient forcés d'ingérer de la viande, le courant d'énergie circulant dans leur corps était interrompu, ce qui avait comme effet de diminuer leurs pouvoirs psychiques et leur résistance physique. Le bassin du fleuve Amazone devint le foyer de milliers d'intrépides colons, dont les descendants allaient créer de vastes plantations laissant s'étendre des champs luxuriants de céréales et de légumes, des vergers regorgeant d'arbres fruitiers, et des jardins garnis de plantes et de fleurs colorées.[19]

Quelques Atlantes qui avaient fui vers l'Amérique du Sud découvrirent que des étrangers vivaient déjà sur ce territoire. Og, le Pérou, était une source de minéraux pour l'Atlantide, et plusieurs artisans travaillant l'or et l'argent s'y établirent en 50000 av. J.-C. Toutefois, ils ne tardèrent pas à rencontrer les Ohlms, qui étaient déjà bien installés dans la région. Plusieurs années auparavant, les Ohlms avaient fui l'instable Lémurie pour gagner l'Amérique du Sud.[20] Le chef des Ohlms était une personne faible et impopulaire, connue pour ses excès sexuels. L'arrivée des Atlantes, qui provoqua une guerre sanglante, fournit à son peuple l'occasion de le renverser. Les Ohlms étaient ravis de se débarrasser de leur chef méprisé et accueillirent avec joie les nouveaux-venus en provenance de l'océan Atlantique, qui leur enseignèrent des méthodes d'agriculture avancées et des techniques d'exploitation minière plus modernes. Les Atlantes les aidèrent à instaurer un gouvernement assurant l'égalité, construisirent des entrepôts alimentaires communs en vue d'éviter les pénuries et améliorèrent le système d'éducation.[21]

Les Atlantes qui quittèrent leurs terres inondées pour l'Afrique et l'Amérique du Sud en 50000 av. J.-C. s'en tirèrent beaucoup mieux que les amis qu'ils laissèrent derrière eux. Les tremblements de terre et les éruptions semblaient ne plus avoir de fin en Atlantide. Cherchant des endroits secs où s'installer, les familles gravirent péniblement les montagnes et se virent bientôt obligées de se remettre à vivre comme des animaux. Cette situation difficile dura environ 4 000 ans, soit beaucoup plus longtemps que toute la durée de notre civilisation actuelle.

## DE 48000 AV. J.-C. À ENVIRON 10000 AV. J.-C.

La destruction que subit l'instable Atlantide en 50000 av. J.-C. n'est que l'un des désastres naturels majeurs qui la touchèrent. Les êtres humains qui survécurent aux catastrophes souffrirent terriblement, mais la civilisation finissait toujours par renaître et, malgré les différences, à se développer d'une manière semblable à la nôtre. Au début, reconnaissants d'être encore vivants, les gens restèrent proches de la nature, mais, à mesure que la science et la technologie se développèrent, ils devinrent plus agressifs, matérialistes et décadents. Il advint en 28000 av. J.-C. et en 10000 av. J.-C. la même chose qui s'était produite en 50000 av. J.-C. La science et la technologie prenant de l'importance, les valeurs morales déclinèrent, la qualité de la vie spirituelle diminua, et s'ensuivit une détérioration générale. Tout comme les pensées et les actions de personnes malveillantes perturbent leurs compatriotes, l'énergie en provenance de l'Atlantide à cette époque troublait les vibrations de l'univers, où tout est relié et interdépendant. Le mauvais emploi que faisaient les Atlantes de leurs puissantes sources d'énergie, conjugué sans doute à des circonstances naturelles, ébranla l'instable croûte terrestre le long des plaques tectoniques. Le mouvement agita les volcans et créa de terribles raz-de-marée. Des terres fertiles et leurs habitants disparurent dans l'océan avide.

En 49000 av. J.-C., lorsque les volcans se calmèrent après les malheureux événements de 50000 av. J.-C., les robustes descendants des rares Atlantes ayant survécu décidèrent d'abandonner la sécurité des solides cavernes qui avaient abrité, dans les montagnes, d'innombrables générations. Ils avaient très envie d'un climat plus doux et d'une diète plus variée. De leurs hauts sanctuaires ils pouvaient voir des plantes vertes et des arbres minuscules qui, beaucoup plus bas, émergeaient peu à peu des décombres volcaniques. Transportant leurs maigres possessions, des familles descendirent lentement vers les vallées et les plaines jadis fertiles et luxuriantes. Des lapins, des écureuils et autres petits animaux retournèrent aussi vers les basses terres et leur fournirent, avec les coquillages trouvés le long des plages, la nourriture et les produits de première nécessité. Seuls les Atlantes les plus industrieux et les plus innovateurs avaient survécu aux conditions extrêmement difficiles des siècles qui venaient de s'écouler et, une fois établies dans un environnement plus conciliant, ces personnes capables firent des progrès rapides. Les enfants regardaient avec étonnement leurs grands-parents tresser et tisser des plantes et fabriquer ainsi des filets pour attraper le poisson ou, encore une fois inspirés par les récits des anciens, superviser la construction de solides maisons avec des portes et des fenêtres. Des extraterrestres, cherchant toujours de là-haut de nouvelles sources de minéraux à la surface de la Terre, observèrent sans aucun doute les progrès des Atlantes et revinrent pour offrir leur aide afin de repeupler et de développer le pays.

La civilisation progressa pendant des centaines de siècles et un nouveau dieu, la science, gagna graduellement de l'importance. Des technocrates intéressés aux biens matériels et n'ayant aucun respect pour les coutumes religieuses et éthiques prirent le contrôle.[22] La tromperie et d'autres actes immoraux commencèrent à s'étendre.[23] Les femmes devinrent principalement des objets de plaisir, les crimes tels que le meurtre et le vol étaient rendus courants, et les prêtres et prêtresses allèrent jusqu'à pratiquer le sacrifice humain.[24] En 28000 av. J.-C., la scène était prête pour qu'un deuxième grand coup soit porté à cette région. Plusieurs famille clairvoyantes, sentant le désastre, se hâtèrent de partir avant qu'il ne soit trop tard.

Des artisans très habiles, mécontents de voir que le matérialisme avait gagné autant de terrain en Atlantide, prirent audacieusement la mer à bord de petits bateaux faits de peaux d'animaux et parcoururent la distance relativement courte qui les séparait des côtes de l'Espagne et du sud-ouest de la France. Cette route les mena à de fertiles vallées qui s'étendaient le long des fleuves. Au début, ils trouvèrent refuge entre les rochers de calcaire en surplomb, qui abondaient dans la région, mais bientôt ils construisirent de confortables maisons faites de rondins, de peaux d'animaux et de pierre, qu'ils orientèrent de manière à capter la chaleur du soleil. Sans problèmes majeurs, disposant de temps libre, ils retournèrent aux activités artistiques pour lesquelles ils étaient exceptionnellement doués. Quelques-unes de leurs impressionnantes oeuvres d'art, reflets de la culture hautement développée qui avait mûri durant des milliers d'années en Atlantide, se trouvent encore dans la profondeur des cavernes en France et en Espagne. Ces oeuvres comprennent des sculptures de femmes, connues sous le nom de statues de Vénus, que les artisans ont façonnées avec beaucoup de soin et de finesse dans l'ivoire et la pierre. Des statues semblables furent taillées au cours des années qui suivirent, mais celles qui datent d'avant 28000 av. J.-C. témoignent des techniques les plus avancées.[25] Les migrations répétées de l'homme de Cro-Magnon vers le continent européen se produisirent selon des vagues qui correspondent aux périodes de destruction des terres atlantes. La dernière vague, soit celle de la culture azilienne-tardenoisienne, arriva en 10000 av. J.-C., quand les derniers fragments de l'Atlantide furent engloutis.

Vers 28000 av. J.-C., quelque chose perturba sérieusement la croûte terrestre. Se fondant sur une datation au carbone 14, des géologues australiens, Michael Barbetti et Michael McElhinney, ont pu établir qu'à cette époque les pôles magnétiques de la Terre furent inversés pendant près de 4 000 ans. Les changements ne sont pas perceptibles au niveau du magnétisme pélagique en raison de la courte durée de l'inversion.[26] Comme pour protester devant la dépravation de la région, le sol de l'Atlantide trembla violemment et la Terre vomit de la lave et des roches par ses bouches volcaniques. Tout fut recouvert d'une épaisse couche de cendre et de débris, tandis que d'énormes glissements de terrain détruisaient les forêts et ensevelissaient les villages. Une fois de plus, l'Atlantide s'en trouva presque inhabitable.

## Les départs de l'Atlantide

Des groupes dispersés réunirent quelques possessions, se rassemblèrent sur les côtes et tentèrent la dangereuse traversée en mer ouverte. Des étendues glacées commençaient à se former à cette époque. Des millions de kilomètres cubes d'eaux océaniques finirent par se transformer en glaciers, et la mer s'abaissa à des niveaux de 120 à 150 mètres plus bas qu'ils ne le sont aujourd'hui.[27] Treize pour cent de l'océan Atlantique est constitué d'un plateau continental qui se trouve à moins de 185 mètres de profondeur,[28] et la majeure partie en devint alors habitable. La région exposée de la côte au sud-ouest de l'Irlande atteignait presque l'Atlantide. Les Atlantes avaient accès non seulement à cette zone étendue, mais aussi au plateau de 145 à 160 kilomètres de large qui longeait la côte nord-américaine, de même qu'à une autre région aujourd'hui recouverte par la mer des Caraïbes. Un chapelet de petites îles offraient un chemin commode vers les plateaux continentaux de l'Afrique ainsi que du nord, du centre et du sud de l'Amérique.

Les parties exposées des plateaux continentaux se révélèrent de délicieux endroits pour s'établir. La proximité des eaux chaudes du Gulf Stream assurait un climat agréable, comparativement aux régions les plus au nord de l'Europe et de l'Amérique, où la couche de glace atteignait parfois une épaisseur de plus de 1,5 kilomètres. Les Atlantes — ingénieux, adroits et plus forts physiquement que ceux qu'ils allaient rencontrer en ces nouveaux lieux — surent tirer profit de la richesse des terres. La nourriture était facile à trouver, car des cerfs, des mammouths et d'autres animaux arrivèrent en grand nombre dans cette région qui leur offrait de verts pâturages. Des pêcheurs trouvent encore aujourd'hui des pointes de harpons ayant servi à la chasse ainsi que des dents de mastodontes. Ces spécimens rappellent l'activité qui avait lieu jadis sur les plateaux continentaux.

## Antilia

Une autre destination pour les réfugiés atlantes en 28000 av. J.-C. fut l'île d'Antilia, dans la partie ouest de l'Atlantique. À cet endroit, non loin de la côte à l'extrême sud des États-Unis, une longue dorsale s'élève du fond de l'océan. Actuellement, seuls ses plus hauts points, les îles des Bermudes, émergent à la surface. Il y a 30 000 ans, il était possible de s'établir sur cette dorsale et sur l'archipel qui bordait sa partie nord. Le souvenir de la florissante civilisation atlante qui se construisit sur cette terre autrefois sèche fut transmis par les marins pendant d'innombrables générations. Des milliers d'années plus tard, Antilia fut l'ultime destination d'un grand nombre d'aventuriers et de personnes à la recherche d'un espace inviolable. Au VIe siècle, Saint Brendan et ses disciples quittèrent l'Irlande dans leurs embarcations faites en peaux d'animaux avec l'espoir de l'atteindre. Ils revinrent sept ans plus tard, chargés de récits au sujet des îles merveilleuses qu'ils avaient visitées et d'« une île exquise et si vaste qu'on n'en voit pas le bout même après l'avoir cherché pendant quarante jours ».

Antilia était encore une destination convoitée au VIIIe siècle. En 771 ap. J.-C., quand les Maures envahirent la péninsule ibérique, une multitude de chrétiens fuirent pour sauver leur peau. Sept évêques portugais et leurs 5 000 disciples, emportant tout ce qu'ils pouvaient avec eux, s'entassèrent à bord d'une flotte de bateaux et prirent la mer vers l'ouest, dans l'Atlantique. Ils prévoyaient se rendre à l'île mythique d'Antilia afin de jouir de la liberté religieuse, mais ne la trouvèrent jamais étant donné qu'elle était presque complètement disparue sous l'océan. Quelques-uns atteignirent la Floride et fondèrent la ville de Calo, ainsi nommée en l'honneur d'un de leurs chefs, l'archevêque de Porto Calo. Huit cents ans plus tard, l'expédition d'Hernando de Soto visita la ville de Cale, près de la côte ouest de la Floride. La population de Cale, qui pratiquait le christianisme, était probablement constituée des descendants des immigrants portugais.

D'autres descendants possibles des familles qui cherchèrent Antilia en 771 ap. J.-C. sont les Melungeons, qui habitaient déjà avant la Guerre Révolutionnaire une vallée éloignée au nord-est du Tennessee. Cette population isolée est constituée de chrétiens qui s'expriment en utilisant des éléments de la langue portugaise. *Melungo* est un mot afro-portugais qui signifie « compagnon de bateau ». Certaines autres de leurs coutumes et traditions indiquent que les ancêtres des Melungeons firent la traversée à partir de l'ouest de la Méditerrannée longtemps avant Christophe Colomb.[29]

De la même manière que le souvenir de l'Atlantide perdure indéfiniment, on se rappelait Antilia à l'époque de Colomb. Quand celui-ci partit vers l'ouest à la recherche des Indes, il transportait une lettre de Toscanelli, qui recommandait Antilia comme étant une halte opportune à mi-chemin.[30]

Incapable de la trouver, Colomb découvrit néanmoins entre l'Amérique du Nord et l'Amérique du Sud un chapelet d'îles qu'il choisit de nommer Antilles. L'île perdue d'Antilia apparaissait encore sur les cartes de l'ouest de l'Atlantique au début du XIVe siècle.

## Le Yucatán

En 28000 av. J.-C., les rivages de la mer des Caraïbes constituèrent d'autres havres pour les infortunés Atlantes. À cette époque, les niveaux de la mer étaient inférieurs de plus de cent mètres. Une longue bande de terre, interrompue à seulement deux ou trois endroits par des rivières, s'étendait du Venezuela à la Jamaïque, en passant par ce qui est aujourd'hui devenu les Petites Antilles. La région a fini par se fragmenter pour former les îles des Antilles. La péninsule voisine du Yucatán s'étirait quant à elle presque jusqu'à Cuba.

Vers 28000 av. J.-C., après la deuxième destruction majeure subie par l'Atlantide, un groupe de réfugiés religieux quittèrent leur contrée d'origine et prirent la mer dans de petites embarcations en direction du soleil couchant. Après des semaines de trajet, disposant de très peu d'eau et de nourriture, ils atteignirent les terres accueillantes du Yucatán. Des habitants venus de différentes régions — Lémurie, Égypte et Og (Pérou ) — vivaient heureux en ce lieu des plus enviables. Malgré cette diversité, peu de conflits s'y produisirent, car les sols fertiles et l'étendue de l'espace habitable encourageaient la coexistence pacifique.[31] Plutôt que de tenter d'acquérir des biens matériels superflus, les dévots Atlantes s'axèrent sur leurs services religieux. Edgar Cayce décrit les cercles d'énergie faits de pierres, semblables à ceux qu'ils construisaient dans leur région d'origine, dont ils faisaient usage dans leurs cultes. L'une des cérémonies qui avaient lieu en ces lieux puissants consistait à purifier le corps et l'esprit des individus qui présentaient des traits indésirables tels que l'égoïsme.[32]

Les membres des différents groupes provenaient de régions du monde fort éloignées les unes des autres. Avec prudence, ils s'explorèrent d'abord mutuellement puis, avec le temps, se produisirent des mariages. La civilisation était florissante dans la péninsule du Yucatán en 28000 av. J.-C.

Des tremblements de terre et des raz-de-marée finirent par détruire les édifices construits par les descendants des Atlantes sur les côtes de la mer des Caraïbes, mais des autels sacrificiels, des peintures en ocre rouge, des spirales pétroglyphes et des symboles phalliques se trouvent encore sous la surface de l'eau. Les inscriptions des 28 chambres de la caverne de Loltun, située près d'Oxkutzcab, au Yucatán, datent d'il y a plus de 15 000 ans.[33] Au cours de ces années, l'eau a fréquemment recouvert les grottes, pour ensuite se retirer et les laisser de nouveau émerger. Malgré tout, les sanctuaires ont été utilisés pendant si longtemps à des fins spirituelles qu'il s'en dégage une énergie exceptionnelle. Selon les plongeurs sous-marins qui ont eu l'occasion de ressentir les forces intenses concentrées dans les cavernes de Loltun, ces catacombes révèlent plus de puissance que les grandes pyramides d'Égypte.[34]

Les Carib de l'Amérique centrale conservent en mémoire le récit d'un large groupe qui, en 28000 av. J.-C., prit la mer vers l'ouest à partir de l'Atlantide. Il s'agissait en fait de sept grandes familles, comptant chacune plusieurs cousins, oncles et tantes, qui remplirent les bateaux de sept flottes. Quand finalement ils trouvèrent une île pour s'établir, ils s'appelèrent Caraiba.[35] Ces légendes des Carib font allusion à l'Atlantide en parlant d'une « vieille terre rouge ». L'expression ressemble à celle qu'utilisaient les Toltecs, les prédécesseurs des Aztèques, au Mexique, pour désigner la patrie de leurs ancêtres. Les Toltecs appelaient en effet cette dernière hue, huetlapappan,ce qui signifie « la vieille, vieille terre rouge ». Le territoire était selon eux situé à l'est, et il serait maintenant recouvert par l'eau.[36] L'argile rouge était plus abondante dans les régions situées au-dessus de la surface de l'océan Atlantique pendant l'époque glaciaire, ce qui explique qu'elle soit si souvent mentionnée dans les anciens récits au sujet de l'Atlantide.[37] Les descendants des Atlantes vécurent heureux à Caraiba durant une longue période. Des prêtres venant de l'Atlantide enseignèrent aux habitants la religion de Tupan et leur donnèrent le nom de Tupi, qui signifie « les fils de Pan », une autre des désignations de la vieille terre rouge.[38]

Plusieurs générations plus tard, à la suite d'une catastrophe naturelle qui fut particulièrement dévastatrice à Caraiba, les Tupi furent contraints de quitter leur île natale, qui était en train de s'engloutir. Ils prirent la mer en formant sept flottes encore plus grandes et se rendirent un peu plus à l'ouest, jusqu'à une mer à laquelle ils donnèrent le nom de « Caraïbe », en l'honneur de Caraiba, la première île où ils avaient trouvé refuge. Quelques-uns s'établirent sur les îles montagneuses les plus proches et y pratiquèrent la culture en terrasses, une technique décrite dans leurs légendes et que leurs ancêtres employaient sur les versants abrupts des montagnes de l'Atlantide. D'autres Tupi se déplacèrent vers le sud et gagnèrent l'Amazone. Les Guarani du Paraguay et d'autres autochtones d'Amérique du Sud portent encore aujourd'hui un culte au dieu Tupan. Après avoir observé et étudié, le long du fleuve Amazone, un groupe de tribus indiennes possédant une langue commune, l'archéologue Marcel Homet a pu déterminer que cette langue, le tupi-guarani, comportait des expressions ayant des similitudes frappantes avec la langue basque.[39]

Les Basques étaient un groupe de réfugiés atlantes ayant fui vers les Pyrénées, au sud-ouest de l'Europe. Au moins un des sept groupes venus de Caraiba monta vers le nord, jusqu'à la vallée du Mississipi. Pendant une longue période, les représentants des sept familles élargies se rencontrèrent tous les 104 ans afin d'harmoniser leurs calendriers et de partager leur histoire respective, mais la communication se mit à poser problème et, peu à peu, ils finirent par perdre le contact.[40]

## L'Amérique du Sud

Même si elle représentait un long et difficile voyage à partir de l'Atlantide, l'Amérique du Sud était, en 28000 av. J.-C., une autre destination favorable pour les émigrants. Des vêtements, des graines et un ou deux animaux était tout ce qu'ils pouvaient espérer emporter dans leurs embarcations chargées lorsqu'ils fuirent en toute hâte leur contrée instable. Le peu d'outillage qu'ils avaient les força à vivre d'une manière très primitive à leur arrivée. Tout comme les traces de notre civilisation se seront désintégrées avant l'an 12000 ap. J.-C., ce que les Atlantes ont produit dans cette étrange et nouvelle Amérique du Sud s'est dégradé et a été avalé par la jungle. Les peintures sur pierre, faites du matériau le plus durable, sont tout ce qui en reste.

Quand les Atlantes commençaient à vivre dans une nouvelle région, les premiers outils qu'ils fabriquaient étaient en pierre. La fabrication d'outils efficaces requérait une préparation attentive et la patience infinie d'artisans qualifiés. Il était important que l'artisan comprenne à fond la composition de chaque roche pour choisir le bon nodule, produire les effets de chaleur et lentement, avec soin, la tailler pendant de longues heures monotones. Peu de personnes sont aujourd'hui capables de reproduire les réalisations des tailleurs de pierre de cette époque. Quand ils en eurent le temps, des individus habiles construisirent des maisons de pierre ou de bois et des objets pratiques tels que des tabourets, des bancs, des tables et des lits. Toutes ces tâches s'avéraient beaucoup plus simples que la fabrication d'armes ou d'outils finement travaillés. Les vestiges des ateliers où les artisans de métier passaient leurs journées à effriter laborieusement la pierre sont encore visibles. L'un des sites qu'utilisèrent les hommes de Cro-Magnon était situé dans le bassin amazonien. Ce site s'est révélé identique à celui de Vilmaure, en France, qui date de 15000 av. J.-C. à 12000 av. J.-C.[41]

À la suite de la destruction de 28000 av. J.-C., de robustes survivants se rassemblèrent en petits groupes et tentèrent avec acharnement de se reconstruire une vie. Comme des branches d'arbre coupées qui repoussent en plusieurs endroits, plusieurs petites colonies formant un modeste abri surgirent en lieu et place des anciennes villes. Les Atlantes avaient appris de leurs expériences que la Terre était un tout, un organisme vivant, et que toutes les choses et tous les êtres existant sur cette planète étaient étroitement liés et interdépendants. Pendant des milliers d'années, ils traitèrent leur environnement et se considérèrent mutuellement avec respect, consacrant chaque jour leur énergie à préserver la nature environnante. La vie s'améliora peu à peu et, vers 15000 av. J.-C., l'Atlantide reprit sa position de puissance importante et prospère.

Durant sa période finale, peu avant 10000 av. J.-C., des invasions de l'extérieur furent une source de problèmes en Atlantide. Une dangereuse tribu connue sous le nom d'Amazones s'installa non loin de la région, en Afrique. Cette tribu nombreuse était dirigée par des femmes qui, reconnaissant les habiletés combattantes de leur propre sexe, coupaient les guerrières potentielles de tout contact avec les mâles afin qu'elles demeurent vierges.[42] Après un entraînement rigoureux, ces femmes devenaient de féroces soldats servant leur armée avec zèle. Les Atlantes qui vivaient le long de la côte est de l'Atlantide n'eurent à aucun moment conscience de l'arrivée des centaines de petites embarcations chargées d'Amazones qui avaient parcouru la courte distance depuis l'Afrique pendant la nuit et s'en venaient attaquer leur communauté. Massacrant d'une manière barbare toute opposition, les Amazones gagnèrent parfois temporairement le contrôle des villages côtiers sans défense. Après avoir fait main basse sur les objets raffinés en or et en argent appartenant aux Atlantes, elles retournèrent chez elles afin de préparer un autre stimulant assaut. Une fois complété leur service militaire, les Amazones étaient libérées et avaient le droit de se marier.[43] Plusieurs années plus tard, Hannibal — le général carthaginois qui traversa les Alpes avec une troupe de 35 000 soldats en 218 av. J.-C.— employa dans sa cavalerie des Amazones venues d'Afrique. Celles-ci portaient des lances et se protégeaient avec des boucliers en peau de serpent (un symbole atlante).[44] Au cours d'un voyage qu'il effectua au Ier siècle av. J.-C., Diodorus Siculus apprit que les Gorgones comptaient aussi parmi les voisins oppressifs des Atlantes. Dans la mythologie grecque, les Gorgones sont décrites comme étant des femmes à la chevelure de serpents, dont l'apparence était tellement épouvantable que ceux qui les regardaient étaient transformés en pierre sous l'effet de la frayeur.[45] La tête des Gorgones rappelle les formidables soldats atlantes qui transportaient au combat des serpents entortillés.

La troisième et ultime destruction majeure que subit l'Atlantide se produisit vers 10000 av. J.-C., au moment où, encore une fois, quelque chose troubla sérieusement la surface de la Terre. Entre autres réactions naturelles qui s'ensuivirent, des séismes et des éruptions volcaniques ravagèrent la plus grande île de la région, dont la majeure partie sombra dans la mer. En peu de temps, les eaux rugissantes provenant de la fonte rapide des glaciers couvrirent les petites îles aussi bien que les zones côtières, densément peuplées, des plateaux continentaux. Des millions de personnes périrent, non seulement en Atlantide, mais partout sur la Terre. Les mammouths de Sibérie moururent si rapidement qu'ils gelèrent debout; plus de 11 000 ans plus tard, des explorateurs découvrirent que ces animaux avaient encore dans l'estomac de la nourriture fraîchement avalée. L'analyse de leurs cellules a indiqué par la suite que la température dut tomber de 3 °C au-dessous de zéro à 65 °C au-dessous de zéro.[46] Simultanément, le mammouth laineux, le tigre « dent-de-sabre », le mastodonte, le cheval, le loup solitaire, le paresseux géant terrestre, le grand ours des cavernes et le bison antique disparurent des Amériques du Nord et du Sud, de l'Europe et de l'Asie. L'éradication généralisée de la vie végétale s'est ajoutée à cette dévastation.

Plusieurs hypothèses ont été suggérées pour expliquer les frémissements de la croûte terrestre en 10000 av. J.-C. Selon le Dr Otto Muck, un physicien et ingénieur allemand reconnu, un énorme météorite incandescent s'est écrasé dans l'océan Atlantique à peu près à cette époque,[47] provoquant des tremblements de terre, éveillant des volcans et causant le déluge rappelé dans la Bible. Un choc de ce genre pourrait créer une vague de plus de cent mètres de haut, tellement gigantesque qu'elle inonderait sur de vastes étendues les continents environnants. L'immense quantité d'humidité s'évaporant sous la chaleur de l'objet flamboyant retomberait sur la Terre en des pluies torrentielles.

Il est tout à fait possible que, vers 10000 av. J.-C., une comète ait éclaté en s'approchant de la Terre et que des fragments importants soient entrés en collision avec notre planète, comme cela s'est produit avec Jupiter à l'été 1994. Qu'un corps d'une grosseur considérable et voyageant à grande vitesse se soit fracassé contre la Terre pourrait expliquer les changements extrêmes de température à l'époque de la disparition finale de l'Atlantide. Lorsqu'un objet massif et destructeur frappe le sol, il se crée un immense cratère qui rejette dans l'atmosphère de grandes quantités de poussière et de débris. Celles-ci bloquent la lumière du soleil et empêchent ses rayons de réchauffer la surface de la planète. Un autre effet de l'écrasement d'un tel projectile sur la surface de notre planète, que ce soit sur la terre ou dans l'eau, est que les liquides du manteau interne sont si violemment perturbés par la secousse que les volcans sensibles se mettent promptement à éjecter de la fumée, des cendres et des gaz mortels. Au moment où cette multitude de particules se répandent dans le ciel, elles obscurcissent aussi les rayons chauds du soleil. Les températures baissent alors rapidement et la neige se met à tomber sans arrêt sur de vastes étendues. L'accumulation de neige et de glace qui en résulte finit par tout recouvrir sur son passage, y compris de complexes civilisations. La glace formée durant les périodes glaciaires contient environ trente fois plus de poussière que les couches de glace plus récentes.[48] Les scientifiques proposent une troisième interprétation possible des changements extrêmes de température causés par l'impact d'un objet massif. Si la Terre est secouée avec suffisamment de force pour que le globe bascule sur son axe, la quantité d'énergie solaire reçue aux différentes latitudes s'en trouve altérée. Ce scénario ressemble à la description que font les Hopi de la destruction de leur deuxième monde (voir le chapitre 1).

Selon une autre explication, les troubles de 10000 av. J.-C. seraient liés à la présence, dans notre système solaire, d'une dixième planète qui suivrait une longue orbite elliptique la faisant passer à proximité de la Terre puis s'éloigner très loin dans le cosmos. Plusieurs anciens diagrammes sumériens décrivent dans leur position relative non seulement le soleil, la lune et les neuf planètes que nous connaissons, mais aussi cette dixième planète et sa longue trajectoire. L'éminent érudit Zecharia Sitchin suggère que la dixième planète revient et se déplace dans notre partie du système solaire tous les

3 600 ans.[49] Il croit que ce corps céleste est habitable, car des éléments radioactifs enfouis dans ses profondeurs génèrent de la chaleur, laquelle est conservée grâce à l'épaisseur de l'atmosphère qui entoure la planète et rend la vie possible même à une grande distance du soleil. Cette dense enveloppe protège aussi ses habitants des puissants rayons du soleil lorsqu'elle s'en rapproche. À cause de son atmosphère visiblement épaisse, les Sumériens décrivent la planète comme étant « revêtue d'un halo ».[50] Sitchin propose l'explication selon laquelle, vers 11000 av. J.-C., cette énorme masse venue du cosmos se serait tellement approchée de la Terre que la force gravitationnelle aurait fait glisser le champ de glace à l'extérieur de l'Antarctique, créant de gigantesques marées sur la surface de notre planète. Cela est tout à fait possible, car la pression et la friction des lourds amas de glace, combinées à la chaleur de la Terre emprisonnée en-dessous, peut avoir produit une couche détrempée et lubrifiante entre le sol et les glaciers. Une perturbation aurait ainsi rendu le champ de glace moins ferme et l'aurait fait tomber dans l'océan.[51] La Bible rapporte qu'autour de l'époque du Grand Déluge « toutes les sources du grand abîme jaillirent, et les écluses des cieux s'ouvrirent ».[52] Sitchin croit que le « grand abîme » est une allusion à la partie la plus au sud de l'Antarctique et que la modification d'un glacier antarctique, de même que les pluies, fut la cause du Déluge biblique.[53]

Les cataclysmes naturels qui, dans un passé lointain, ont éliminé d'un coup jusqu'aux deux tiers des espèces vivantes étaient souvent le résultat de la collision d'objets venant percuter la peau sensible de la Terre. Des scientifiques de la National Aeronautics and Space Administration (NASA) reconnaissent qu'on a sous-estimé le nombre d'astéroïdes de plus gros volume qui passent ainsi dangereusement près de la Terre, et que la surface de notre planète est marquée des centaines de cavités créés par l'impact violent de tels objets, dont le diamètre atteint parfois plus de trois kilomètres. Des chercheurs élaborent actuellement des plans destinés à retracer les corps célestes qui peuvent représenter une menace, et ce, dans l'espoir de détourner ces objets flamboyants vers une nouvelle orbite avant qu'ils n'entrent en collision avec notre planète. Ils espèrent de cette manière protéger la race humaine d'un nouvel « hiver nucléaire » semblable à ceux qu'elle a subis dans le passé.[54]

Qu'en est-il cependant de ceux qui vécurent en Atlantide avant 10000 av. J.-C. et survécurent au bouleversement et au

chaos qui détruisirent leurs civilisations? Que savons-nous de
ces peuples qui sont nos ancêtres?

# PARTIE II

# L'ÂGE D'OR

## 20000 – 10000 AV. J.-C.

# 3
# LE PEUPLE

*M*ême s'ils vécurent il y a très longtemps, les Atlantes étaient fondamentalement comme nous : également intelligents, ils riaient, souriaient et aimaient, et connurent la frustration, la colère et la détermination. Ils étaient capables de calculer, d'évaluer, de faire des plans et de réfléchir au passé, au présent et à l'avenir. Leurs traits changèrent en 100 000 ans, tout comme les attitudes et les buts de la plupart des Américains diffèrent de ceux de leurs ancêtres qui vécurent 200 ans plus tôt. L'information qui suit se rapporte principalement à la dernière période de leur civilisation, soit environ de 20000 av. J.-C. à 10000 av. J.-C.

Pendant des milliers d'années, les individus forts et à l'esprit développé qui repeuplèrent l'Atlantide à la suite de la destruction de 28000 av. J.-C. travaillèrent au maintien d'une vie harmonieuse et équilibrée. Ils avaient conscience des liens qui les unissaient à un être spirituel supérieur et ils axaient leurs activités sur le culte et la protection du merveilleux environnement naturel qui les accueillait. Quand ils furent capables de répondre à leurs besoins quotidiens en seulement quelques heures par jour, plutôt que de remplir le reste du temps en travaillant pour acquérir davantage de biens personnels, ils le consacrèrent à l'amour et au plaisir d'être ensemble, tout en réfléchissant à leur rôle sur la Terre et à leur place dans l'univers. Lorsqu'ils purent se tenir bien droits, leur superbe apparence refléta leur force et leur beauté intérieure.

Le style de vie de ces Atlantes présentait d'autres avantages. Leurs récits et légendes, qui parlaient du passé, leur avaient enseigné qu'un être humain avait de meilleures chances de survivre à un désastre naturel avec l'aide des autres. Chacun prenait grand soin de ceux qui avaient des problèmes, ce qui produisit une race capable de vivre plus longtemps. Dans les rudes conditions de l'Europe occidentale, l'homme de Cro-Magnon pouvait espérer vivre jusque dans la soixantaine, tandis que l'homme de Neandertal, qui l'avait précédé, mourait avant d'avoir atteint l'âge de 45 ans.[1] La vie axée sur l'amour et la reconnaissance de la beauté conduisit inévitablement à la naissance et à la croissance d'autres intérêts. Les peintures et les sculptures magnifiques que les Atlantes et leurs descendants laissèrent sur le continent européen révèlent des talents artistiques exceptionnels, un riche bagage culturel et un niveau de vie élevé. La dimension parapsychique prit aussi de l'ampleur et s'étendit grâce à l'atmosphère nourrissante de l'Atlantide. Les adultes respectaient les perceptions et les rêves des plus jeunes, et ils encourageaient les enfants à se servir de leur intuition à mesure qu'ils grandissaient. Les talents innés, comme la capacité de prévoir l'avenir ou encore le talent de localiser des objets cachés ou des sources souterraines, étaient renforcés.

Les aptitudes psychiques des Atlantes étaient extrêmement développées, ce qui rendait leur vie tout à fait différente de la nôtre. Edgar Cayce les décrit comme des êtres très intuitifs, capables de communiquer par la transmission de la pensée.[2] Ils pouvaient se comprendre à tous les niveaux sans recourir à la parole et réussissaient même à transmettre des messages et des images sur de très longues distances, ce qui leur permettait de communiquer lorsqu'ils étaient séparés.[3] Leur capacité de contrôler leur esprit leur aurait aussi permis de communiquer davantage sur un pied d'égalité avec les visiteurs à l'esprit puissant venus de l'espace.

Très lentement, vers la fin de leur dernière civilisation, plusieurs Atlantes changèrent, même si au fond d'eux-mêmes ils conservaient les capacités psychiques innées de leurs prédécesseurs — des talents cachés que les êtres humains possèdent encore. La place de plus en plus grande que prirent les réalisations scientifiques fut l'une des principales causes de la transformation graduelle de leurs intérêts, de leurs habiletés et de leur tempérament. De la même manière que des sociétés aborigènes relativement satisfaites ont été dérangées par l'introduction de nos éléments de confort modernes, l'acquisition de biens matériels se mit à prendre, peut-être à partir du contact avec des extraterrestres qui les aidèrent à « élever » leur niveau de vie, de plus en plus d'importance. Le contact intime et harmonieux avec la nature perdit l'importance majeure qu'il avait. Ils délaissèrent leur vie contemplative et décontractée pour une vie plus affairée et exigeante, qui les obligeait à constamment concevoir des stratégies pour vivre bien. Ils devinrent coriaces, bien organisés et déterminés. Étant donné que leurs perceptions étaient développées à un niveau plus élevé que le nôtre, ils saisissaient plus facilement les mystères de l'inconnu et la complexité des mathématiques et de la philosophie. Ces caractéristiques, conjuguées aux conseils des extraterrestres, leur permirent d'améliorer leurs capacités scientifiques jusqu'au degré avancé que décrit Edgar Cayce.

Les catastrophes naturelles contribuèrent aussi à changer le tempérament des Atlantes. À mesure que leurs intérêts se tournèrent vers l'effort scientifique, le respect et le culte qu'ils portaient à la nature diminuèrent; les séismes et les éruptions volcaniques, mineurs et imprévisibles, quant à eux s'accrurent. La nature devint quelque chose qu'ils essayaient de combattre. Dans leur tentative de se défendre contre les destructrices armes naturelles d'un dieu tout-puissant, ils devinrent combatifs et batailleurs. Lorsqu'il leur était nécessaire de gagner davantage d'espace pour leur population plus nombreuse et pour remplacer le territoire que la mer leur prenait constamment, ils étaient prêts à lutter férocement contre d'autres êtres humains. Platon décrit les soldats de l'Atlantide comme étant agressifs et belliqueux. Les Amérindiens se les rappellent comme des êtres cruels.

En plus de leurs pouvoirs psychiques innés, les descendants des Atlantes ont conservé les caractéristiques de ceux qui ont survécu aux défis créés par les tremblements de terre, les éruptions volcaniques et les inondations qui ont englouti peu à peu leur terre. L'ingéniosité, le courage et la persévérance sont quelques-uns de ces traits admirables. Toutefois, lorsque des personnes ont de nos jours recours à la violence pour atteindre leurs buts, elles reviennent en partie au comportement des humains de la préhistoire, dont la vie était souvent une bataille constante pour demeurer sur la surface sensible de la Terre.

Deux groupes de personnes physiquement différents vécurent en Atlantide. L'un d'eux, déjà décrit, était l'homme de Cro-Magnon. Celui-ci avait un long crâne étroit, d'une capacité de 1 639 centimètres cubes, soit plus que l'être humain moderne moyen. Ses dents étaient petites et régulières, et son visage était caractérisé par un nez relativement long, des pommettes hautes et un menton proéminent. Les hommes étaient grands, mesurant parfois plus de un mètre quatre-vingts, et les femmes étaient un peu plus petites. Leur structure corporelle était semblable à la nôtre, au point qu'un homme de Cro-Magnon qui marcherait aujourd'hui dans la rue habillé de vêtements contemporains ne serait pas remarqué, si ce n'est en raison de sa belle apparence. Une autre race atlante, très différente de l'homme de Cro-Magnon, vivait dans les montagnes de la région orientale. Ils avaient la peau foncée et des lèvres charnues, et ils étaient massifs et très forts. Leur principale occupation était l'exploitation minière. Ils ont laissé le souvenir de leur grand sens de l'humour, qui les aidait à survivre sur le rude terrain montagneux. Athlétiques, ils étaient de bons combattants et un précieux atout pour l'armée atlante.[4]

## COUTUMES ET CROYANCES

Les coutumes et croyances exposées dans les pages qui suivent se sont perpétuées dans les régions voisines de l'océan Atlantique. Elles offrent un portrait saisissant mais incomplet de la vie de ceux qui habitèrent, durant sa civilisation finale, le territoire maintenant submergé.

### Le mariage

Reconnaissant les valeurs morales de la vie de famille ainsi que l'importance de partager avec d'autres le temps vécu sur Terre, deux personnes de sexe opposé souhaitaient généralement, en Atlantide, passer leur vie ensemble. Les femmes ou les hommes qui préféraient demeurer célibataires se joignaient à un temple, consacrant leur vie au développement spirituel et mental et prodiguant leurs soins aux autres membres de la population.[5] En Atlantide, les homosexuels étaient aussi généralement acceptés. Les Atlantes croyaient à la réincarnation et pensaient que, en raison de leur récente vie antérieure dans un corps de sexe opposé, les homosexuels préféraient ne pas s'unir à une personne de ce sexe durant la vie suivante. Comme ils désiraient demeurer authentiques par rapport à une ancienne partie d'eux-mêmes, les homosexuels étaient en fait admirés pour leur fidélité.[6] Supposons, autrement dit, que vous êtes aujourd'hui une femme, mais que dans une vie antérieure satisfaisante vous avez été un homme. Votre passé comme mâle est solidement inscrit dans votre mémoire et votre subconscient. Ces souvenirs sont plus puissants que votre allégeance à votre actuel statut de femme. Par égard pour votre ancien moi vous préférez ne pas vous unir, dans le présent, avec un autre homme.

Le mariage était appelé union. Quand deux amants désiraient s'unir, ils rencontraient le prêtre ou la prêtresse de la région, qui utilisait ses pouvoirs d'intuition extrêmement développés pour évaluer l'état de leur âme et déterminer s'ils étaient compatibles. Le mariage avait une meilleure chance de durer si les deux se trouvaient à un stade de développement spirituel semblable, en particulier si, comme cela arrivait parfois, leur ferveur initiale était en premier lieu physique et basée sur l'attirance sexuelle.[7] Plus près de nous, les Iroquois, les Cherokee et les Blackfeet, dont les lointains ancêtres sont d'origine atlante, avaient recours à une pratique similaire. Les couples qui souhaitaient se marier rencontraient le médecin de la tribu, qui étudiait leur aura (des bandes de lumière colorée entourant le corps) et prévoyait le succès de la combinaison proposée.

En Atlantide, le prêtre, après avoir approuvé un mariage, bénissait les deux mariés et leur remettait des bracelets d'union qu'ils devaient porter à leur bras gauche.[8] Les partenaires étaient égaux, même si l'on considérait comme étant le devoir du mari de veiller sur sa compagne et d'en prendre soin lorsqu'elle portait un enfant.[9] Vers la fin de la dernière civilisation atlante, peut-être parce que beaucoup d'hommes étaient partis se battre à l'étranger, il était permis d'avoir deux femmes. Ces ménages étaient habituellement harmonieux, car on apprenait aux enfants à aimer et à respecter l'autre femme de leur père, laquelle faisait en retour tous les efforts pour les traiter comme s'ils étaient ses propres rejetons.[10]

## Le divorce

Dans l'éventualité où un couple atlante devenait malheureux, ils retournaient voir le prêtre, qui essayait de les aider à vivre ensemble harmonieusement. Lorsque cela se révélait impossible, le chef religieux retirait les bracelets d'union, et l'homme et la femme incompatibles se séparaient. Les Atlantes croyaient qu'il était inutile de souffrir toute sa vie pour une erreur de jeunesse.[11] Quand un couple avec enfants se séparait, si aucun des deux adultes ne voulait prendre soin des jeunes, des personnes plus âgées, dont les enfants étaient déjà élevés, assumaient la responsabilité. Les orphelins abandonnés trouvaient aussi un foyer chez des citoyens âgés prêts à les accueillir.[12]

### La couvade

L'étrange et peu attirante coutume de la couvade était suffisamment populaire à l'époque préhistorique pour survivre pendant des milliers d'années de chaque côté de l'Atlantique. Après la naissance d'un enfant, le nouveau père se mettait au lit et, pendant plusieurs jours, mangeait très peu tandis que sa femme prenait soin de lui. Parfois, après le jeûne, ses amis et voisins, ou le chef du groupe, le soumettaient à des lacérations faites avec un couteau ou à d'autres cruautés. S'il supportait bien ce traitement, tous le respectaient et l'admiraient, et croyaient que la douleur allait épargner son nouveau rejeton. S'il succombait sous l'effet de ces actes bizarres, lui-même et le bébé étaient en danger. Pendant la première année de la vie du bébé, le père s'abstenait alors d'utiliser des objets tranchants ou de participer à des activités vigoureuses telles que la chasse, car il croyait que les blessures qu'il pouvait subir mettaient sérieusement le bébé en danger. La pratique de la couvade trouve vraisemblablement son origine en Atlantide, d'où elle se répandit ensuite vers les régions voisines. On l'a retracée au Mexique, parmi les Carib et les Arawak en Amérique centrale,[13] et à l'est de l'Atlantide, en Irlande, chez les Ibères du nord de l'Espagne, en France et, jusqu'à très récemment, parmi les Basques.[14]

### La circoncision

La circoncision trouve son origine dans le climat chaud de l'Atlantide, où elle avait une fonction d'hygiène. Elle fut ensuite transportée et pratiquée par les Égyptiens, qui affirmèrent à Hérodote, au Ve siècle av. J.-C., que cette pratique provenait « de la plus lointaine Antiquité ». Dans l'ancienne Égypte, la circoncision n'était pas obligatoire, sauf lorsqu'un mâle désirait étudier pour devenir prêtre. On l'effectuait généralement lorsque le garçon atteignait quatorze ans, mais le choix demeurait entre les mains des parents.[15] De l'Égypte, la pratique fut transmise aux Phéniciens et aux Hébreux. Ignatius

Donnelly rapporte que même après que des métaux devinrent facilement disponibles, les rabbins hébreux continuèrent d'utiliser un couteau de pierre pour la cérémonie. Selon Donnelly, ce fait indiquerait que la pratique date de l'âge de pierre.[16]

### Les pratiques funéraires

Les coutumes changent très lentement, et les rites funèbres et religieux sont ceux qui perdurent le plus longtemps. De nouvelles influences peuvent avoir provoqué des changements mineurs mais, dans la préhistoire, les rituel des cérémonies funèbres se perpétuèrent sans modification importante. Il existe des similitudes frappantes, qui datent d'avant 10000 av. J.-C., entre les pratiques funéraires des peuples qui vécurent dans les régions accessibles par l'océan Atlantique. Ces habitudes, parmi lesquelles on retrouve l'utilisation de l'ocre rouge et la momification des cadavres, nous révèlent des aspects de la vie en Atlantide, leur lieu d'origine commun.[17]

Les Atlantes croyaient fermement en l'immortalité et, de ce fait, n'avaient pas peur de la mort. Comme ils étaient convaincus que l'âme demeurait vivante, il était important pour eux de conserver certaines parties du corps afin d'accueillir la vie de l'au-delà; si le refuge terrestre de l'âme était complètement détruit, celle-ci perdrait son immortalité.[18] L'ocre rouge, la double inhumation et la momification étaient des techniques utilisées pour préparer le corps à ce qui allait venir. Les rituels complexes qui accompagnaient ces entreprises assuraient la famille et les amis concernés que le défunt était bien préparé, et les routines procuraient la stabilité et la force nécessaires à la vie quotidienne. Tous vivaient un deuil et regrettaient la perte de leurs êtres chers lorsque ceux-ci quittaient ce monde, mais comme ils savaient qu'ils seraient finalement réunis, ils ne ressentaient pas le regret ou le sentiment de dévastation que provoque une perte définitive. Les habitants de l'Atlantide mettaient beaucoup de temps et d'efforts à préparer les corps de leurs morts pour leur prochaine vie, notamment parce qu'il s'agissait d'une pratique religieuse encouragée par leurs prêtres, des personnages extrêmement bien formés et très puissants. Ces chefs renforçaient constamment la croyance selon laquelle l'âme, créée et contrôlée par un être suprême, ne mourait pas lorsque le cœur d'une personne cessait de battre.

Pour une sépulture relativement simple, le corps était soigneusement couvert de peinture ocre rouge afin de fournir le sang nécessaire à la vie suivante. Les proches décoraient le cadavre et ses vêtements avec des colliers, des ceintures et des bracelets faits de coquillages, de perles ou de pierres précieuses, et plaçaient souvent des objets particuliers dans la tombe afin que le défunt puisse les utiliser plus tard. Les prêtes installaient le corps dans une position assise ou fœtale, les genoux relevés, prêt à réintégrer ce monde. Des hommes de Cro-Magnon ont été trouvés enterrés de cette façon en Afrique, dans l'ouest de l'Europe et, de l'autre côté de l'océan, en Amérique du Sud. L'ocre rouge utilisée pour peindre les corps était extraite d'une mine d'hématite en Afrique il y a aussi longtemps que 40 000 ans.[19] Les Africains qui continuent d'en faire usage dans leurs cérémonies funèbres témoignent de la longue vie des coutumes funéraires.[20]

Afin de s'assurer que le cadavre conserve sa position accroupie, il fallait disposer le corps juste avant ou immédiatement après la mort, avant que la rigidité cadavérique ne s'en empare. S'il était trop tard pour lui donner une position fœtale, les prêtres enveloppaient les restes dans un linge ou des fibres et les asséchaient au-dessus d'un feu. Une fois l'humidité enlevée du corps, ils le frottaient avec des graisses et des huiles adoucissantes jusqu'à ce qu'il soit assez flexible pour être manipulé. Le son rythmé des psalmodies funèbres qui accompagnaient ces cérémonies de préparation élaborées, ainsi que l'odeur aromatique du copal et d'autres herbes que l'on faisait brûler, aidait les parents et amis présents à entrer dans un genre d'état de transe et à communiquer avec le mort.

La géographie de certaines régions de l'Atlantide n'était pas propice à l'enterrement. Les sites étaient limités dans les zones montagneuses, tandis que le risque d'inondation était toujours présent le long des côtes. Les Atlantes ont conçu plusieurs moyens pour conserver au moins une partie du corps des trépassés. L'un de ces moyens, considérablement plus compliqué que la procédure ordinaire, était la double inhumation. Pour l'accomplir, les membres de la famille commençaient par enterrer solennellement le cadavre avec l'aide du prêtre. Une fois la chair décomposée, ils retiraient le squelette de la tombe, polissaient les os et les peignaient en rouge. Finalement, ils inhumaient une deuxième fois le squelette, souvent dans un contenant que l'on pouvait placer hors du sol et transporter à un nouvel endroit si la nature se faisait menaçante. Les Atlantes et leurs descendants effectuèrent des doubles inhumations dans les endroits qu'ils habitèrent autour de l'océan Atlantique. En Amérique du Sud, les urnes et les ossements peints en rouge des hommes de Cro-Magnon sont parfois antérieurs à ceux qui ont été retrouvés en Europe,[21] ce qui indique qu'ils s'y sont établis en premier ou encore que les tombes du fond de l'Amazone ont été moins dévalisées que celles des cavernes européennes. Les populations qui vécurent le long du fleuve Amazone conçurent une méthode ingénieuse pour détacher la chair des os au moment de la préparation de la double inhumation. La famille survivante plaçait la personne défunte dans le fleuve, où les poissons carnivores tels que les pacomon et les piranhas réduisaient rapidement le corps à l'état de squelette, le préparant proprement pour une seconde inhumation.[22] Les Dakota, les Choctaw et les Sioux, tous des descendants de ceux qui émigrèrent de l'Atlantide vers l'Amérique du Nord, installaient les morts sur des plate-formes avant de polir les os et de les peindre en rouge. Les corps étaient exposés pendant toute une année, car ils croyaient que l'esprit d'une personne qui meurt demeure lié à la terre pendant douze mois. Le temps ainsi laissé avant d'inhumer les restes donnait à l'esprit ou à l'âme la possibilité de recevoir les indications des oiseaux.[23] Employant une expression semblable à celle qu'utilisaient les descendants d'Amérique centrale pour désigner la patrie de leurs ancêtres, les Choctaw affirment qu'ils peignaient en rouge les ossements des personnes défuntes parce que cette couleur était celle de « l'ancienne terre rouge » qui se trouve maintenant à l'est sous l'océan.[24]

La momification était une autre technique mise au point en Atlantide pour conserver les corps hors du sol et s'assurer qu'ils pourraient accueillir l'âme de leur vie suivante.[25] L'existence de nombreuses cavernes dans le pays offrait autant d'espaces pour conserver les restes des êtres chers à l'abri des inondations et des éruptions volcaniques. Des momies témoignant des techniques d'embaumement remarquables développées par les Atlantes ont été découvertes au Pérou, au Mexique, en Égypte et dans les îles Canaries, toutes des régions voisines de l'océan Atlantique. Les habitants de ces pays continuèrent d'embaumer leurs morts longtemps après que l'Atlantide fût disparue.[26]

Avec le changement des civilisations et l'arrivée de nouvelles générations qui rejetaient les anciennes coutumes, des individus audacieux expérimentèrent la crémation. Des médiums capables de transformer la fréquence des vibrations des éléments d'objets matériels — ou leur densité — et de modifier ainsi temporairement leur structure atomique utilisaient leur pouvoir pour désintégrer les cadavres.[27] Edgar Cayce affirme que les émigrants qui s'établirent dans le Yucatán pratiquaient la crémation et plaçaient les cendres dans des temples de manière à ce qu'il n'y eût pas de cimetière à l'endroit où ils vivaient.[28] Lorsqu'ils incinéraient un cadavre, les Atlantes avaient l'impression que les esprits de l'air, de la terre, du feu et de l'eau réclamaient chacun l'aspect du corps qui était issu de l'élément correspondant. Les rituels qui accompagnaient cette opération ont en partie survécu, comme en témoigne la phrase « tu retourneras poussière », encore en usage dans les rites funéraires.[29]

## L'HABILLEMENT ET L'APPARENCE

En raison du climat chaud qui caractérisait presque toute la région, les Atlantes s'habillaient d'ordinaire d'une manière simple et fonctionnelle. Les hommes et les femmes, selon ce que révèle Edgar Cayce, portaient des vêtements semblables, souvent faits en lin.[30] Une tunique, une robe ou un haut avec un short ou un pantalon constituaient la tenue normale. Le port de la sandale était répandu, quoiqu'il fut tout à fait acceptable de rester pieds nus. Les Atlantes préféraient garder leurs cheveux longs, car ils croyaient que cela leur procurait une force physique et spirituelle.[31] Au cours du dernier stade de la civilisation, quand ils commencèrent à s'intéresser davantage aux biens matériels, l'apparence personnelle devint plus importante. Les hommes, les femmes et les enfants se mirent à porter des parures élaborées: colliers, bracelets, anneaux, postiches, broches et ceintures décorés de perles, d'argent, d'or et de pierres précieuses colorées.

L'habillement des prêtres atlantes indiquait leur degré de développement et leur spécialité. La couleur de base de leurs vêtements et parures — écharpes, pendentifs, anneaux, bracelets et bandeaux — révélait s'ils étaient un guérisseur, un étudiant ou un maître, et quel degré ils avaient atteint.[32] Lorsqu'ils commençaient leur parcours vers le sacerdoce, les novices portaient une tunique vert pâle. À mesure qu'ils avançaient, ils se distinguaient par des vêtements bleu clair. On leur permettait enfin de revêtir les habits blancs réservés aux ordres les plus élevés. Des toges spéciales, d'un bleu profond, étaient portées en de rares occasions par les sages, qui se les transmettaient d'une génération à l'autre. C'est à son bandeau d'argent que l'on reconnaissait un guérisseur spécialisé dans la guérison mentale, tandis qu'un bandeau d'orichalque indiquait que le guérisseur se spécialisait dans la médecine physique ou la chirurgie.[33]

Cayce affirme que les vêtements de couleur pourpre étaient populaires en Atlantide.[34] Cette teinte pouvait facilement être tirée des murex qui se trouvaient sur les plages de la région. Les descendants des Atlantes favorisèrent le pourpre pendant des milliers d'années. Les marchands égyptiens, entre autres, recherchaient ardemment les teintures de cette couleur. Les Touaregs, dont les ancêtres atlantes s'établirent dans les montagnes de l'Atlas, en Afrique, continuèrent jusqu'au XXe siècle à porter uniquement des vêtements teints d'un bleu profond, presque pourpre. L'érudit romain Honorius Augustodunensis, dans un écrit de 1300 ap. J.-C. portant sur l'Atlantide de Platon, mentionnait que la contrée était renommée pour sa race de moutons, très blanche et très douce, qui produisait la meilleure laine pour les teintures pourpres.[35] La chaleur des vêtements extérieurs tissés en laine de mouton était fort appréciée dans les régions montagneuses et les plus au nord du pays.

Essayez ainsi de vous imaginer en Atlantide, il y a 20 000 ans, vêtu d'une légère robe de lin blanc ou d'un pantalon garni d'une bordure pourpre. Vous avez au cou un collier de perles luisantes et de coquillages, et un simple bracelet en or, en forme de serpent, est enroulé à votre bras. Des sandales souples faites de feuilles de palmier tissées protègent vos pieds. Que vous soyez homme ou femme, vos longs cheveux sont peut-être retenus par des pinces en ivoire. Afin d'accentuer l'élévation de votre conscience, vous ajoutez à ces parures des cristaux lumineux.

Lorsque les Atlantes migrèrent vers le sud-ouest de l'Europe, où le climat était plus frais, ils eurent besoin d'autres vêtements. Les illustrations peintes dans les grottes à cette époque montrent des personnes portant des chemises ajustées et finement cousues, avec des cols et des poignets, des jupes, des vestes, de longues robes ceinturées et des pantalons munis de poches. Des bas, des souliers et des bottes de fourrure couvrent leurs pieds pour les garder au chaud.[36] Dans ces portraits, les femmes portent sur la tête un foulard de coton ou un chapeau. Les hommes ont la chevelure proprement coiffée, et ils portent une moustache, une barbiche ou une barbe taillée.[37]

Il y a 20 000 ans, les Atlantes et leurs descendants vivant en Europe fabriquèrent de petites aiguilles pour orner leurs habits de délicates broderies. Ils cousaient des rangs de perles et formaient des motifs compliqués sur les vestes, les tabliers et autres vêtements.[38] Certaines perles étaient tellement élaborées qu'il fallait 100 heures à un artisan pour fabriquer un collier contenant cinquante de ces objets minuscules.[39] Il y a 20 000 ans, en Europe, les coquillages et les perles de mer comptaient parmi les biens personnels les plus populaires. Les commerçants traversaient des milliers de kilomètres dans les terres pour les offrir aux populations enthousiastes, qui s'empressaient de se fabriquer des parures avec ces objets familiers provenant de l'océan.[40]

## LES DIVERTISSEMENTS

À mesure qu'ils devenaient plus matérialistes, les Atlantes déplacèrent leurs lieux de culte vers l'intérieur, dans des temples décorés avec goût. Il était important d'ériger ces constructions de manière à tirer avantage de la secourable énergie de la Terre et de l'univers. Ils comprenaient que toute sorte de forces subtiles exercent une influence sur notre esprit et sur notre corps. Afin de choisir l'endroit le plus favorable, ils utilisaient la science du feng shui, ou géomancie. Le contour du terrain, l'emplacement des courants souterrains et d'autres facteurs naturels étaient soigneusement considérés du point de vue de leur influence sur les énergies résultant des champs gravitationnels, électromagnétiques et électrostatiques environnants.[41]

Le paysage de l'Atlantide était parsemé de ces imposants édifices qui, avec leur environnement, offraient en permanence le calme et le réconfort propices à la contemplation et à la méditation. Alors qu'ils avaient une préférence pour les maisons simples, les Atlantes étaient très attachés à leurs temples et les décoraient somptueusement. Ils savaient que ces constructions allaient leur survivre longtemps après leur départ de cette Terre et que d'autres personnes pourraient en jouir. Les artisans couvraient méticuleusement les murs intérieurs et les plafonds d'exquises mosaïques en or et en argent, ou les incrustaient de pierres précieuses. À l'extérieur, les hommes, les femmes et les enfants se rassemblaient pour cultiver d'adorables jardins rafraîchis par des sources et des piscines remplies de poissons aux couleurs brillantes. Ils plantaient de grands arbres de même que des arbres fruitiers, ajoutant ainsi à l'atmosphère idyllique le chant des oiseaux qui venaient y faire leur nid. Le temple voisin et son parc adjacent devenait une destination favorite pour les pique-niques, la baignade, la détente et la jouissance de la nature.

La vie sociale des Atlantes était animée par toute une série d'activités : des festivals d'inspiration religieuse, des événements en hommage aux dieux de la nature et des cérémonies liées aux naissances et à la mort. Les menaçants dieux des volcans grondaient fréquemment, et beaucoup de temps était consacré à tenter de les calmer. Certains jours déterminés, tout le monde se rassemblait avec des plats de fruits et de légumes, que l'on transportait au sommet des montagnes ou que l'on plaçait dans des trous creusés dans la paroi rocheuse des volcans. Certains Caucasiens, dans le passé, ont observé la même coutume, qui représentait pour eux un genre de sacrifice offert à leurs dieux. Des centaines de plats transportés dans les montagnes par les Atlantes ont survécu. En 1949, alors qu'elle menait une opération de sondage dans les environs de la montagne sous-marine Atlantique, au sud-ouest des Açores, la Geological Society of America a repêché environ une tonne de disques calcifiés qui se trouvaient à une profondeur d'environ 300 mètres. Les « biscuits de la mer », comme on les a appelés, avaient à peu près tous la même dimension. Ils étaient tous creusés au centre, d'un côté, ce qui leur donnait la forme d'un plat. Leur surface était relativement lisse, sauf à l'endroit où ils étaient creusés. Ils avaient un diamètre d'environ 15 centimètres et une épaisseur de près de 4 centimètres. Des tests ont déterminé que ces plats dataient approximativement de 12 000 ans et que le matériau dont ils étaient composés provenait d'une région exposée à l'air.[42] Des disques calcaires, ou « biscuits de la mer », semblables à ceux qui ont été retirés du fond de l'océan près des Açores ont aussi été trouvés dans les Bahamas.[43]

L'un des événements les plus populaires en Atlantide était le Festival de la nouvelle année, qui se déroulait durant sept jours, au moment de l'équinoxe de printemps, dans la Cité aux portes d'or. En 1903, le Dr W.P. Phelon a décrit cette fête, qui était l'occasion d'une croissance spirituelle et d'un renouvellement, tout en permettant aux amis de se réunir. Le soleil était l'invité d'honneur au Festival de la nouvelle année, car au cours des mois qui suivraient il allait apparaître chaque jour plus longtemps dans le ciel. Environ trois jours avant l'événement, des files de voyageurs des différentes régions se déplaçaient lentement vers la métropole. Quand la ville débordait de visiteurs et que les auberges étaient remplies, les habitants locaux dressaient des tentes en lin ou en coton dans les parcs et les jardins pour les loger. L'enthousiasme était alors aussi intense que celui d'un groupe d'enfants avant une fête d'anniversaire.

La cérémonie d'ouverture du Festival de la nouvelle année avait lieu au lever du soleil sur les vastes terrains qui entouraient le Temple de Poséidon. Dès qu'apparaissaient les premiers rayons de lumière, la foule rassemblée se tournait vers l'est. Un grand chœur, installé à la vue de la multitude dans l'un des porches de l'édifice sacré, entonnait à voix basse un doux chant rythmique. Peu à peu, à mesure que les voix des fidèles s'ajoutaient à celles du chœur, le son gagnait en intensité et le soleil, imposant, se montrait. Des milliers de personnes se balançaient au rythme hypnotique de la musique et accueillaient ainsi la lumière. Soudainement, alors que les rayons du soleil éclairaient les visages levés vers le ciel, les trompettes faisaient irruption pour accompagner le chœur dans la note finale. Les fidèles tombaient à genoux, en inclinant la tête dans une geste silencieux de reconnaissance devant le pouvoir de cette source de la vie et de toutes les forces.

Après la cérémonie du lever du soleil, les gens continuaient de jouir du plaisir d'être ensemble, jouaient à des jeux, participaient à des discussions et à des conférences sur la religion, la philosophie et les sciences. Pendant la durée du Festival, tout le monde s'arrêtait à midi pour faire face au Temple. Quand la sphère ardente du soleil atteignait son plus haut point dans le ciel, les prêtres faisaient tourner, du haut d'une tour, un cristal qui en captait les rayons et projetaient la lumière brillante dans toutes les directions. Tous étaient concentrés sur la magnifique source d'énergie et rendaient grâce à sa présence. Le soir, lorsque se couchait le majestueux globe solaire, la foule se tournait cette fois vers l'ouest et, doucement accompagnée par des instruments à corde, dédiait un chant d'adieu à ce corps céleste bien-aimé.

À la fin de la soirée, après la cérémonie du coucher du soleil, le chœur amorçait une autre mélodie beaucoup plus énergique. La masse des fidèles ajoutait sa voix à celle du chœur et, alors que les puissantes et obsédantes vibrations résonnaient dans les montagnes voisines, un prêtre parlait à la foule de la valeur du soleil, le malaise créé par l'absence de lumière renforçant ses propos. Au moment où il concluait avec un discussion sur la noirceur, la mort et la désolation et proclamait « Que la lumière soit », plusieurs prêtres, simultanément, allumaient des lampes aux fenêtres, dans les tours et sur le toit du Temple, illuminant avec éclat le glorieux édifice.[44]

Outre le Festival de la nouvelle année, la vie sociale des Atlantes était marquée par plusieurs événements: des cérémonies locales entourant les semences au printemps, des rituels en l'honneur de Vulcain (le dieu du feu et des volcans), les fêtes de la Saint-Jean et des célébrations les nuits de pleine lune. Les événements d'hiver exigeaient que l'on allume un grand nombre de feux de joie. Ils couvraient tellement d'espace que l'on avait parfois l'impression que toutes les collines de la région étaient en feu. Anticipant l'événement à venir, toute la population de l'Atlantide suivait avec impatience la trajectoire de la lune et du soleil. Aussitôt que les enfants étaient en mesure de marcher et de parler, les parents leur enseignaient les chants appropriés ainsi que des danses rigoureusement stylisées, ce qui les rendait encore plus impatients et renforçait l'unité familiale. Cette préparation était un facteur de stabilité au sein de la communauté, car elle élevait tous les participants à un même niveau et créait un lien entre eux.

Les traces de l'une des cérémonies atlantes sont parvenues jusqu'à nous. Les premiers Algonquins, qui arrivèrent au sud des États-Unis vers 20000 av. J.-C., apportèrent avec eux une danse du soleil. Leurs descendants, les Sioux Dakota, croyaient que cette danse était leur « retour vers l'aube » et perpétuèrent cette cérémonie pendant des milliers d'années.[45] La danse était exécutée le premier jour de mai, à l'annonce du printemps. Dans sa version originale, elle mettait en scène un nombre déterminé de guerriers qui, devant une attrayante jeune fille représentant « le ravissant ennemi », partaient à la recherche d'un arbre qui servirait de perche. À leur retour, les hommes taillaient les branches de l'arbre, tandis que les femmes et les enfants attachaient au sommet des rubans de fleurs colorées. Le tronc était finalement planté solidement dans le sol, et tous se mettaient à danser autour avec entrain, en chantant et en lançant des cris de joie. Cette célébration est l'ancêtre de notre danse du May Pole.

Les activités agréables ne manquaient pas en Atlantide. La marche en montagne était un loisir apprécié mais dangereux. Les randonnées vers les sommets se transformaient parfois en périlleuses aventures, car tout d'un coup l'air devenait lourd et toxique, transportant une odeur âcre d'ammoniaque, de soufre et de fumée, et de la lave brûlante réussissait à se frayer un chemin à travers les fissures des escarpements rocheux. Coulant rapidement le long de la pente, le métal en fusion couvrait tout sur son passage, y compris le sentier. Il fallait avoir un bon sens de l'orientation et le pied agile pour trouver précipitamment un nouveau chemin de retour. Le long des côtes du sud-ouest, les récifs de corail protégeaient les plages de sable rose des vagues puissantes de l'océan, et une brise rafraîchissante permettait d'échapper au besoin à la chaleur du soleil. Les Atlantes aimaient se prélasser sous les palmiers et nager dans les eaux tranquilles.

D'autres loisirs devinrent populaires au cours des dernières années. Au lieu de passer du temps à la plage ou de flâner tranquillement dans l'environnement paisible des temples, les gens d'un peu partout dans le pays se mirent à préférer les sanglants combats de taureaux et les courses de chevaux. Avec l'importance grandissante que prenait l'acquisition de biens matériels et avec le développement des classes sociales, les riches eurent accès à une vie plus oisive et extravagante. Des fêtes étaient organisées, pour lesquelles les invités se paraient d'or, de cristal et de pierres précieuses. Lorsqu'ils se présentaient à la résidence de leur hôte, un domestique déposait sur leur tête une couronne de fleurs fraîchement coupées. Tous les visiteurs enlevaient leurs chaussures en entrant, et un serviteur lavait leurs pieds dans une bassine de cuivre. Les invités pouvaient se régaler d'une grande variété de mets somptueux, tandis que la boisson leur était servie dans de brillants gobelets d'argent. Jongleurs, chanteurs et danseurs se mêlaient aux visiteurs pour les divertir. Les fêtes décadentes duraient souvent plusieurs jours, jusqu'à ce que les participants en aient assez de tant de nourriture et de la présence des uns et des autres.

Pendant les dernières années de l'Atlantide, nombreux furent ceux qui se mirent à accorder plus d'importance à la nourriture, à la boisson et aux rencontres sociales. Le souvenir de cette atmosphère généralisée ne s'est pas complètement effacé. Les descendants des Atlantes vivant dans les Antilles des milliers d'années après eux confirment que l'Atlantide était un lieu où tout le monde faisait la fête, dansait et chantait,[46] et les légendes galloises racontent que si la bonne sorte de musique était jouée, les Atlantes dansaient dans les airs comme des feuilles.

## LES ANIMAUX DE COMPAGNIE

Au cours des derniers 20 000 ans de la civilisation atlante, les animaux sauvages ne surpassaient plus en nombre, comme cela avait été le cas des milliers d'années plus tôt, la population humaine. Tout comme ils partageaient parfois entre eux leurs pensées, les gens avaient à cette époque des conversations télépathiques avec les animaux et les oiseaux. Cerfs, lions, chèvres, cochons et autres animaux couraient en liberté, tandis que, aucunement prisonniers d'une cage, une infinité de canaris, de pinsons et de grives au chant gai voletaient parmi les habitations pour venir peut-être se percher sur une épaule accueillante. Les créatures sauvages se vouaient à aider et à protéger leurs amis humains. De la même manière, avant l'arrivée des Espagnols en Californie, les autochtones et les ours cueillaient ensemble des baies et communiquaient entre eux pour le bénéfice de chacun.[47]

Les chats, les chiens et les serpents étaient des animaux de compagnie particulièrement appréciés, car ils sentaient les vibrations terrestres et les poussées soudaines dans l'activité des électrons, signes avant-coureurs d'un tremblement de terre ou d'une éruption volcanique. Les gens savaient aussi que les mouvement sismiques étaient souvent précédés d'une longue sécheresse suivie de pluies extrêmement fortes. Ces conditions, jumelées à un état d'anxiété chez un chien ou un chat, constituaient des indices assez précis annonçant une catastrophe naturelle.

Les prêtres pratiquant les sciences occultes, qui étaient extrêmement doués pour communiquer avec les animaux, hébergeaient des lions et d'autres grands chats. Presque toutes les familles gardaient à la maison un chat plus petit, car elles croyaient que les capacités psychiques de cet animal de compagnie étaient utiles pour protéger leurs propriétaires des manœuvres malfaisantes des habitants de l'enfer.[48] Les chats et les chatons semblaient faire partie de la famille. Chaque fois que cela était possible, les émigrants tâchaient de trouver une place dans leurs bagages pour emmener avec eux ces petites créatures. Les chats domestiques apparurent en Égypte longtemps avant l'époque couverte par l'histoire; leurs ancêtres arrivèrent vraisemblablement avec les Atlantes. Des photographies aériennes d'une formation sur Bimini montrent une élévation ayant la forme d'un chat qui s'étire, sa longue queue enroulée par-dessus son dos. La silhouette de l'animal atteint une longueur de plus de 215 mètres et se trouve près d'une formation rectangulaire qui pourrait être les ruines du Temple de Bastet,[49] dédié à la déesse égyptienne à la tête de chat, qui aurait été érigé à cet endroit.

Le chien que l'on connaît sous le nom de «chow-chow» serait l'une des plus vieilles races canines, mais on en ignore l'origine. Il est possible que, avec l'aide d'extraterrestres habiles dans la manipulation génétique, le chow-chow ait été élevé en Atlantide afin d'aider les importantes forces armées du pays. Un élevage attentif aura produit ces forts animaux au squelette robuste et aux griffes acérées, semblables à celles des ours. Taylor Hansen suggère quelques pistes intéressantes concernant l'histoire de ce chien. Elle s'appuie sur les hypothèses avancées par Robert Beck, un spécialiste de la culture égyptienne, qui soutient que le chow-chow était très populaire à Sumer il y a des milliers d'années. Excellent comme gardien des temples, il devint le chien de guerre des Hittites. Le chow-chow était aussi le gardien des temples préhistoriques au Cambodge. Plus récemment, vers 150 av. J.-C., soit pendant la dynastie Han, il a fait son apparition en Chine. Selon Hansen, les Atlantes auraient amené d'intrépides chows-chows sur des bateaux vers l'Extrême-Orient afin de les utiliser au combat. Les animaux que leurs maîtres laissèrent derrière eux lorsqu'ils s'en retournèrent furent utilisés pour garder les temples.

Élevés à l'extérieur, les moutons étaient néanmoins des animaux fort appréciés des familles. Les enfants s'amusaient à former des motifs avec leur toison et à les monter pour rendre visite à leurs amis. La laine des moutons était utilisée comme bourre pour les oreillers, ou encore elle était filée et tissée pour faire des vêtements. Les excréments de l'animal constituaient un excellent engrais pour les plantes d'intérieur.[50]

Les dauphins étaient élevés comme des animaux de compagnie particuliers en Atlantide.[51] Les Atlantes construisaient des piscines près de leurs maisons pour ces joueuses créatures et les traitaient comme des égaux. Ils apprirent à comprendre leur rapide conversation et en vinrent à respecter l'intelligence et les aptitudes mentales de l'animal. Les dauphins qui se tenaient le long des côtes se révélèrent être une excellente source de connaissances au sujet de la mer. Peut-être apprendrons-nous, tout comme les Atlantes, à communiquer avec les dauphins et les baleines et que ceux-ci pourront nous guider vers les conteneurs de déchets nucléaires et autres matériaux dangereux jetés dans les océans.

Les chevaux, que l'on trouvait un peu partout en Atlantide, travaillaient dans les fermes, servaient au transport; ils devinrent de populaires participants aux courses qui se déroulaient sur la gigantesque piste de la Cité aux portes d'or. Ils étaient particulièrement utiles aux colons atlantes du sud-ouest de l'Europe, qui attrapaient des chevaux sauvages et les entraînaient pour protéger leurs troupeaux de rennes des loups et autres prédateurs. Des restes d'ossements découverts en France et en Espagne près de sites qui étaient habités en 12 000 av. J.-C. indiquent que le renne constituait, avant de migrer vers des régions plus chaudes, plus de 90 pour cent de la diète.[52] À dos de cheval, les immigrants atlantes les rassemblaient dans des enclos afin d'assurer la nourriture à leur famille pendant toute l'année. Dans les grottes voisines, des artistes minutieux peignirent et gravèrent des chevaux avec des licous, et dessinèrent des hommes en train de faire tournoyer une pierre au bout d'une corde, comme le font de nos jours les cow-boys argentins avec leurs bolas. Les crânes des chevaux de cette époque révèlent souvent des traces de cribbing, une habitude de mastication provoquée par la nervosité et qui crée une usure des dents. Le cribbing reflète le stress causé par la captivité, et on ne le retrouve jamais chez les chevaux sauvages.[53]

Des deux côtés de l'océan, les descendants des Atlantes sont demeurés compétents dans la communication avec les créatures sauvages. Ils sont ainsi capables d'appeler les animaux. Sur le continent américain, les Blackfeet établirent des liens très forts avec les buffles. Quand ils voulaient les tuer pour se nourrir ou pour répondre à d'autres besoins, ils les appelaient. Ce pouvoir était symbolisé par une femme portant une corne de buffle au-dessus de sa tête. Il y a 30 000 ans, une telle peinture d'une femme nue tenant bien haut une corne de buffle fut gravée sur le mur d'un abri rocheux dans le sud de la France.[54] Les ancêtres des Blackfeet, qui partirent de l'Atlantide pour se rendre sur le continent américain il y a des milliers d'années, utilisèrent et conservèrent les aptitudes qu'ils avaient acquises dans leur patrie d'origine, dont celle de communiquer avec les animaux. Ceux qui gagnèrent le continent Européen firent de même.

## LA LANGUE

Comme ils parcoururent les mers, les Atlantes communiquèrent avec des peuples d'un grand nombre de régions. Peu à peu, leur langue fut acceptée dans les domaines de la culture et du commerce. Le vocabulaire des Atlantes devint la base à partir de laquelle plusieurs des langues de monde se développèrent, rendant ainsi obsolètes certaines formes antérieures de discours. La Bible évoque le temps où existait un langue universelle, l'époque de la tour de Babel, où « la terre entière n'avait qu'une seule langue. »[55] Le Popol-Vuh, l'ancien livre des Mayas, prétend que ces derniers utilisaient une langue unique avant d'émigrer vers l'hémisphère occidental.[56] L'école linguistique dite « nostratique », qui tente de retracer la langue ayant précédé la famille des langues proto-indo-européennes qui aurait été parlée il y a 5 000 ans, a commencé a assembler ce qui serait une proto-langue universelle. Selon l'hypothèse nostratique, les langues de cette famille auraient en effet toutes pris racine dans une langue commune parlée il y a plus de 10 000 ans, et il est possible de reconstruire le vocabulaire de base à l'origine de toutes les langues.[57]

Les Basques, un groupe de 700 000 personnes vivant dans l'isolement relatif des Pyrénées au sud-ouest de l'Europe, continuent d'utiliser des fragments de la langue atlante. Ce peuple bien à part soutient qu'il est le descendant des Atlantes, dont la civilisation avancée se trouve sous l'océan.[58] La langue basque est unique et il semble qu'on n'en trouve pas la trace dans aucune autre langue.[59] Le mot qu'ils utilisent pour désigner un couteau signifie littéralement « la pierre coupante »,[60] ce qui appuie leur conviction que leur langue est la plus vielle du monde et qu'elle provient de l'âge de pierre.

## L'ÉCRITURE

Les Atlantes considéraient au départ que les symboles écrits étaient inutiles et non nécessaires, car ils trouvaient ailleurs leur stabilité. Leur vie spirituelle était entièrement harmonisée avec la nature, ce qui leur procurait la force et la continuité sans avoir à recourir à l'écriture. Ils croyaient que le fait d'écrire les choses encourageait l'étourderie et, du coup, n'incitait pas à cultiver la mémoire. Les gens craignaient qu'en traçant des formes pour écrire ils se concentreraient sur l'apparence du symbole plutôt que sur le sens véritable de la pensée. Autrement dit, le fait d'écrire une idée viendrait limiter la connaissance et non l'étendre. Pendant des milliers d'années, le récit oral fut la forme d'éducation privilégiée. Les familles se réunissaient pendant des heures pour écouter respectueusement les plus âgés qui, lentement et avec calme, décrivaient le passé et mettaient les anciennes connaissances en rapport avec le présent.

Peu à peu, différents symboles tels que la spirale, le svastika ou le zigzag vinrent représenter des sentiments abstraits ou des événements concrets, ou d'autres concepts devant s'exprimer en plusieurs mots. Les Atlantes eurent recours à ces marques lorsqu'ils parcoururent les régions situées autour de l'océan Atlantique et établirent des relations avec d'autres peuples. Les signes furent universellement utilisés pour décrire des émotions, des événements récents et des projets. Au cours de la préhistoire, les marins et les émigrants peignirent des symboles à peu près identiques sur les murs des cavernes dans les îles Canaries, en Amérique du Sud, dans le sud-ouest de l'Europe et au Yucatán, dans les grottes aujourd'hui submergées de Loltun. Les personnes qui n'ont pas été touchées par la civilisation actuelle ont encore l'habitude de tatouer ces symboles sur leur corps, croyant qu'ils les aideront à tirer une plus grande force de l'énergie de la Terre et de l'univers.[61]

Partout dans le monde, à l'aide de pierres affilées, de marteaux et de ciseaux en os, les marins de la préhistoire gravèrent avec beaucoup de soin dans la roche de précis pétroglyphes. Inscrits en haut des falaises bordant les rivières, leurs signes n'étaient accessibles qu'aux personnes en mesure de les atteindre en bateau à une époque où le niveau des eaux était beaucoup plus élevé qu'il ne l'est actuellement. Des marques répétées, qui furent gravées avant 10000 av. J.-C. le long d'anciens cours d'eau, sont encore visibles en Afrique, dans les îles Canaries, dans les Caraïbes, autour du golfe du Mexique et dans plusieurs autres régions voisines de l'océan Atlantique et dont les cours d'eau menèrent jadis à la mer.[62]

Les rochers parlent une variété de langues. Étant donné que les marins atlantes utilisaient les étoiles pour la navigation, leurs pétroglyphes sont souvent des signes du zodiaque. On retrouve aussi des calendriers gravés dans le roc, ainsi que des messages ou des cartes décrivant la topographie des lieux en amont. Ces histoires silencieuses inscrites dans la pierre aidaient les voyageurs à trouver de l'eau, de la nourriture ou un endroit pour se reposer et effectuer des réparations. Les formes géométriques et animalières étaient semblables partout dans le monde, tout comme notre signalisation routière internationale.[63]

En l'absence de lumière électrique, l'une des occupations les plus importantes des peuples préhistoriques était d'étudier et de noter avec précision les mouvements du soleil, de la lune et des étoiles. Ceux qui étudièrent le ciel dans le sud-ouest de l'Europe il y a 30 000 ans gravèrent soigneusement leurs observations sur des os d'aigle, de mammouth et de cerf. Les minuscules marques qu'ils ont laissées constituent une chronique détaillée des phases de la lune, qui nous rappelle à quel point ceux qui vécurent si longtemps avant nous ont su se doter de moyens perfectionnés.

Des symboles écrits semblables aux nôtres se développèrent lentement en Atlantide sur la base de l'écriture picturale. Les premières marques étaient inspirées des sons d'éléments vivants, comme les consonnes qui, en hébreu, représentent les sons de la Terre. Plusieurs références à la littérature préhistorique sont parvenues jusqu'à nous. Platon nous dit que les lois de l'Atlantide étaient gravées sur une colonne et que les rois de l'Atlantide écrivaient leurs jugements sur des tables d'or qu'ils assemblaient pour faire les lois. D'anciens textes babyloniens, retrouvés dans l'immense bibliothèque de Nineveh, à Sumer, mentionnent le plaisir ressenti par un roi, il y a 2 000 ans, à la lecture d'écrits datant d'avant le Déluge.[64] Donnelly a réuni une dizaine de références à la littérature antédiluvienne, qu'il a tirées de documents hébreux, grecs, égyptiens, gothiques et chinois. Le théologien et éducateur Clément d'Alexandrie (Ier siècle av. J.-C.) a écrit au sujet des dieux qui vécurent parmi les hommes en Égypte. Il affirme qu'ils arrivèrent avant le Déluge en apportant 42 livres, dont 6 traités médicaux, qui renfermaient le savoir des anciens prêtres.[65] Quand les Phéniciens atteignirent les terres situées autour de l'océan Atlantique, ils recueillirent une partie des anciens signes et symboles élaborés en Atlantide et les assemblèrent dans un ordre alphabétique.

Les Incas et leurs prédécesseurs, qui furent, selon Cayce, les descendants des populations qui migrèrent de l'Atlantide vers l'Amérique du Sud,[66] avaient un système d'écriture perfectionné, dont les traces ont toutefois disparu avant le XIVe siècle. Une histoire raconte qu'il y a très longtemps, alors qu'un terrible fléau dévastait le peuple des Andes, les dieux dirent aux chefs que la maladie cesserait s'ils éliminaient toutes les traces d'écriture et n'écrivaient plus jamais. Le peuple désespéré détruisit tout ce qui contenait de l'écriture et, par la suite, tua toute personne prise à écrire.[67] Pour conserver la mémoire, les Incas élaborèrent à la place un système de cordes colorées et nouées appelé quipu.

## L'ÉDUCATION

Comme c'est le cas pour de tous les jeunes enfants, l'éducation des Atlantes était assurée au cours de leurs premières années par les aînés ainsi que par l'observation du monde environnant. Les récits oraux faisaient partie intégrante de la vie. Ainsi, les gens se racontaient les histoires transmises par leurs grands-parents au sujet de Poséidon, de Cleito et d'Atlas, ou encore concernant les expériences que leur peuple avait vécues en rapport avec les tremblements de terre, les inondations, les éclipses et les animaux sauvages. Les jeunes amélioraient leur mémoire à mesure qu'ils apprenaient les nombreux couplets des chants que leur communauté reprenait autour d'un cercle de pierres lors de la cérémonie des semences ou pendant les nuits de pleine lune. Encouragés à s'imprégner de leur environnement naturel, ils parlaient aux fleurs, se liaient avec les oiseaux et les petits animaux, sentaient la vie et toutes les particules en activité à l'intérieur des pierres et des rochers, et exploraient les autres mystérieux secrets du monde qui les entourait.

Les filles et les garçons observaient attentivement le travail des sourciers et des radiesthésistes et, suivant leur exemple, tentaient de localiser des eaux souterraines ou des objets égarés. Les enfants se pratiquaient à utiliser le côté droit de leur cerveau et apprenaient à communiquer de manière amicale avec les animaux et les humains, comme le fit Saint-François plusieurs siècles plus tard. Les jeunes découvraient comment voir venir les tempêtes ou comment détecter les troupeaux d'animaux dangereux sans être vus ou entendus. Ce savoir-faire leur sauva parfois la vie en leur permettant de courir rapidement s'abriter dans leurs maisons de pierre. Grâce à l'éducation qu'ils recevaient dans leur enfance, les Atlantes devenaient des adultes conscients et éveillés, en paix avec eux-mêmes et bien préparés à la vie au milieu de la nature.

Toutes les civilisations cependant vieillissent, et la vie changea progressivement en Atlantide. Vers 14000 av. J.-C., l'érudition et les connaissances scientifiques prirent davantage d'importance, et il devient essentiel pour le bien-être général que la population dispose de ce type de savoir. L'éducation des jeunes s'étendit aux temples, où l'on enseignait aux enfants la lecture, l'écriture, l'astronomie et les mathématiques. La transmission de la pensée, c'est-à-dire la télépathie, était l'une des méthodes d'enseignement privilégiées dans les temples.[68] Afin d'atteindre l'état réceptif et méditatif nécessaire, les élèves pratiquaient la relaxation en respirant profondément au son de rythmes calmants. Quand l'esprit de leurs élèves était détendu, les prêtres communiquaient avec eux sans avoir recours à la parole. Les maîtres dirigeaient parfois une lumière blanche spéciale sur un élève en particulier. Cette lumière produisait des ondes perceptibles qui élevaient le niveau d'énergie de l'enfant et améliorait sa capacité d'apprendre.[69] Dans les écoles des temples, l'information écrite était consignée sur une surface flexible semblable à un parchemin, que l'on enroulait et que l'on retenait à l'aide d'un anneau de céramique semblable à ceux que l'on utilise aujourd'hui pour les serviettes de table.[70] Les jeunes avaient l'occasion d'élargir leurs connaissances au cours des voyages qu'ils effectuaient tous les ans à la Cité aux portes d'or, afin de participer au Festival de la nouvelle année. Cet événement leur offrait la possibilité d'instruire leur esprit ouvert en écoutant les adultes engagés dans des discussions érudites.

À son vingtième anniversaire, chaque enfant obtenait le privilège d'une entrevue privée avec le prêtre principal du temple local. Ce chef perspicace et hautement qualifié évaluait alors le jeune adulte afin de déterminer quelle occupation lui conviendrait le mieux. Le type de travail vers lequel celui-ci était orienté dépendait du degré d'évolution de son esprit ainsi que des problèmes et des dons liés à son karma.[71] À la suite de cette entrevue, la majorité des adolescents devenaient élèves dans une école technique, où on leur enseignait l'agriculture, la pêche ou d'autres métiers pratiques.[72] Quelques-uns étaient dirigés vers des universités, où les programmes axés sur l'érudition étaient complétés par l'étude des propriétés médicinales des plantes et des herbes, en plus de cours visant à développer chez les étudiants des aptitudes psychiques telles que le pouvoir spirituel de guérison.[73]

Les Atlantes construisirent une splendide université dans la Cité aux portes d'or. Celle-ci était ouverte à tous, peu importe la race, la couleur ou les croyances religieuses.[74] Elle comprenait deux collèges: le Collège des sciences et le Collège occulte d'Incal, situé dans le Temple de Poséidon. L'instruction offerte au Collège des sciences était hautement spécialisée, les étudiants devant choisir dès leur entrée un champ d'étude. Les choix les plus populaires étaient la médecine, les mathématiques, la minéralogie et toutes les autres branches scientifiques susceptibles de répondre aux besoins de l'espèce humaine. Les étudiants devaient suivre des cours sur l'art de gouverner et, afin d'être en mesure de mieux comprendre leur terre instable, tous recevaient une formation en géologie.[75]

Le Collège d'Incal, supervisé par des prêtres du Temple de Poséidon, se spécialisait dans les phénomènes occultes et mettait l'accent sur la croissance spirituelle de l'étudiant. Les domaines d'étude habituels comprenaient l'astrologie, la prophétie, la divination, l'interprétation des rêves, la transmission de la pensée et l'utilisation des projections mentales pour matérialiser des objets.[76] Les étudiants apprenaient à communiquer avec le monde spirituel pour obtenir une aide et des conseils sur tous les plans. Les guérisseurs qui étudiaient au Temple de Poséidon et ceux qui étudiaient la médecine au Collège des sciences acquéraient chacun des habiletés différentes. Tous les Atlantes bénéficiaient d'une large variété de techniques pour le diagnostic et le traitement des problèmes physiques et mentaux.

## LES BEAUX ARTS

En raison du climat favorable dont jouissait leur île, les Atlantes n'avaient pas à lutter quotidiennement pour se nourrir et se loger. Ainsi, ils avaient suffisamment de temps libre pour s'adonner à des activités esthétiques telles que l'art et la musique. Les talents des artisans d'Atlantide étaient exposés dans de somptueux temples qui sont aujourd'hui enfouis sous la lave et les débris au fond de l'océan. Néanmoins, certaines de leurs créations subsistent encore dans des pays situés en bordure de l'océan Atlantique. Dans le sud-ouest de l'Europe, quelques sculptures gracieuses, des peintures exceptionnelles et de jolis bijoux faits d'ossements, d'ivoire et de pierres semi-précieuses reflètent la longue période de développement artistique qu'a connue l'Atlantide. Ces peintures, sculptures et bijoux créés en Atlantide n'étaient pas d'hésitantes tentatives de création, mais bien les chefs-d'oeuvre d'artisans chevronnés.

Il nous est impossible d'apprécier la qualité des peintures que les réfugiés atlantes ont créées sous la chaude lumière du soleil. Toutefois, nous pouvons encore admirer les oeuvres remarquables qu'ils ont produites entre 30000 av. J.-C. et 10000 av. J.-C. dans des grottes de France et d'Espagne. Près de l'entrée de certaines grottes, les murs sont tapissés de scènes de chasse, d'inventaires des activités collectives et de comptes rendus détaillés du passage des saisons. Les oeuvres les plus importantes se trouvent toutefois dans des grottes profondes, éloignées, pratiquement inaccessibles, où les peintres se démenaient sous le stress d'une ventilation insuffisante et la faible lumière d'une lampe à huile vacillante. En dépit de ces terribles conditions, ils ont peint des animaux empreints de liberté et d'âme, dont le mouvement possède une puissance d'évocation réaliste rarement égalée de nos jours. Les taureaux peints de couleurs naturelles sur les murs de la grotte d'Altamira, à Santader dans le golfe de Biscaye, ont des postures si réalistes que l'on peut pratiquement sentir leur présence. Afin d'améliorer l'aspect tridimensionnel de leurs portraits de taureaux et de mettre en valeur la force du corps massif de ces animaux, les artistes préhistoriques exploitaient les contours naturels des parois rocheuses des grottes. Les saillies dans le roc forment la tête, les pattes avant et une patte de derrière d'un taureau. À proximité, dans la grotte de Tito Bustillo, les couleurs plus pâles utilisées pour peindre le front et le contour des yeux d'un taureau produisent une impression générale de force intérieure et d'assurance; cet être connaît et comprend son univers, et probablement plus encore. Près de là, une biche court dans la forêt, la tête orientée vers le ciel, révélant une liberté de mouvement qui suscite la joie et le bonheur. En créant ces animaux magnifiques, les individus équilibrés qu'étaient les artistes atlantes manifestaient leurs propres émotions positives et leur confiance en eux.

Le dévouement de ces artistes d'un temps immémorial et l'importance qu'ils accordaient à leur travail sont évidents. Pour peindre leurs magnifiques illustrations sur le plafond des grottes, ils devaient se percher sur de hauts échafaudages instables, suspendus par des cordes. Les squelettes parés de perles retrouvées dans les tombes sont un autre exemple de leur ardeur au travail. Uniquement pour donner la forme recherchée à un style de perle taillée dans l'ivoire de défenses de mammouths, il fallait 45 minutes de travail. Lors des préparatifs de l'inhumation, les corps étaient souvent couverts de plus de 3 000 de ces jolies perles, qui exigeaient plus de 2 000 heures de travail.[77]

Les outils des immigrants d'Atlantide reflètent également leurs penchants esthétiques et leurs goûts raffinés. En 18000 av. J.-C., les nouveaux arrivants dans le sud-ouest de l'Europe utilisaient la pierre et les ossements de la région pour fabriquer la pointe de leurs lances, qu'ils embellissaient ensuite de motifs élégants, finement ciselés. Ils fabriquaient ce dont ils avaient besoin à partir de ce qui était disponible, mais en s'inspirant de modèles d'armes antérieurs faits de matériaux beaucoup plus fins.

Plutôt que d'utiliser des teintures végétales, les artistes atlantes, qui avaient reçu une formation rigoureuse, fabriquaient des pigments minéraux permanents; ce qui exigeait beaucoup d'habileté. Pour produire leurs multiples tons de rouge, ils devaient faire chauffer l'ocre du minerai de fer à plus de 250 ºC. Pour fabriquer de la peinture blanche, ils mélangeaient soigneusement du kaolin, du quartz en poudre et de la calcite moulue. Afin de s'assurer que leurs magnifiques peintures adhèrent aux parois humides des grottes, les artistes ajoutaient aux pigments des agents de conservation, des liants faits de gras animal et des adhérents fabriqués avec de la salive.

Il arrivait parfois que des artistes formés par le même maître en Atlantide émigrent vers des rives différentes de la côte du sud-ouest de l'Europe. Dans des grottes situées dans la vallée de la Dordogne, en France, et dans certaines régions des Pyrénées espagnoles, les couleurs et les effets d'ombre utilisés dans les peintures d'animaux, ainsi que la disposition de ceux-ci sur les murs, sont quasi identiques.[78] Ainsi, à des milliers de kilomètres les uns des autres, les artistes concevaient et peignaient leurs portraits de la même manière, et recourraient, apparemment, à la formation similaire qu'ils avaient reçue lors de leurs années d'études en Atlantide.

Les artisans atlantes qui quittaient leur pays conservaient la nostalgie de la mer et de ses créatures, lesquelles avaient occupé une place très importante dans leur vie antérieure. En Europe, à l'intérieur des terres, on a découvert de petites statues de mammifères marins sculptées il y a des milliers d'années.[79] Il y a 20 000 ans, en France, à plus de 150 kilomètres de l'océan Atlantique, quelqu'un chérissait un portrait de deux phoques gravé sur un os de cachalot. L'artiste inconnu responsable de ce portrait, qui fit appel à sa connaissance approfondie des phoques, les représenta d'une façon si réaliste que leur sexe est facilement reconnaissable. Dans une grotte du sud de l'Espagne, un amour similaire pour les mammifères marins est exprimé dans une peinture du temps de l'Atlantide où trois dauphins, deux mâles et une femelle, sont illustrés avec une remarquable précision.

Dans le sud-ouest de l'Europe, les sujets traités par les peintres et les sculpteurs préhistoriques originaires de l'Atlantide révèlent l'importance de la religion dans leur pays d'origine. Lorsque les douze rois de l'Atlantide se réunirent pour établir les lois du pays, ils sacrifièrent d'abord un taureau,[80] le maître sacré du monde animal. La vénération du taureau chez les Atlantes est évidente dans leur art européen. Dans les profondeurs des grottes du sud-ouest de l'Europe, on remarque une prédominance des illustrations de taureaux et de chevaux, des animaux considérés comme sacrés par Poséidon dans la mythologie grecque; alors que le renne,[81] qui était la principale source de viande de la région il y a 15 000 ans, y est plus rarement représenté. Les peintures de rennes apparaissent généralement près de l'entrée des grottes, où se tenaient les cérémonies visant à assurer une bonne chasse. Les services religieux, eux, avaient lieu plus profondément à l'intérieur. Dans la grotte de Lascaux, en France, la peinture la plus imposante est celle d'un énorme taureau de 5 mètres de long. L'immense animal est peint sur le plafond d'une salle où les gens se réunissaient à l'époque de l'Atlantide pour vénérer le taureau. Les sculpteurs et les peintres exprimaient leur vénération pour les chevaux et les taureaux dans leur art. Selon les experts, les statuettes miniatures de chevaux taillées dans l'ivoire, la tête d'un cheval agenouillé à Ariège et le bison de

La Madeleine font partie des oeuvres les plus marquantes de l'art mondial.[82]

### Le chamanisme et l'art

Le chamanisme est ce qui a poussé les artistes talentueux et créatifs de la préhistoire à fréquenter les profondeurs obscures des grottes européennes. Ces lieux éloignés des distractions, où les oiseaux peints de couleurs vives, les animaux et les gens semblaient s'animer sous la lumière vacillante des lampes, permettaient aux chamans d'accéder plus facilement au monde des esprits et de créer ainsi leurs illustrations spectaculaires. Les canards sauvages et d'autres oiseaux rarement consommés occupent une place prépondérante dans leurs oeuvres puisqu'ils symbolisent l'envolée de l'âme.[83] Dans les lieux sacrés qu'étaient les grottes, des vestiges de cérémonies d'initiation éprouvantes et des peintures illustrant les hallucinations des artistes lors de leurs voyages astraux témoignent de l'importance des pratiques occultes en Atlantide.

Grâce à leur intuition de chaman, les artistes atlantes ont pu créer des peintures uniques, sans égales encore aujourd'hui. Un des talents qu'ils cultivaient était la faculté de communiquer avec leurs amis du monde animal. À l'époque de l'Atlantide, les hivers rigoureux rendaient la vie difficile dans le sud-ouest de l'Europe, et comme les animaux étaient la principale source de nourriture et d'habillement, il était essentiel de mettre tout en oeuvre pour maintenir avec eux des relations de confiance. Les chamans clairvoyants communiquaient avec les animaux non seulement par la musique, le langage visuel ou le contact corporel, comme nous le faisons, mais ils apprenaient également à pénétrer leur esprit par la pensée et à converser avec eux. Il y a 20 000 ans, en France et en Espagne, la relation de proximité qu'entretenaient les artistes chamans avec leurs sujets à quatre pattes contribua à l'exactitude et au raffinement de leurs peintures réalistes et sensibles d'animaux sauvages.

Déjà, il y a 18 000 ans, des illustrations de chamans-oiseaux, qui pratiquent encore aujourd'hui dans des régions isolées des Amériques, étaient peintes sur les murs de plusieurs grottes européennes. Au fond de la grotte de Lascaux, en France, un chaman-oiseau est représenté avec un masque d'oiseau et des griffes. Son pénis est en érection, comme cela arrive fréquemment en état de transe, et pointe en direction d'un bison. Ce dernier est transpercé d'un coup de lance et regarde ses propres intestins s'échappant de sa blessure. À côté de l'homme se trouve une lance surmontée d'un oiseau semblable à celles que transportent les chamans aujourd'hui.[84] En Arizona, on trouve une illustration similaire d'un chaman-oiseau et de sa lance dans une gravure sur pierre ancienne.[85] Les ressemblances entre ces deux oeuvres inhabituelles laissent supposer que les artistes avaient un héritage commun. L'Atlantide, leur pays d'origine situé entre les deux continents, peut expliquer ces similitudes.

L'Amérique du Sud fut également une terre d'accueil pour les artisans de l'Atlantide. Bien que la production artistique des Atlantes dans cette région ne soit pas aussi remarquable que celle des artistes qui émigrèrent vers l'est, les sujets qu'ils abordèrent dans leurs oeuvres retrouvées au Pérou, au Chili et au Brésil ressemblent à ceux de leurs homologues européens. Les principaux motifs illustrés dans les huit grottes situées près de Pizacoma, au Pérou, représentent des bisons, des mammouths et d'autres animaux qui existaient il y a plus de 12 000 ans. D'autres peintures et vestiges comparables à ceux de France et d'Espagne subsistent ailleurs au Pérou et au Chili.

Marcel Homet a découvert d'autres parallèles entre la vie à l'époque de la préhistoire dans le sud-ouest de l'Europe et en Amérique du Sud au cours de la même période. Au cœur de l'Amazonie, il a exploré un endroit où, entre 15000 av. J.-C. et 12000 av. J.-C., les hommes de Cro-Magnon inhumaient leurs morts de la même façon qu'ils le faisaient en France à la même époque.[86] Des parents aimants placèrent dans une tombe une sculpture de phoque identique à celles qui furent enfouies dans des tombes françaises durant la même période. Les Atlantes inscrivirent le « cycle des saisons » à la fois sur les murs des grottes d'Europe de l'Ouest et sur ceux d'Amazonie, de l'autre côté de l'Atlantique. Ce cercle est divisé par des rayons à angle droit en quatre parties égales, dont chacune représente une saison de l'année. Alors qu'il y avait quatre saisons en Europe de l'Ouest et en Atlantide, dans le nord de l'Amazonie, même à cette époque, il n'y avait que deux saisons: une sèche et une humide. Malgré cela, les Atlantes qui s'installèrent dans cette région continuèrent à recourir à la symbolique des quatre saisons, exactement comme ils l'avaient fait dans leur pays d'origine.[87] L'intérêt des premiers artisans sud-américains pour l'occulte est évident. À l'Abrigo del Sol (l'Abri du soleil), une grotte secrète située dans la jungle brésilienne, des illustrations de la danse magique des cerfs montrent des animaux dansant, des hommes jouant de la flûte sacrée[88] et un chef coiffé de cornes portant un masque d'animal chamanique.[89]

Certains des croquis préhistoriques les plus inusités retrouvés à la fois en Amazonie et dans les grottes du sud-ouest de la France sont des esquisses de mains au pouce mutilé ou aux doigts coupés. Il s'agit là de tracés de véritables mains, dont les jointures sectionnées sont recouvertes de peau cicatrisée.[90] Il y a 26 000 ans, plus de 200 empreintes de telles mains furent dessinées sur les murs des grottes dans les Pyrénées.[91] En 1916, de vieux Indiens Crow qui avaient les doigts amputés de façon similaire racontèrent aux anthropologues que cette mutilation signifiait qu'ils avaient offert une jointure aux dieux en échange d'une faveur.[92] Pour atteindre cet objectif, on tranchait fréquemment les petits doigts des bébés dès leur naissance ou on incluait ce procédé sanglant dans une cérémonie d'initiation.

## Le crâne de cristal

Le cristal de roche, une pierre commune de la terre volcanique de l'Atlantide, était un autre médium utilisé par les artisans atlantes. En 1927, F. A. Mitchell-Hedges, une jeune américaine qui assistait son père archéologue, découvrit dans les ruines mayas de Lubaantum un crâne de grandeur nature, finement taillé dans du cristal. D'autres crânes de quartz, fabriqués de mains d'hommes mais moins délicats, sont exposés au British Museum of Man et au Musée de l'homme à Paris.[93] Étant donné que la datation au carbone 14 ne peut être effectuée sur du quartz, l'âge du crâne trouvé par F. A Mitchell-Hedges demeure indéterminé. Toutefois, après l'avoir étudié en profondeur, des scientifiques du laboratoire Hewlett-Packard, en Californie, ont conclu qu'il avait été fabriqué par des artisans issus d'une civilisation possédant des habilités cristallo-graphiques équivalentes ou supérieures aux nôtres.[94]

Les scientifiques qui ont examiné le crâne de cristal à l'aide de microscopes puissants n'ont trouvé aucune égratignure pouvant indiquer qu'il eût été sculpté avec des instruments de métal.[95] Il est néanmoins possible que des outils à diamants rapportés ou une pâte servant à dissoudre la roche[96] aient été utilisés. Frank Dorland, un des restaurateurs d'art les plus éminents des États-Unis, a étudié le cristal de roche et le crâne pendant plus de six ans. Il a conclu que, malgré la technologie avancée dont nous disposons de nos jours, il serait pratiquement impossible de recréer cette tête exceptionnelle.[97] Dorland estime que, pour transformer un bloc solide de quartz pur en crâne,[98] 300 ans de labeur constant ou six personnes travaillant pendant cinquante ans furent nécessaires. L'objet de facture réaliste, avec sa mâchoire inférieure mobile et son réseau de prismes, de lentilles et de conduits de lumière qui donnent vie au visage et aux yeux, est d'une beauté saisissante.

Le crâne de cristal possède d'étranges pouvoirs. Les personnes clairvoyantes voient parfois une aura qui l'entoure ou sentent une odeur douce-amère qui s'en dégage. À certains moments, il semble produire des sons comparables au tintement de cloches ou au murmure d'un chœur de voix humaines.[99] Des visions réalistes se produisent fréquemment en sa présence,[100] et son pouvoir vient en aide aux personnes possédant le don de la guérison et de la prophétie. Le cristal est également utile à la méditation. Agissant comme amplificateur ou récepteur d'ondes radioélectriques, il influe donc également sur l'énergie générée par les ondes de la pensée.[101] Les crânes et autres objets du même type sculptés dans le cristal étaient utilisés pour accroître les perceptions et les visions des Atlantes et de leurs descendants qui méditaient sur leur place dans l'univers.

Lorsque les montagnes se mirent à trembler et que le chaos s'installa en Atlantide, une prêtresse clairvoyante s'empara du puissant crâne de cristal qui trônait dans son temple et l'emporta avec elle sur le bateau qui l'amenait vers l'ouest, loin de son pays tourmenté. Elle s'installa éventuellement à Murias, où elle se joignit au temple de la guérison (au chapitre 4, on trouvera une description détaillée du temple de la guérison de Bimini, tel que décrit par le Dr Edgarton Sykes). Le crâne était un bien précieux pour les prêtresses du temple,[102] qui avaient recours à son aura, à son odeur particulière et à ses propriétés amplificatrices pour poser des diagnostics. Lorsque les eaux recouvrirent définitivement le temple, les femmes emportèrent l'objet sacré vers les terres plus sûres de l'Amérique centrale. Là-bas, les prêtres mayas utilisèrent le crâne pour arriver à leurs fins égoïstes. Faisant appel à leur pouvoir de ventriloquie, ils ouvraient et fermaient la bouche du crâne posé sur un autel, et le faisaient ainsi « parler » à des individus terrorisés. Lorsque les Mayas abandonnèrent en hâte la région, ils laissèrent le crâne sous un autel, où il demeura jusqu'à ce que Anna Mitchell-Hedges le trouve.

Les seuls vestiges qui subsistent des entreprises artistiques des Atlantes sont les peintures produites sur les murs des grottes et les oeuvres sculptées dans la pierre, les ossements, l'ivoire et le cristal de roche. Aujourd'hui, les pluies acides érodent et marquent les statues et les édifices de notre passé récent. On peut se demander si aucun de nos trésors artistiques survivront aussi longtemps que ceux des Atlantes pour émerveiller nos descendants dans 20 000 ans, en 22000 ap. J.-C.

## La musique

En Atlantide, la musique était un outil important pour assurer une bonne santé et la paix de l'esprit. Les gens utilisaient la voix humaine et des instruments tels la harpe, le luth, la guitare, la flûte, le pipeau, les cymbales, les tambourins et les tambours à des fins thérapeutiques, en raison des effets psychologiques et physiologiques qu'avaient les vibrations musicales sur l'esprit et le corps.[103] Ils comprenaient également que les sonorités agréables possédaient la faculté de stimuler la croissance des plantes et de favoriser le bien-être des animaux domestiques. Au moins une flûte datant de l'époque de l'Atlantide a été rescapée du pillage effectué dans les anciennes caches par des chasseurs de trésor sans vergogne. L'instrument préhistorique fut découvert dans les profondeurs d'une grotte en France, où ses sonorités merveilleuses accompagnaient les expériences spirituelles il y a 30 000 ans. Bien que la moitié inférieure de la flûte de bois soit manquante, elle comporte encore plusieurs trous pour les doigts et elle était autrefois capable de produire de la musique sophistiquée. On saisit l'importance qu'avaient les sons agréables pour ceux qui s'installèrent en Europe au temps de l'Atlantide lorsqu'on constate le grand nombre de sifflets, de flûtes de pan, de tambours et d'instruments à cordes qui accompagnaient leur corps et leurs biens dans les tombes.

Comme préliminaire aux rapports sexuels et pour faciliter la conception, les femmes atlantes apprenaient des chansons aguichantes, aux sonorités répétitives particulières telles que Ooohh, Ommmm et Aaaaah. Les vibrations produisaient un état de relaxation et stimulaient le système endocrinien, éveillant ainsi les sens des deux partenaires.[104] Afin d'activer leurs sens intérieurs, les couples ajoutaient aux sons le parfum du jasmin, du lotus, du bois de santal et du cèdre.

Lors des services dans les temples, les douces sonorités de la flûte, le bruit monotone et étouffé des tambours et les pincements paisibles d'instruments similaires à la harpe libéraient l'esprit pour la méditation.[105] La musique était également un adjuvant efficace des pratiques médicales et psychologiques. Pour provoquer la relaxation, les guérisseurs utilisaient de légers battements de tambour, dépourvus de frénésie ou de sonorités métalliques. Ils évitaient la mélodie et les fortes harmonies, et gardaient le rythme plus lent que celui des battements normaux du coeur. Les patients apprenaient à se concentrer au son d'une musique relaxante afin de réduire leur conscience de la douleur. Les battements de tambour et le chant étaient capables de produire une sorte de transe profonde qui pouvait arrêter les hémorragies, équilibrer le corps et guérir instantanément les problèmes de santé physique ou mentale. Les parents chantaient des chansons composées à l'intention des enfants malades, et leur foi ardente dans le pouvoir de la musique contribuait grandement à l'amélioration de l'état de l'enfant.

Pour soigner la dépression, les Atlantes combinaient la musique avec des rayons de lumière colorés afin d'élever l'esprit et de stimuler les sécrétions glandulaires appropriées. Le résultat ultime, quoique semblable à celui d'un concert rock aujourd'hui, était obtenu d'une manière très différente. En Atlantide, l'événement avait lieu dans une pièce remplie de soleil, dont les coins étaient garnis de branches d'arbre et de rameaux en fleurs. Le plancher était couvert de fougères, d'herbe et de feuilles de couleurs vives, et des cristaux se balançaient au plafond. L'atmosphère incitait les participants à se détendre et à entrer en contact avec le pouvoir et la beauté de la nature, de la planète et de l'univers. Les musiciens imitaient le chant des oiseaux, le son des cascades ou le souffle enjoué du vent à l'aide d'instruments compliqués semblables à la harpe ou à la flûte. Les cordes de la harpe étaient faites de divers métaux, afin qu'elles produisent une variété intéressante de sons et de vibrations lorsque le musicien les frappait adroitement avec son petit marteau.[106] Lorsque les sonorités entraient en interaction avec les rayons de lumière colorés produits par les cristaux oscillant sous le soleil, un merveilleux sentiment d'exaltation s'emparait de toutes les personnes présentes dans la pièce.

## LE GOUVERNEMENT

En accord avec ses traditions originelles, l'Atlantide fut gouvernée avec justice et efficacité. Le pays demeura divisé en dix états,[107] qui avaient été répartis initialement entre chacun des fils de Poséidon. Chaque territoire était gouverné par un roi, qui avait une complète autonomie à l'intérieur de sa région. Selon Platon, pour s'assurer que la population ne souffre pas sous l'autorité de ces dictatures, les rois se réunissaient dans le Temple de Poséidon tous les cinq ou six ans afin de juger les actions de chacun d'entre eux.[108] Sous les conseils des astronomes, ils se rassemblaient juste avant un cycle de taches solaires et planifiaient les événements entourant le sacrifice d'un taureau, espérant ainsi apaiser le dieu puissant qui était responsable de cette action inquiétante et inexplicable du dieu Soleil. Ils craignaient les taches solaires, qui apparaissaient tous les cinq ou six ans — en réalité, selon des cycles complets d'environ 11,2 ans —, parce qu'elles affectaient l'énergie solaire disponible et les courants magnétiques entourant la Terre, deux sources d'énergie en Atlantide.[109]

En comparaison avec les activités législatives d'aujourd'hui, les rencontres des rois atlantes étaient brutales et sanglantes. Dans *Critias*, Platon offre une description détaillée de ces rassemblements solennels, qui débutaient par le sacrifice d'un taureau. Après avoir prié le dieu approprié d'accepter le taureau qu'ils avaient capturé, ils immobilisaient l'animal en brandissant des massues de bois (et non des armes de métal, puisque cela ne faisait pas partie de l'usage). Ils tranchaient ensuite la gorge du taureau et versaient son sang sur les vieilles lois du pays inscrites sur une longue colonne d'orichalque, située au centre du temple et qui était utilisée à cette fin depuis un temps immémorial. À l'étape suivante de la cérémonie rituelle, les souverains récitaient d'anciennes prières aux dieux et buvaient un mélange de vin et de sang de l'animal sacrifié dans des coupes d'or. Le reste du sang était répandu sur un feu sacrificiel. Pendant que les os du taureau se consumaient dans le feu, les rois mangeaient sa chair grillée sur du charbon de bois et continuaient à boire de leur coupe d'or. Ils concluaient des accords officiels fondés sur les lois inscrites sur la colonne ancienne, en promettant d'être justes les uns envers les autres et de s'unir si leur pays était menacé d'une quelconque manière. Lorsque le soleil disparaissait à l'horizon, les souverains revêtaient d'élégantes robes de cérémonie et, pour le reste de la soirée, s'assoyaient auprès du feu afin de juger les actions posées par chacun d'entre eux depuis leur dernière rencontre. Lorsque le soleil se levait, ils gravaient leurs décisions sur des plateaux en or et offraient ce mémorial et leurs vêtements luxueux au Temple.[110]

C'est de cette façon que l'Atlantide fut gouvernée avec justice pendant des milliers d'années. Lorsque que des terres étaient emportées par la mer, le roi de la région concernée attaquait férocement un continent à proximité afin de récupérer du territoire, mais jamais il n'attaquait un autre roi. L'exemple de coopération qu'offraient les chefs atlantes et leur préoccupation sincère pour le bien-être de tous influencèrent le peuple. La coopération régnait à tous les niveaux de la société, et chacun agissait envers les autres comme il aurait voulu être traité lui-même. Aussi longtemps que les lois anciennes furent respectées, tous furent traités avec respect et sans discrimina-tion sexuelle importante.[111] Étant donné qu'il y avait suffisamment de nourriture et d'énergie disponibles, un niveau de vie élevé prévalut et la civilisation se développa rapidement. Une forme de gouvernement socialiste, où l'État possédait l'ensemble des terres, des industries et des systèmes de commu-nication et de transport publics, se révéla des plus satisfaisante.[112] Il n'existait ni pauvreté ni richesse démesurée; il y avait peu de dissension, et tous étaient satisfaits de leur sort.[113]

## LES CRIMINELS

Les Atlantes mirent au point une grande variété de méthodes pour traiter les criminels rapidement. Les prisons n'étaient donc pas nécessaires. Leurs techniques garantissaient également que les récalcitrants ne répéteraient pas leur comportement déviant. Une de ces méthodes, qui faisait appel à l'hypnose et au magnétisme, est décrite par Frederick Oliver. En 1884, à l'âge de 18 ans, Oliver reçut cette information par télépathie de Phylos le Tibétain, qui vécut en Atlantide aux environs de 11000 av. J.-C.[114]

Le but de la réhabilitation décrite par Phylos à Oliver était de modifier la circulation sanguine à certains endroits spécifiques du cerveau et d'élever le niveau de conscience de l'individu coupable. Pour accomplir ceci sans délai, immédiate-ment après la condamnation, des gardes amenaient le prisonnier dans une grande pièce bien éclairée, où ils l'attachaient sur une chaise située au centre de la pièce. Ils plaçaient un instrument magnétique en forme de petite perche dans les mains du prisonnier et, alors que la machine vrombissait, l'homme fermait les yeux et perdaient conscience. Une fois le prisonnier anesthésié par le magnétisme, un spécialiste tondait ses cheveux, examinait son crâne par intuition et le diagnostiquait éventuellement comme un individu avide et dangereux, avec un tempérament destructeur, sans scrupule et meurtrier. Pendant que ses adjoints apportaient dans la pièce une large machine avec des instruments magnétiques supplémentaires, l'expert identifiait, puis marquait avec soin des points précis sur le crâne et la nuque du coupable. Pendant une heure, le guérisseur utili-sait une perche pour projeter les rayons d'énergie de la machine sur les points identifiés sur le crâne et la nuque du patient. Lorsqu'elle était appliquée correctement, cette technique atrophiait les vaisseaux sanguins alimentant les parties désignées du cerveau et augmentait la circulation sanguine dans le reste du cerveau. Pour un voleur, par exemple, on traitait les cellules impliquées dans la cupidité et la destruction. Pendant l'opération, un prêtre expérimenté communiquait par télépathie avec l'esprit du criminel, élevant sa conscience ou son âme à un niveau moral plus élevé, où un comportement sans scrupule était inacceptable.

Des expériences récentes effectuées sur le crâne de patients à l'aide d'aimants fluctuants, mobiles et puissants ont permis aux scientifiques de paralyser temporairement de petites régions de tissu cérébral. Grâce à cette méthode, appelée « stimulation magnétique transcranienne », ils ont pu soulager des patients de la dépression et provoquer des changements d'humeur pendant de courtes périodes de temps.[115] Des techniques de réhabilitation des criminels similaires à celles qu'utilisaient les Atlantes deviendront peut-être un jour une procédure courante dans notre société.

## LES FORCES ARMÉES

Des peuples agressifs habitant des régions voisines de l'Atlantide, en particulier le continent africain voisin, forcèrent les Atlantes à maintenir un état constant de vigilance armée. Michael Scot nous fournit de l'information concernant les étranges techniques que ces derniers mirent au point pour se défendre face à d'éventuels envahisseurs. Les Atlantes, en effet, construisaient d'immenses figures magiques en bois représentant de féroces soldats armés, puis installaient ces faux défenseurs le long des côtes, en croyant semble-t-il que leur vue découragerait les envahisseurs. Scot indique aussi que les prêtres imprégnaient de pouvoirs mystérieux ces espèces de mannequins plus grands que nature et que les Atlantes transportaient avec eux au combat ces énormes soldats truqués afin d'accroître leur courage et leur confiance.[116]

Tout en représentant un danger pour les habitants de la région, les reptiles monstrueux et toujours affamés qui vivaient dans les zones marécageuses à l'extrémité ouest de l'Atlantide les protégeaient dans une certaine mesure des envahisseurs.[117] Les soldats atlantes allaient jusqu'à jeter des prisonniers aux bêtes avides, les habituant ainsi à rechercher la nourriture humaine.[118] Les effroyables animaux avaient au moins une fonction louable — ils assuraient une protection contre les ennemis pendant la nuit, car ils pouvaient localiser leurs proies à la noirceur grâce à leurs organes fonctionnant, comme ceux des dauphins, à la manière d'un sonar. Les Amérindiens relatent l'histoire des difficultés que leurs ancêtres de l'Atlantide ont rencontrées dans leur traversée vers la terre du couchant (le continent américain), en passant par ces marécages remplis de monstres, dont certains étaient suffisamment gros pour bondir sur de petits bateaux et les faire chavirer.[119]

Malgré ces défenses, des soldats hostiles s'aventuraient parfois à l'intérieur de l'Atlantide et étaient capturés. Edgar Cayce décrit l'un des châtiment particuliers que les Atlantes exerçaient sur leurs prisonniers. La crémation d'une partie des victimes ennemies était attentivement supervisée par les prêtres des temples, qui mêlaient leurs cendres avec de l'eau et forçaient ensuite les prisonniers survivants à boire cette mixture.[120] Le procédé visait à ce que les vibrations indésirables produites par les corps des agresseurs ne polluent pas l'Atlantide; cela permettait en outre d'espérer que les prisonniers éventuellement relâchés rapportent avec eux des vibrations défavorables susceptibles de semer le trouble dans leur patrie d'origine.[121]

Avec une terre qui se rétrécissait et un population en croissance, les Atlantes se voyaient forcés de chercher constamment de nouveaux espaces habitables. De plus en plus désespérés, ils en vinrent à mener des attaques cruelles et destructrices pour répondre à leurs besoins. Des descendants des Atlantes vivant aux États-Unis se rappellent un atroce conflit planétaire connu sous le nom de la « guerre oiseau-serpent ». Le souvenir de ce long antagonisme est encore présent dans les chants et les danses que les Pueblos, les Yaquis et d'autres Américains se sont transmis à travers les âges. La dispute entre les Atlantes, le « peuple serpent », et le « peuple oiseau » eut lieu il y a environ 20 000 ans, soit à une époque où les glaciers étaient encore importants.[122] Le peuple oiseau, originaire d'un empire indien disparu, avait adopté le condor, l'oiseau de la foudre, comme symbole. Les Atlantes déclenchèrent la guerre en tentant de conquérir des îles situées loin de l'Atlantide et qui étaient habitées depuis des siècles par le peuple oiseau. Réputés être des guerriers sans merci, capables d'enlever les femmes et de sacrifier les enfants, les Atlantes rencontrèrent peu de résistance quand ils attaquèrent. Le peuple oiseau assiégé abandonna maisons et territoire, s'enfuyant le plus rapidement possible. Lorsqu'ils quittèrent leurs charmantes îles tropicales, ils emmenèrent à bord de leurs bateaux les jeunes fils de leur chef. Le peuple serpent put habiter à sa guise les îles éloignées pendant un certain temps. Toutefois, quand les fils du vieux dirigeant du peuple oiscau devinrent adultes, les premiers occupants revinrent sans prévenir à leur île d'origine, accompagnés de vigoureux soldats et munis d'armes explosives. Pris au dépourvu, les habitants atlantes furent forcés de déguerpir en abandonnant temporairement leur agréable lieu de résidence. La guerre continua de génération en génération et, tel un match de tennis chaudement disputé, les affrontements se succédèrent au rythme du pouvoir qui allait et venait entre les opposants. Un terrible combat naval finit par se produire. Le sang déversé ainsi que les flammes jaillissant de la quantité formidable d'explosifs qui furent lancés transformèrent les eaux en une immense nappe rouge. Le peuple oiseau fut finalement victorieux, et les Atlantes ne tentèrent plus de reconquérir ces lointaines îles.[123]

En 11000 av. J.-C., alors qu'il devenait plus pressant pour eux d'étendre leur territoire, les Atlantes renforcèrent leur armée de terre et leur marine de guerre. Le fait que la moralité déclinait dans les foyers se refléta dans le comportement des soldats de l'Atlantide, dont la cruauté et la brutalité permirent l'appropriation de nouveaux territoires. Tout comme les Romains plusieurs siècles plus tard, ils se déplacèrent en grand nombre vers l'est et vers l'ouest avec la ferme volonté de tout conquérir sur leur passage. Platon affirme que l'ensemble des forces militaires qu'ils devaient entretenir pour conserver le contrôle de leur vaste empire réunissait plus d'un million de personnes,[124] dont des marins formant l'équipage de 1 200 bateaux, des conducteurs de char, des cavaliers, des fantassins, des archers, des tireurs de pierre et des lanceurs de javelot. Une fois de plus, l'environnement naturel de l'Atlantide leur fournit une aide précieuse. Avec deux récoltes annuelles, de riches sols volcaniques, un système d'irrigation s'étendant sur plus de 200 000 kilomètres carrés de terre fertile et un doux climat ensoleillé, ils étaient en mesure de produire l'énorme quantité de nourriture nécessaire pour alimenter un imposante armée. Soutenue par une force navale considérable comprenant des bateaux capables de transporter par mer jusqu'au front les hommes et le ravitaillement, l'Atlantide devint un vaste empire composé d'un grand nombre de colonies.

Platon raconte que, au sommet de leur puissance, les rois atlantes régnaient sur toutes les îles de l'océan Atlantique, sur une partie du continent américain et sur des régions de la Méditerranée aussi éloignées que l'Égypte actuelle et le nord de l'Italie.[125] Plusieurs Atlantes quittèrent leur terre surpeuplée et s'établirent sur ces territoires. L'un de ces groupes, les

*Moullans*, composé principalement de femmes et d'enfants, vécut sur les côtes du Maroc avant 10 000 av. J.-C. Les archéologues qui découvrirent leurs tombes trouvèrent d'inhabituels outils de pierre ainsi que des os d'animaux enterrés avec eux. Les traits physiques des *Moullans* ressemblaient beaucoup à ceux des deux autres groupes de descendants des Atlantes, les Guanches des Açores et les Berbères du nord de l'Afrique.[126]

Utilisant leurs dons occultes, les Atlantes conçurent d'intéressantes techniques afin d'exercer un plus grand pouvoir sur les autres. Pour conquérir un pays, ils s'aidaient d'abord d'une représentation étendue et détaillée de sa topographie et de ses centres de peuplement. Des magiciens, exécutant des chants, des incantations et des opérations magiques, essayaient de transférer le mal par le biais de cette représentation.[127] Selon une vieille histoire, les Atlantes essayèrent un jour de conquérir le monde entier, mais Zeus devint tellement en colère devant leur tentative d'usurper son pouvoir qu'il lança un coup de foudre en direction du fac-similé.[128]

La magie n'était pas le seul outil que possédaient les forts et bien entraînés soldats atlantes. Leurs lanceurs de javelot étaient capables de tuer un ennemi à une distance de 10 à 15 mètres, tandis que leurs lanceurs de pierre étaient les meilleurs au monde. Ils avaient développé cette habileté à viser avec une implacable précision grâce à un jeu rapide et dangereux qui se pratiquait avec des balles de terre durcie. L'aspect terrifiant des soldats atlantes leur donnait un avantage supplémentaire lorsque leurs puissantes troupes approchaient l'ennemi. Les robustes et redoutables guerriers portaient d'impressionnants casques ornés de plumes ou d'un trident, le symbole de l'Atlantide, ainsi que des poignards attachés à leurs biceps par une bande métallique ou garnie de pierres précieuses.[129] Avec leurs visages maquillés et leurs torches enflammées, transportant en outre les énormes et frétillants serpents venimeux qui rappelaient leur symbole, les Atlantes semaient, à mesure qu'ils avançaient, la terreur chez leurs opposants.[130]

Souvent faites simplement de silex, les armes des Atlantes demeuraient extrêmement tranchantes et dangereuses. Lorsque Christophe Colomb atteignit le Nouveau Monde, il fut surpris de constater que les couteaux de pierre des autochtones étaient aussi affilés que ses couteaux de métal. Les individus de la préhistoire parcouraient de longues distances pour dénicher des silex colorés et au grain particulièrement fin. Ils savaient que s'ils élevaient le silex à une température d'environ 500 degrés et le refroidissaient lentement, celui-ci devenait plus malléable.[131] Une pointe de silex bien faite est plus tranchante et efficace qu'une pointe en fer. Bien qu'ils se brisent plus facilement, les couteaux de silex ont une efficacité égale, sinon supérieure, à celle des couteaux en acier.[132] Afin de les rendre plus meurtrières, les guerriers atlantes enduisaient de poison les pointes de leurs lances, de leurs javelots et de leurs couteaux.

Les Atlantes avaient l'habitude d'utiliser des animaux et des oiseaux pour le combat. Les soldats cruels mais intuitifs étaient à cette fin recherchés comme entraîneurs. Les hommes et les femmes ayant ce don apprivoisaient les bêtes sauvages, communiquaient directement avec celles-ci, de manière à établir des liens d'affection et de confiance qui pousseraient les créatures à leur obéir et à les défendre à tout prix.[133] Les léopards, les ours et les taureaux apprirent rapidement à participer à l'élimination de tous ceux qui s'opposaient à leurs amis atlantes. S'ajoutaient à ces créatures des volées de faucons extrêmement rapides et disciplinés, qui tournoyaient au-dessus des adversaires et plongeaient pour leur crever les yeux et arracher tout morceau de chair laissé exposé.[134]

Dans leur effort pour éviter le plus possible les armes nucléaires, les Atlantes perfectionnèrent des explosifs moins meurtriers afin d'assurer leur pouvoir sur les autres peuples. Quelques-unes des plus vieilles légendes irlandaises font allusion à des envahisseurs de l'océan Atlantique qui arrivèrent dans des bateaux de cristal et combattirent toute opposition au moyen de rayons de feu.[135] Le Peuple de la mer, comme on désignait parfois les Atlantes, apportèrent d'abord des pétards et ensuite de la poudre à canon en Extrême-Orient. Des livres anciens, en Inde, mentionnent l'existence de projectiles, de bombes, de roquettes et de canons tirant du feu. La quête de la supériorité technologique sur le plan des armements rendit les Atlantes responsables de la mort de milliers de personnes. De telles armes furent utilisées par les deux parties au cours de la guerre oiseau-serpent.[136] Dans *Lost Cities of China, Central Asia & India*, David Hatcher Childress suggère que l'une des batailles destructrices décrites dans le *Mahabharata* et le *Ramayana* ainsi que dans la tradition ésotérique relate en fait un épisode de la guerre que se sont livrée les Atlantes et l'empire indien Rama, une civilisation qui a prospéré à la même époque. Dans les récits épiques indiens, les Atlantes sont désignés sous le nom de Asvins. Ils arrivèrent dans des avions, qui sont décrits en détail, et menacèrent de détruire la ville. Comme les Atlantes ignoraient les efforts déployés par le dirigeant indien en vue d'éviter la guerre et continuaient d'avancer, celui-ci leva les bras et, utilisant de puissantes techniques mentales, fit tomber morts un à un les chefs des envahisseurs atlantes. En représailles, les Atlantes revinrent un certain temps plus tard avec des armes atomiques et détruisirent complètement les sept cités des Ramas.

## LA RELIGION

Au cours de ses 100 000 ans d'existence, l'Atlantide fut le foyer de plusieurs cultes et croyances, et ce, même si les Atlantes vouaient fondamentalement leur respect à un être spirituel tout-puissant ayant créé et dominant l'univers tangible, par rapport auquel ils étaient extrêmement proches et vulnérables. Les arbres, les fleurs, les oiseaux et l'eau, qui étaient tous le reflet de son grand pouvoir, faisaient partie de leur culte quotidien. À la suite des graves dommages causés à leur terre par les catastrophes naturelles, les Atlantes en vinrent à croire que ce dieu utilisait des forces physiques pour punir les hommes de leur comportement incorrect. Ils personnifièrent, en tant que dieux de moindre importance, les forces de la pluie, de la foudre, du feu, des tremblements de terre, des volcans et, tout particulièrement, du soleil. Les chefs religieux encourageaient les gens dans leur culte quotidien à l'endroit de ces divinités secondaires, qui étaient le fruit du Dieu suprême et agissaient sous sa supervision.

Malgré la préoccupation à l'égard des forces de la nature, la religion en Atlantide comprenait une croyance en la réincarnation. Les gens étaient convaincus que tous les corps contenaient une âme, séparée de l'esprit, qui continuait d'exister à travers les âges soit sur la Terre sous la forme d'une créature matérielle, soit dans un autre univers de la conscience. Le souvenir des expériences que l'âme a connues sous diverses formes au cours de ses différentes vies était conservé d'une vie à l'autre jusqu'à l'état de perfection, qui s'incarnait dans un amour désintéressé pour une déité suprême. Les pratiques d'inhumation visant à préparer le corps pour la prochaine vie jouaient un rôle important dans la vie religieuse des Atlantes.

Tout au long de l'histoire de l'Atlantide, les gens se rassemblaient à l'extérieur pour des cérémonies qui se tenaient autour de pierres disposées en cercles, lesquelles, selon ce qu'affirme Cayce, avaient une « influence magnétique ».[137] Ces puissants cercles symbolisaient la présence englobante de l'esprit d'un dieu omnipotent et devenaient une source où tous puisaient de la force. La construction de ces extraordinaires sites religieux était effectivement un processus compliqué et difficile. Seules les pierres dont les gens savaient qu'elles avaient des propriétés particulières étaient utilisées. Il s'agissait parfois d'énormes pierres que l'on transportait sur de longues distances, même si les rochers avoisinants semblaient identiques. Les sites réservés aux pierres sacrées étaient soigneusement choisis afin de tirer profit des courants d'énergie naturels de la Terre. Pour ce faire, on avait recours aux rêves, aux visions et à l'hydroscopie. Les constructeurs situaient le centre des cercles au-dessus d'eaux souterraines, souvent à un endroit où une source profonde s'élevait naturellement pour former, sans percer le sol, un ou plusieurs courants souterrains. La disposition exacte des pierres était déterminée en fonction de la localisation des collines, des forêts, des champs et des sources d'eau ainsi que par la position du soleil, de la lune et des étoiles. Les Atlantes croyaient ardemment au pouvoir de ces cercles, dont le culte pouvait, selon eux, procurer la santé. La force de cette croyance contribua certainement à l'efficacité des pierres, mais il demeure que les cercles de pierres produisaient une énergie naturelle favorisant la guérison des problèmes physiques et mentaux.

Les cercles de pierres étaient la scène habituelle des rituels sacrés voués au dieu suprême et aux puissantes incarnations de la nature. Pour célébrer l'arrivée du printemps, des communautés entières se rassemblaient dans le cadre d'un festival où étaient offertes des branches d'arbre fraîchement coupées remplies de fleurs odorantes. Les nuits de pleine lune, tous se réunissaient autour des cercles de pierres et, se tenant par la main, amorçaient des chants et d'harmonieuses mélopées. Pendant des heures, ils accompagnaient de cette énergie le prêtre ou la prêtresse qui entrait en communication avec les dieux et les esprits. Les Atlantes adoraient le soleil, source de lumière, de chaleur et de vie. Ils le célébraient de manière particulière à la Saint-Jean, en tant que dieu du Feu et de la Vie. Les communautés se réunissaient avant l'aube autour des cercles de pierres et, lorsque l'entité vitale se levait de son lit, les femmes, les hommes et les enfants entonnaient en chœur et dans la joie un cantique qui lui était spécialement dédié.

Ces événements qui avaient lieu autour des pierres étaient orientés vers le bien-être des gens autant que vers les dieux de la nature. Edgar Cayce mentionne l'existence de cérémonies axées sur un individu voulant se purifier et se libérer de la luxure, de la cupidité, de l'égoïsme ou d'autres caractéristiques indésirables.[138] Suivant les instructions du prêtre qui officiait cette cérémonie stylisée, les participants exécutaient en s'accompagnant de chants monotones une chorégraphie précise autour de la personne qui, passivement, devait recevoir cette énergie. De tels événements étaient pour les Atlantes une source de stimulation, de clarté et de vitalité qui les aidait dans leur vie.

La prêtrise était ouverte aux hommes et aux femmes considérés comme suffisamment évolués. Ceux-ci étaient souvent choisis en raison de leurs gènes hérités de leurs ancêtres extraterrestres.[139] Le rigoureux programme d'études ainsi que l'initiation conduisant au sacerdoce étaient un gage de compétence. Ceux qui réussissaient à atteindre ce rang étaient donc respectés et admirés de tous. Vers la fin de la civilisation, quand la science remplaça la religion dans la vie quotidienne des Atlantes et que la moralité commença peu à peu à s'effriter, plusieurs prêtres abusèrent du pouvoir qu'ils avaient sur les gens. Pour asseoir leur autorité, ils cherchaient à donner l'impression qu'ils étaient en communication constante avec les déités, les démons et les esprits ancestraux — et qu'ils exerçaient un certain contrôle sur le monde invisible. Si des membres de la communauté résistaient à leurs décrets, les ambitieux chefs religieux les menaçaient du terrible courroux de ces êtres invisibles.

La forte aura des prêtres, que les Atlantes les plus conscients percevaient sous la forme de bandes de lumière colorées autour du corps de leurs chefs, contribuait au profond respect que leur vouait la population en général. Les prêtres portaient souvent des masques afin de se gagner davantage l'estime. Ils jouaient sur leurs flûtes sacrées des musiques envoûtantes et hypnotiques, dont les sons répétitifs et les arrangements naturels produisaient un effet tranquillisant et épanouissant sur l'esprit réceptif des participants, exactement de la même manière que les plantes réagissent favorablement à des couleurs agréables et à des pensées positives. La stimulante harmonie spirituelle qui se créait autour des cercles sacrés était en accord avec la nature et transmettait une énergie positive aux chefs, à leurs disciples et à la Terre.

Les instruments modernes ont révélé, dans d'anciens lieux sacrés du même genre, en Angleterre, la présence d'une énergie mystérieuse, dont la force varie selon les pierres, les saisons et le moment de la journée.[140] Les ultrasons émis par les pierres sont particulièrement forts au lever du soleil. Les gaussmètres, qui mesurent la force des champs magnétiques statiques, révèlent des quantités inhabituelles d'énergie électromagnétique circulant à l'intérieur et autour des anciens cercles de pierres laissés intacts.[141] Des tests ultérieurs ont démontré que les pierres elles-mêmes jouent le rôle d'amplificateurs et produisent des spirales d'énergie.

Les connaissances nécessaires pour construire les solides cercles de pierres levées se transmirent en Atlantide de génération en génération et furent apportées dans d'autres régions. Les descendants vivant près de la nature conservèrent ainsi la capacité d'identifier les sites potentiels et celle de choisir et de déplacer les pierres appropriées. La croyance dans le fait que les pierres absorbent l'énergie de leur environnement pour la retourner vers ceux qui pratiquent le culte a traversé le temps. Des cercles de pierres du même type, datant de la préhistoire, ont été retrouvés en France, en Angleterre, en Écosse, en Irlande et sur la péninsule mexicaine du Yucatán. Il semble que les cercles furent constamment conservés et remplacés au fil des civilisations qui se sont superposées. L'archéologue Geoffrey Bibby estime en effet que jusqu'à neuf différentes couches culturelles sont enterrées sous les monuments de Stonehenge, un ancien site de pierres levées situé en Angleterre.[142]

D'anciens mythes se rapportant aux pouvoirs de la pierre sont encore présents en Angleterre, dans des endroits séparés par des centaines de kilomètres, ce qui témoigne de l'étendue de la croyance. Les légendes décrivent ces objets en les dotant de forces et d'une vie magique, telle la capacité de danser ou de se déplacer pour chercher de l'eau. La Witches Stone, près de Honiton, se rend ainsi, à minuit, au bord d'un cours d'eau voisin pour s'abreuver et laver le sang des victimes sacrificielles.[143] Les rochers de Carnac, quant à eux, s'en vont boire la veille de Noël. À Rollright, plusieurs récits décrivent les pierres qui dansent à minuit, tandis qu'à Belsen ce sont neuf rochers qui dansèrent un jour à midi. Ces histoires ne sont pas littéralement vraies, mais elles préservent un savoir relatif à la vitalité des pierres. On dit des Merry Maidens Stones, dans les Cornouailles, qu'elles sont des jeunes filles qui furent transformées en pierre pour avoir dansé le dimanche. Voilà un exemple typique de l'effet du christianisme — introduit par des missionnaires qui tentèrent de détruire les anciennes croyances — sur les légendes. Des tests récents effectués sur le cercle de pierres de Rollright ont révélé l'existence d'ultrasons, en particulier juste avant le lever du soleil et à certains moments de l'année.[144] De toute évidence, nos lointains prédécesseurs percevaient des phénomènes que nous commençons seulement à comprendre.

Tandis qu'ils s'efforçaient de comprendre les interventions de leur dieu le plus respecté afin de mieux guider et soigner leur peuple, les prêtres de l'Atlantide découvrirent que l'énergie qu'ils recevaient des pierres, conjuguée aux vibrations que produisaient les participants avec des chants et des percussions, les aidait à ouvrir leur esprit. Ils apprirent à ralentir les ondes de leur cerveau de trente ondes par seconde à une demi-onde par seconde, ce qui les faisait entrer dans un genre d'état de transe. Ils recevaient, dans cet état modifié de conscience, des messages du monde des esprits. Les chefs consultaient régulièrement cet univers mystérieux afin d'être guidés au sujet du bien et du mal, de trouver une aide dans la guérison des maladies physiques et de prendre conseil concernant toute autre question relative aux individus, à la société ou à l'environnement. La communication avec l'autre monde faisait partie du quotidien. Elle n'était pas limitée à des cérémonies qui n'auraient lieu qu'une fois la semaine, et n'était pas non plus un simple recours en cas de besoin. Les prêtres doués utilisaient aussi leurs capacités pour échanger des informations par télépathie, ce qui permettait la communication à longue distance et faisait de chaque communauté le maillon d'un vaste réseau vivant et travaillant ensemble.

Les émigrés de l'Atlantide transmirent aux populations de partout dans le monde les techniques anciennes qu'ils employaient pour explorer les profondeurs de l'inconscient et pour accéder à la connaissance universelle. Dans différentes régions, les chamans, ou encore les sorciers et les sorcières, comme parfois on les appelle, utilisent ces techniques alors qu'ils pratiquent une combinaison de religion et de magie qui est restée à peu près intacte pendant 40 000 ans. Des peintures retrouvées sur les murs des grottes dans l'ouest de l'Europe représentent des prêtres exécutant une danse, vêtus de peaux de bison et de coiffures qui ressemblent à ce que portent les chamans chez les Sioux et les Indiens des plaines de l'Amérique du Nord. Une peinture pariétale découverte à Cogul, dans le nord-est de l'Espagne, met en scène plusieurs femmes portant des jupes et des chapeaux pointus ressemblant à ceux des sorcières qui vécurent à des époques ultérieures. Les participantes sont représentées en train de danser autour d'une idole ou d'un prêtre de sexe masculin peint en noir.[145] Les peintures rupestres préhistoriques de Stephens County, au Texas, sont pratiquement identiques à celles qui ont été découvertes dans les grottes du sud-ouest de l'Europe. On y voit des femmes qui dansent, vêtues comme les sorcières médiévales, avec des chapeaux pointus.[146]

Afin de développer leurs capacités psychiques, les futurs chamans doivent, partout dans le monde, subir une initiation. Les rituels s'inspirent tous d'un modèle similaire, même si les façons de faire varient. La première étape consiste en une purification qui contribue à préparer le corps et l'esprit. Celle-ci est suivie d'une expérience de mort imminente qui met l'individu à l'épreuve au-delà de toute limite imaginable. Le temps que durent les intenses souffrances de cet épisode traumatisant, ils font d'abord un voyage au plus profond d'eux-mêmes, pour ensuite ouvrir leur esprit à la sagesse cosmique et à la lumière. L'épreuve extrêmement difficile qu'ils ont dû traverser élimine aussi chez eux la peur de quitter ce monde, puisqu'ils ont réussi à transcender la mort en s'en approchant. Enfin, se produit une « renaissance », ou un retour à la vie, enrichie des pouvoirs de perception nouvellement acquis.

Chez les Sioux, des descendants des Atlantes vivant en Amérique du Nord, il est d'usage que les futurs chamans, ou sorciers et sorcières, purifient d'abord à fond leur corps et leur esprit en se soumettant, sous la supervision d'un maître, à une longue séance brûlante dans une étuve. Après cette dure expérience, l'initié reste jusqu'à quatre jours sans boire ni manger dans un endroit sombre et inconfortable, dans l'attente des rêves qui révéleront l'avenir. Cette étape de l'initiation peut avoir lieu, par exemple, au sommet froid et venteux d'une montagne, l'initié n'ayant alors qu'un vêtement de peau de buffle pour se protéger, ou encore dans un recoin obscur et exigu.[147] À la suite de ces expériences, les chamans subissent une intense formation qui dure plusieurs années. Plusieurs sont capables d'entrer dans un genre d'état de transe où ils quittent leur corps et s'ouvrent au contact avec les esprits, qui leurs donnent de profonds conseils sur la guérison et les guident dans des décisions problématiques. Les chamans doivent faire preuve de beaucoup de prudence dans leur pratique, car à mesure qu'ils accroissent leur capacité de contrôler leur esprit, la concentration d'énergie peut devenir assez puissante pour les détruire eux-mêmes ou pour détruire d'autres personnes. Le chamanisme se pratique encore aujourd'hui et utilise des techniques mises au point il y a des milliers d'années. Dans *Shamanic's Voices*, écrit en 1979, Joan Halifax décrit les expériences d'initiation, le parcours et les visions de chamans du XXᵉ siècle vivant en Sibérie, en

Australie, en Afrique, en Amérique du Nord et en Amérique du Sud.

Les prêtres et les chamans utilisaient le pouvoir des anciens sites sacrés, mais ils élaborèrent d'autres techniques efficaces pour provoquer la transe ou susciter des expériences hallucinatoires. Gardant leur esprit clair et ouvert, ils avaient recours à la méditation, au jeûne, à la privation de sommeil et à la concentration mentale sur des symboles. Certains champignons et d'autres drogues hallucinogènes leur donnaient aussi accès à différentes perceptions de la réalité. Les chamans utilisent fréquemment ces techniques aujourd'hui, mais s'ils suivent attentivement les anciens rituels, il y a peu de risque qu'ils développement une dépendance aux drogues.

Le dieu du feu et des volcans ainsi que l'épouvantable dieu des tremblements de terre étaient l'objet d'une attention particulière en Atlantide. Dans l'espoir d'écarter temporairement leur fureur, les chefs mirent au point plusieurs cérémonies destinées à apaiser ces effrayantes déités. Après des milliers d'années, quand les prêtres commencèrent à abuser de leur pouvoir et à exploiter le peuple, le respect pour l'environnement naturel diminua. Comme s'ils répliquaient, les dangereux pouvoirs de la nature devinrent plus actifs. Afin d'empêcher l'hostile dieu du feu et des volcans de s'emporter davantage, pour éviter qu'il n'expulse en grondant des flots brûlants de lave en fusion, les Atlantes jetaient des animaux et même des humains impuissants dans la bouche des volcans, les offrant ainsi, morts ou vifs, en sacrifice.

Des textes anciens, provenant à l'origine de bibliothèques nord-africaines et qui ont été traduits au cours du XIVᵉ siècle par l'érudit Michael Scot, décrivent en détail deux événements religieux en vigueur chez les Atlantes. Ces cérémonies stylisées étaient précisément conçues pour apaiser le puissant dieu du feu et les dieux des volcans.[148] Le Rite des feux de la Terre commençait dès l'aube, le jour de la Saint-Jean, et se prolongeait jusqu'à ce que le soleil, un des symboles de ce dieu puissant, disparaisse de la vue à l'ouest. Les dix majestueux rois de l'Atlantide, vêtus de grandes tuniques de buffle teintes d'un bleu profond, présidaient l'événement. Des centaines de personnes, parmi les plus fortes, poussaient et tiraient lentement des formes en pierre — répliques en miniature des six volcans les plus impressionnants du pays — placées sur des rouleaux. Tandis que l'on déplaçait soigneusement les lourdes maquettes, des milliers d'observateurs chantaient en s'accompagnant de tambours au rythme grave et monotone. Quand le vaillant groupe qui déplaçait les pesantes maquettes de pierre atteignait finalement la tribune et s'inclinait devant les rois et les prêtres, la foule cessait de frapper les tambours et les chants se transformaient en cris. C'était comme si la toute-puissante déité prenait une voix forte et ferme pour apaiser le terrifiant mais respecté dieu du feu. À l'ombre des répliques des six volcans, les prêtres procédaient à de longues cérémonies de magie, dont le but était d'enlever aux dieux des volcans une de leurs vies, parmi les milliers de vies que ces dieux avides et dangereux possédaient, et de les rendre ainsi inopérants pendant l'année à venir. Quand ils avaient terminé, les rois passaient la nuit à réduire soigneusement en morceaux deux autres créatures de pierre massives, qui représentaient les forces des tremblements de terre.

L'autre événement traduit par Michael Scot était axé sur le dieu du feu et les dieux des volcans. Pour le préparer, des ouvriers mettaient une année à construire, sur des piliers de pierre, une énorme réplique topographique de l'Atlantide. Juste avant la cérémonie, afin de représenter les forces menaçantes grondant sous le sol, ils montaient un grand bûcher à l'intérieur de la maquette, entre les piliers. Dès que l'immense foule se rassemblait et commençait à chanter et à psalmodier, le prêtre en chef mettait le feu au bois sec. Lorsqu'on entendait le grondement furieux des flammes, la foule bruyante se mettait à vociférer et à crier, produisant le son de forts explosifs. Les officiels demeuraient complètement silencieux et centraient toute leur énergie psychique sur les flammes. Le but de cette tumultueuse procédure était d'éloigner l'activité sismique et volcanique de l'Atlantide pour l'année à venir. Au point culminant de la cérémonie, le grand prêtre donnait le signal et de l'eau était déversée d'un grand réservoir, créant de larges nuages de vapeur qui enveloppaient les lieux et symbolisaient la destruction temporaire de la force du dieu du feu. Comme tous les rituels, ceux-ci étaient effectués avec le plus grand soin, car la moindre erreur risquait de déclencher la colère tant redoutée des dangereuses déités.

Les Atlantes qui quittèrent leur instable contrée pour s'établir près de la Méditerranée continuèrent de respecter les pouvoirs naturels. Le culte au soleil était pratiqué par la plupart des individus qui habitaient les régions voisines de l'océan Atlantique à l'époque de la préhistoire. Les symboles représentant le soleil étaient considérés comme une source d'énergie personnelle. De tels symboles, gravés dans la pierre à l'époque de l'Atlantide, ont été retrouvés au Brésil, notamment dans la grotte d'Abrigo del Sol. À Tiahuanaco, en Bolivie, un grand nombre furent découverts par les premiers religieux espagnols qui, au XVIe siècle, explorèrent les ruines de cette ancienne cité. Le soleil était aussi sacré au Pérou, où l'important festival du soleil était désigné sous le nom de Ray-mi, une appellation qui ressemble à celle du lointain dieu du soleil égyptien, Ra, considéré en Égypte comme le créateur de la Terre.[149] Le culte du soleil existait anciennement en Irlande et dans différentes parties de la Scandinavie, où il prenait une plus grande signification en raison des longues périodes de noirceur et de clarté. Les Basques, des descendants des Atlantes habitant au sud-ouest de l'Europe, gardaient jadis en permanence des feux allumés pour symboliser le feu du soleil.[150]

## LES SCIENCES OCCULTES

Sauf indication contraire, l'information contenue dans ce chapitre concernant les initiations et la formation des prêtres et des prêtresses provient de l'ouvrage rigoureux et documenté de Lewis Spence, *The Occult Sciences In Atlantis*. Ses descriptions des mystères des Atlantes, en particulier les initiations, trouvent leur source première dans la Tradition des arcancs, un ensemble de connaissances consignées dans plusieurs langues — anglais, français, allemand, espagnol, grec et arabe — à partir du VIIe siècle av. J.-C. La Tradition des arcanes, qui traite de l'histoire occulte dans sa globalité, est fondée sur les archives des sociétés mystiques depuis l'époque la plus reculée où elles furent mises à la disposition des organisations occultes à des fins d'initiation.

Grâce aux conditions de vie favorables qui caractérisaient leur région, les Atlantes pouvaient chaque jour consacrer beaucoup de temps aux loisirs et à la réflexion, ce qui les amena à progresser plus rapidement que les autres peuples dans la quête de réponses aux questions non résolues. Les prêtres Atlantes, voulant parvenir à une meilleure compréhension d'eux-mêmes et de l'univers, développèrent leurs aptitudes psychiques, déjà très avancées, à un degré que peu de personnes ont réussi à atteindre. Ils étaient capables d'aller beaucoup plus loin que les médiums les plus puissants de notre époque. On retrouve la trace de leurs dons dans la littérature ancienne, où ils sont représentés comme formant la connaissance secrète des survivants d'un déluge. Une grande part de la sagesse que les Atlantes ont apportée aux sciences occultes est aujourd'hui respectée. Toutefois, étant donné qu'ils se mirent peu à peu à mêler la religion, la magie et la science, leurs pratiques aboutirent à de terribles résultats.

Dans les premiers temps de la civilisation en Atlantide, les cérémonies rituelles extérieures, comme celles qui avaient lieu les nuits de pleine lune autour des cercles de pierre, fournissaient aux prêtres l'occasion de faire l'expérience des états modifiés de conscience. À la longue, ces chefs se rendirent compte qu'ils n'avaient pas besoin du soutien des chants rythmiques et du battements des tambours pour élever leur esprit à un niveau supérieur. Ils développèrent leur capacité de ralentir leurs ondes cérébrales pour entrer en transe et explorer l'univers spirituel, la source de toute lumière. Ce genre d'activités requérait peu de supports, mais les participants croyaient que certains masques étendaient les possibilités au moment des transes. Un masque représentant un oiseau, par exemple, aidait l'esprit de la personne à voler comme un oiseau.

Les spectaculaires expériences que vivaient les prêtres atlantes lorsqu'ils exploraient le potentiel de leur esprit, et les résultats inattendus auxquels ils arrivèrent, les menèrent toujours plus loin dans des sentiers inexplorés. Tranquillement, la religion — ou le respect, l'abandon et la croyance en un être divin considéré comme le créateur et le maître de l'univers — s'est entremêlée avec la magie. Les sciences occultes étaient nées.

Au bout d'un temps, la quantité d'information relative à la magie et à la science accumulée en Atlantide devint tellement considérable que les candidats au plus haut niveau de la prêtrise devaient consacrer la moitié de leur vie à son étude. Le plein développement de leurs talents psychiques exigeait d'eux qu'ils maîtrisent l'astrologie, l'astronomie, la nécromancie (la communication avec les esprits des morts), l'alchimie, la prophétie et la divination (l'utilisation de pouvoirs surnaturels pour prévoir l'avenir ou découvrir des connaissances cachées). Une compréhension approfondie de tous ces sujets était requise des candidats au terme des trois classes ou niveaux de développement: Initié, Érudit et Mage.

Lewis Spence a appris que les futurs Initiés étaient d'abord soumis à l'expérience d'une intense initiation destinée à élargir leur esprit. Cette épreuve se déroulait sur le versant d'une montagne, non loin de la Cité aux portes d'or, à un endroit où l'action réciproque de l'eau et de la lave avait créé au cours des millénaires une immense grotte naturelle. Ils existe encore aux Açores des grottes semblables à celle qu'utilisèrent les Atlantes. Algor do Carvão, dans l'île de Terceira, en est un exemple. Ces grottes s'étendent sur une longueur de 150 à 180 mètres, et leurs plafonds en forme de voûte atteignent souvent une hauteur proportionnelle. À partir de l'époque de Poséidon, les Atlantes améliorèrent et agrandirent chaque année l'espace secret, car ce site retiré convenait parfaitement aux fonctions occultes. La cavité souterraine, qui finit par mesurer 400 mètres de long et 280 mètres de large, était principalement constituée de couloirs sombres et sinueux, souvent interrompus par des portes fermées à clef et ornées d'orichalque. Pendant l'initiation, les portes de ce labyrinthe s'ouvraient uniquement lorsque l'on prononçait une phrase déterminée, ce qui incitait les candidats à utiliser leur intuition afin de trouver les mots appropriés.

Les initiations qui avaient lieu dans le labyrinthe atlante étaient axées, par exemple, sur le concept de la mort et de la renaissance. Les pratiques immémoriales des chamans et les rituels d'initiation qui se tenaient dans les anciens temples d'Égypte conservèrent ce genre d'orientation. Lewis Spence a tiré l'information qui suit, concernant les initiations atlantes, dans la Tradition des arcanes.

Quand les futurs Initiés entraient dans le mystérieux labyrinthe souterrain, une forme silencieuse, à peine perceptible, les accueillait. Après un déconcertant voyage dans les profondeurs des étroits couloirs humides, on demandait aux individus de grimper jusqu'à un petit enfoncement dans un mur. Installée en position fœtale dans cette niche exiguë, la personne, homme ou femme, entreprenait une inconfortable période de jeûne et de méditation qui allait durer plusieurs jours. Des drogues et l'hypnose la maintenaient dans un état de transe semi-hypnotique pendant les neuf semaines suivantes. Au cours de cette étape, le futur Initié était habité par des cauchemars réalistes qui lui faisaient vivre l'expérience de la mort.

Suivait une renaissance spirituelle, comprenant une série d'interactions avec la terre, l'air, le feu et l'eau. De la même manière que le fœtus se développe dans la matrice, ces éléments étaient tous liés à la croissance d'une nouvelle identité spirituelle. À la fin de la période de gestation, les prêtres massaient le corps avec des onguents fortement parfumés et utilisaient des instruments de magie pour donner vie à chacun des organes. Le septième jour de la neuvième semaine, à midi, les superviseurs considéraient que le sujet était prêt pour la cérémonie de renaissance. Ils passaient le corps à travers un linceul et l'entouraient d'une lumière brillante qui supposait l'entrée dans un nouveau monde. Ayant atteint un niveau supérieur de pureté psychique, le futur Initié quittait le sombre labyrinthe et était amené dans un ravissant jardin situé à environ trente kilomètres de la cité. Avec ses oiseaux exotiques aux couleurs brillantes, ses arbustes en fleur, ses arbres chargés de fruit, ses gracieux animaux, ses sapins majestueux et ses étangs scintillants, l'endroit créait l'illusion du paradis. Les individus affaiblis regagnaient peu à peu des forces grâce aux vertus particulières d'une « fontaine de jouvence » et aux aliments nourrissants qu'ils y trouvaient.

L'étape suivante de l'initiation avait lieu dans ce splendide jardin. Des suggestions étaient murmurées à l'oreille des candidats afin de tester leur aptitude à ignorer les arguments logiques du Diable et de ses aides ainsi que leur capacité de recourir à leur propre intuition. On pouvait, par exemple, leur faire miroiter la présence d'un fruit particulièrement délicieux dans un arbre voisin. Un premier groupe de voix leur suggéraient qu'il serait fatal de goûter ce fruit, tandis que d'autres voix affirmaient qu'il était la source de révélations essentielles concernant le bien et le mal. L'approche adéquate était de se fier à son intuition, laquelle indiquerait s'il fallait éviter le fruit offert par cet arbre. Ceux qui réussissaient à ce genre de tests étaient admis comme Initiés dans le Temple de Poséidon.

Après les expériences d'initiation dans le labyrinthe et dans le jardin enchanteur, les Initiés devaient traverser une longue et rigoureuse période de formation avant d'accéder au niveau des Érudits. Ils vivaient et étudiaient dans la grande partie du Temple de Poséidon qui leur était réservée. En plus des sciences occultes, ils faisaient l'apprentissage du symbolisme rituel, de la guérison, de la lévitation, de la clairvoyance et autres habiletés qui furent transmises par les prêtres atlantes et préservées pendant plusieurs siècles. Ils disposaient à cette fin d'excellents outils. L'observatoire du Temple était équipé de puissants télescopes dont les lentilles étaient ajustées avec précision. Les bibliothèques de l'école étaient remplies de manuscrits contenant la précieuse sagesse issue du passé, notamment des écrits sacrés portant sur les vérités divines.

La méditation était l'un des éléments les plus importants de la vie dans le Temple de Poséidon. Les étudiants se réunissaient deux fois par jour dans la Salle des Initiés, où de mélodieux chants chorals et la douce et agréable musique des instruments créaient un fond sonore approprié.[151] Tandis qu'ils s'abandonnaient à la musique, ils étaient envahis par la sensation de s'élever sans entraves vers le ciel et ressentaient alors de l'exultation. Cette joie incommensurable était accompagnée d'une conscience profonde des liens qui les unissaient à l'univers entier.

La formation en sciences occultes que recevaient les étudiants atlantes pour progresser du niveau des Initiés à celui des Doués, puis à celui des Mages, leur enseignait que la nourriture, la boisson et les autres choses matérielles étaient relativement inutiles, car elles ne servaient qu'à nourrir ou à parer le corps. Ils élargissaient leur conscience, amélioraient leurs habiletés psychiques et apprenaient à communiquer avec le divin. Il était extrêmement important qu'ils se fient à leur intuition et non aux suggestions de la partie logique de leur cerveau. Il fallait au moins vingt années extrêmement exigeantes, consacrées à la méditation et à l'étude, pour parvenir à harmoniser l'intuition et l'intellect. Le but était de réussir à ce que le corps, la pensée et l'esprit travaillent ensemble, donnant ainsi à l'individu un maximum de force et de pouvoir. Finalement, les futurs prêtres se spécialisaient dans l'un des arts occultes: alchimie, guérison, prophétie, astrologie, clairvoyance, nécromancie ou divination. La sorcellerie devint un domaine populaire au cours de la dernière période de la civilisation atlante.

## L'alchimie

Seulement les érudits les plus aptes formés au Temple de Poséidon pouvaient approfondir l'étude de l'alchimie, car il fallait posséder une compréhension intégrale de soi-même avant d'entreprendre un processus spirituel rempli d'autant de défis. Le but ultime des alchimistes était de connaître l'essence de toute chose, pour ne plus faire qu'un avec l'univers, atteindre un niveau de perception supérieur et pénétrer les secrets de la nature, de la vie, de la mort, de l'infini et de l'éternité. Utilisant de la matière inorganique et s'engageant avec patience dans une procédure prescrite extrêmement difficile à comprendre, ils menaient une série d'études et d'expériences complexes et minutieuses. De manière inattendue, sans prévenir, quelque chose provoquait une magnifique lumière, semblable à celle que connaissent les yogis avec la méditation profonde.[152] Comme les alchimistes de l'Atlantide faisaient des expériences avec la chaleur, l'électricité, la lumière, le son et leur propre esprit, ils envisagèrent la possibilité qu'un dieu tout-puissant ait employé les techniques de l'alchimie pour créer la Terre et l'ensemble de la vie sur la planète. Une fois convaincus de cette

*113*

idée, ils poursuivirent leur travail avec un espoir et une vigueur renouvelés, en tentant d'accéder à la connaissance universelle.

Les alchimistes de l'Atlantide personnalisaient les métaux, qui en vinrent ainsi à représenter certains dieux et certaines planètes. L'or symbolisait le soleil, qui était pour eux la source de la vie et l'ultime perfection. Leur intérêt intense pour les minéraux les mena à comprendre la structure et les propriétés de la matière bien au-delà de ce qu'en connaissent à ce jour les scientifiques.

Le souvenir des diverses réalisations des alchimistes atlantes est demeuré vivant en Grèce, en Égypte et dans le nord de l'Afrique, où des chercheurs dévoués ont consacré leur vie à tenter patiemment de retrouver et de saisir les symboles des anciennes références mythologiques. Les alchimistes arabes de l'Afrique furent ceux qui réussirent le mieux, car ils avaient accès à des fragments de textes ayant survécu à la destruction des bibliothèques d'Alexandrie et de Carthage. Le corpus d'information rassemblé par ces alchimiste est connu sous le nom de Magnum Opus (le grand oeuvre). En plus de réunir des indications ambiguës et compliquées, dont de difficiles instructions concernant l'ajustement des tâches en fonction des périodes astrologiques, le Magnum Opus contient des peintures magnifiques et extrêmement élaborées. Ces complexes illustrations en couleur représentent un étrange imaginaire composé de personnes, d'animaux, de jardins, de motifs et de symboles qui visent précisément à éveiller l'imagination. Chaque coup de pinceau, les moindres détails deviennent importants pour l'étudiant, qui passera un temps infini à les scruter en essayant d'aller au-delà de la surface dans l'espoir que quelque chose se déclenche et provoque l'apparition de la lumière dorée. Des fragments de l'alchimie et d'autres connaissances occultes se sont perpétués jusque dans les litanies de la franc-maçonnerie et d'autres sociétés secrètes dont les origines remontent à la préhistoire. Les livres sacrés de ces organisations reflètent le culte que les Atlantes rendaient au soleil et au feu, de même que leur intérêt pour l'expérimentation, les nombres et les codes mathématiques.

Après l'invasion de l'Espagne par les Maures, la pratique de l'alchimie s'est étendue dans le reste de l'Europe médiévale, où elle fut largement répandue. C'est à partir de celle-ci que la chimie s'est développée, bien que les deux sciences aient peu en commun. La chimie s'intéresse aux phénomènes scientifiquement vérifiables. En Atlantide, l'alchimie était axée sur la réalité cachée de l'ordre le plus élevé qui constitue l'essence sous-jacente de toute vérité. Elle était aussi une entreprise rentable et productive. Au Moyen-Âge, les détails des expériences et des procédés complexes qui furent mis au point n'étaient plus disponibles; il n'en restait que des symboles indéchiffrables, quelques peintures et les légendes de révélations jamais surpassées. Ceux qui essayèrent à ce moment de pratiquer l'alchimie connurent peu de succès. À l'ère de la science, ces scientifiques en peine étaient regardés avec mépris. Alors que l'on approche les frontières de la connaissance, les techniques de cette occupation difficile méritent le respect, notamment pour l'importance qu'elles donnent au fait de cultiver l'intuition.

À la fin de toutes les étapes, avait lieu la cérémonie qui consacrait les Mages, le niveau de prêtrise le plus élevé en Atlantide. L'événement se déroulait à l'extrémité du labyrinthe naturel secret de la Salle de l'illumination. Douze petites chapelles, dédiées chacune à un ancien roi de l'Atlantide, entouraient la vaste salle et son haut plafond voûté. Un autel surélevé dominait, sous une lumière éclatante, le centre de l'immense espace. C'est à cet endroit que se faisaient les serments et les promesses ultimes et que l'on interprétait le reste de la tradition secrète devant le futur Mage. Sur l'un des côtés de l'autel se dressait la gigantesque ct effroyable figure velue de Poscidon, représenté sous la forme d'un taureau. De l'autre côté était accroché un imposant gong de métal. À la fin de la cérémonie, on frappait sur ce gong pour signifier que le candidat était autorisé à assumer le rôle de prêtre ou de Mage. Le bruit assourdissant résonnait alors dans le long labyrinthe comme un terrible coup de tonnerre.

Ceux qui réussissaient à devenir Mages atteignaient un degré élevé d'illumination intellectuelle, fondée sur leurs expériences d'initiation et sur plus de vingt années d'étude et de méditation. Ils avaient une compréhension de leur propre immortalité et réalisaient que l'inévitable passage sur cette Terre ne constituait pas une fin. Capables de quitter leur corps à volonté, ils ne s'en sentaient pas prisonniers. Dégagés des entraves de l'espace et du temps, ils envisageaient un avenir au-delà de leur vie sur cette planète. Grâce à la perception accrue qu'ils avaient de l'univers, ils étaient aussi en mesure d'observer avec une plus grande sagacité le monde qui les entourait et, donc, de mieux servir ceux qui les avaient nommés.

En Atlantide, les cérémonies d'initiation faisaient aussi partie de la vie des gens plus ordinaires, à qui elles donnaient l'occasion d'élargir leur esprit et de mieux composer avec le temps qu'ils devaient passer sur Terre. En raison de leur ferme attachement à la nature, les Atlantes croyaient que chaque personne était individuellement influencée et protégée par un oiseau ou un animal. Les rituels associés à la puberté, qui visaient à présenter les garçons à l'esprit qui serait leur gardien durant toute leur vie, se déroulaient habituellement dans les cavernes sombres et sans fenêtres situées sous les temples. Les trois prêtres qui présidaient les cérémonies portaient des costumes fabriqués avec la peau et la tête d'un taureau, ce qui leur permettait de s'identifier plus facilement au puissant animal. Ils mettaient plusieurs jours à préparer laborieusement ces costumes afin de s'assurer que les vêtements contenaient les pouvoirs désirés. Dans le cadre de la cérémonie, tandis que l'un des chefs jouait de la flûte sur un instrument fait en os, les participants chantaient tout en frappant le sol de manière rythmée avec leurs mains. Sérieux et dénudés, les jeunes initiés formaient un cercle dans l'espace faiblement éclairé et marchaient ainsi en rond pendant des heures, sans eau ni nourriture, ne s'arrêtant que lorsqu'ils s'effondraient au bout de leurs forces. Ils tombaient alors dans un genre d'état de transe, et l'oiseau ou l'animal qui devait les guider tout au long de leur vie leur apparaissait sous la forme d'une vision. L'inoubliable événement renforçait leur confiance en leur propre intuition et les encourageait à y avoir recours pendant le reste de leur vie. Les émigrés de l'Atlantide et leurs descendants continuèrent de tenir ce genre de cérémonies dans la noirceur des grottes et des abris du continent américain et du sud-ouest de l'Europe.

La préparation du costume de taureau que portaient les prêtres lors des cérémonies d'initiation des jeunes garçons est un exemple des rituels fort élaborés qui ont été mis au point au cours des milliers d'années de pratique et d'expérimentation. Après avoir tué l'animal, la personne chargée de l'opération enlevait entièrement la chair, les muscles et les organes, de manière à ce qu'il ne reste que le crâne et deux vertèbres du cou. Pendant une longue cérémonie marquée par des chants et de une musique stylisée, ils conféraient des pouvoirs magiques à la peau et au squelette, en cousant méticuleusement ces pièces pour former le costume. De telles coutumes tendaient à se perpétuer, car si un procédé déterminé fonctionnait, et c'était le cas lorsque les attentes n'étaient pas démesurées, on le répétait et il entrait dans la mémoire.

À mesure que s'accrurent les pouvoirs surnaturels des Atlantes, leurs cérémonies devinrent de plus en plus élaborées et dogmatiques. La croyance en la force de ces rites était très solide. Lorsqu'ils ne donnaient pas les résultats attendus, on attribuait le problème à une erreur dans l'exécution du rituel. Quelqu'un payait en général pour cette erreur. De crainte de devenir une victime sacrificielle, chacun était prêt à dépenser une énorme quantité de soin et d'énergie pour que l'opération soit une réussite.

## La sorcellerie

La sorcellerie était populaire en Atlantide, et les sorciers et sorcières atlantes apportèrent leurs techniques avec eux lorsqu'ils quittèrent leur contrée; une partie de ce savoir-faire fut sauvegardé et mis en pratique dans des régions très éloignées les unes des autres, aux abords de l'océan Atlantique. Les traditions préhistoriques de sorcellerie que l'on retrouve en Espagne, en France, en Grande-Bretagne et aux îles Canaries, d'un côté, et dans les Antilles et au Mexique, de l'autre côté, sont remarquablement semblables. La sorcellerie et plusieurs autres formes de magie se ressemblent tellement d'un endroit à l'autre qu'elles ne peuvent qu'avoir une origine commune. Aucune région de l'ouest de l'Europe n'a connu une culture avancée suffisamment ancienne pour être un tel centre de rayonnement. L'Atlantide est la seule possibilité.[153]

Dans l'ouest de l'Europe, dans les îles Canaries, dans les Antilles et au Mexique, plusieurs femmes vierges portaient de longues jupes noires et de grands chapeaux pointus, volaient à cheval sur des balais, s'enduisaient de pommades odorantes pour faciliter leurs voyages et dansaient avec énergie, souvent en virevoltant autour de figures masculines. Les hiboux étaient leurs animaux de compagnie préférés. Elles connaissaient très bien les vertus des herbes et savaient comment traiter les maladies et soigner les malaises. Quelques-unes pouvaient changer de forme, d'autres étaient capables de jeter des sorts puissants.

Il y eut très peu d'influence atlante en Asie, et les sociétés de sorcières furent aussi rares dans cette région. Les sorcières de l'est de l'Europe ressemblaient à celles de l'ouest du continent, près de l'océan Atlantique, d'où provenaient leurs techniques atlantes.[154] Après des années intenses de formation auprès d'une consœur plus vieille et expérimentée, les sorcières atlantes acquéraient le don d'entrer en contact avec les ancêtres, et la plupart communiquaient ainsi avec les esprits des enfers. Comme elles étaient devenues compétentes en matière de prophétie et de nécromancie, on venait fréquemment les consulter. Des traditions de femmes oracles finirent par se répandre partout dans le monde.

Des sorcières capables de léviter et de se déplacer d'un endroit à l'autre par la voie des airs avaient recours à des rites de magie compliqués pour donner des pouvoirs et plus de mobilité à leur bâton. Des véhicules plus élaborés devinrent aussi populaires. L'une de ces pratiques, qui survécut pendant des milliers d'années, consistait à fabriquer à partir de l'os d'une jambe un « balai » ayant le style d'un cercueil. À cette fin, la chair d'un homme mort était grillée au-dessus d'un feu, pressée pour lui donner la forme appropriée, puis enveloppée dans un linge. Tout en chantant et en dansant selon des figures stylisées, la sorcière tassait la chair soigneusement préparée dans la partie creuse de l'os de l'une des jambes. Elle enterrait ce futur « balai » et laissait sa création dans le sol jusqu'à ce que l'odeur soit disparue. Une fois déterré, cet instrument original devenait un excellent siège sur lequel s'envoler.[155]

### Les sacrifices

Le développement des sciences occultes modifia considérablement les pratiques sacrificielles qui faisaient partie de la culture en Atlantide. Pendant des siècles, les gens offraient aux dieux des fleurs et des fruits pour tenter de les apaiser. Avec le temps, dans l'espoir d'obtenir des résultats plus satisfaisants, ils commencèrent à leur offrir des animaux. Un taureau était ainsi sacrifié tous les cinq ou six ans dans le Temple de Poséidon. Dans plusieurs temples, un feu brûlait en permanence, attendant des victimes éventuelles. Les dieux des volcans, qui rejetaient de la fumée, des flammes, des roches et des liquides bouillants, représentaient une constante menace en Atlantide, et les Mages mettaient beaucoup d'efforts à les subjuguer. Le Rite des feux de la Terre décrit au chapitre 3 était l'une des tactiques qu'ils avaient conçues en tentant de faire plaisir à ces démons.

En raison de la formation intensive et des expériences d'initiation qu'ils avaient traversées, les Mages de l'Atlantide n'avaient plus peur de la mort ni des possibles représailles que les dieux pourraient leur faire subir à cause de leur comportement immoral. La majorité d'entre eux profitaient sans ambages de la croyance populaire dans l'au-delà et dans le monde des esprits. Ces chefs dominateurs eurent de plus en plus recours aux pouvoirs surnaturels pour apaiser et contrôler les esprits et les dieux qui régissaient leur environnement. Avec le temps, pour rehausser leur statut et gagner du pouvoir, les prêtres décadents laissèrent entendre qu'ils communiquaient directement avec les dieux destructeurs. Leurs tours de magie, conjugués à la terrible menace d'invoquer les esprits des volcans, terrifiaient le peuple. Chaque fois que la terre tremblait, leurs tentatives pour calmer les dieux devenaient plus désespérées.

Les Atlantes menaient des combats rituels pour déterminer des victimes à offrir en sacrifice aux dieux des volcans. Les vainqueurs tuaient les perdants, brûlaient leur corps et jetaient les cendres dans la bouche d'un volcan. Les chefs supervisaient parfois la mise à mort de victimes sacrificielles, qui était réalisée au moyen d'une décharge électrique semblable à un éclair. Comme la poussière était plus facile à porter sur les flans abruptes des montagnes, l'utilisation des rayons de cristaux devint un moyen populaire pour désintégrer les cadavres. Lentement, la civilisation dégénéra encore davantage, et les gens étaient simplement transportés en haut des montagnes et jetés directement dans le brasier bouillant. L'énergie négative était en voie d'atteindre un niveau intolérable, et le moment inévitable où le Dieu tout-puissant allait affirmer son autorité approchait.

# 4
# L'ARCHITECTURE

*L*es ingénieux bâtisseurs du passé ont accompli des réalisations qui n'ont jamais encore été égalées. Les immenses remparts maintenant recouverts par l'eau, les pyramides d'Égypte et d'Amérique centrale, Tiahuanaco, la Cité aux portes d'or, le complexe système routier de l'Amérique du Sud offrent un aperçu du talent et de l'expertise remarquables des peuples de la préhistoire. D'immenses structures, situées à grande distance les unes des autres sur la surface de la planète, révèlent que des personnes très avancées possédaient des techniques scientifiques et architecturales supérieures, telles que la capacité de déplacer des roches de 180 000 kilos sur des distances considérables et de les ajuster parfaitement les unes par rapport aux autres. Ces réalisations représentent le point culminant d'un long développement à partir d'une source inconnue. Le mérite revient en partie à la civilisation de

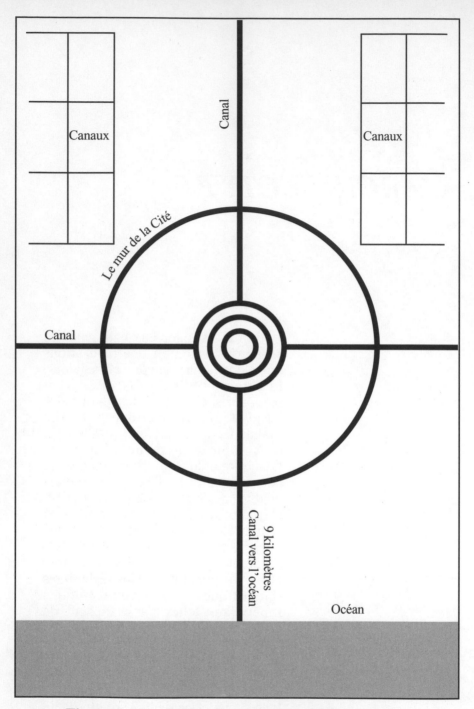

**Figure 5: Les plaines, les canaux, la cité et le port**

l'Atlantide, mais la présence de visiteurs venus du ciel constitue une autre explication possible.

## LA CITÉ AUX PORTES D'OR

La renommée capitale de l'Atlantide est habituellement désignée sous le nom de la Cité aux portes d'or. Platon décrit soigneusement les constructions et les détails de cette cité, notamment ses immenses édifices et leur décoration élaborée. Ses descriptions sont tellement différentes de tout ce qui pouvait exister à son époque qu'il lui fallut de toute évidence énormément de courage et de conviction pour attribuer la cité à une ancienne civilisation. Toutefois, la Cité aux portes d'or était en fait très semblable à Khorsabad, la ville fortifiée bâtie par le roi Sargon II à Sumer, laquelle était profondément enfouie dans le sable lorsque vécut Platon. Les méticuleux écrits des Sumériens rendent compte de l'aide appréciable que les dieux et les déesses ont offerte pour la conception et la construction de la magnifique cité. La Cité aux portes d'or ressemble aussi à la capitale des Aztèques, au Mexique, et à Cuzco, l'extraordinaire cité des Incas, au Pérou. Ces trois glorieuses métropoles furent découvertes bien longtemps après que Platon ait décrit l'opulence de la Cité aux portes d'or.

### La cité circulaire
Platon rapporte que le dieu Poséidon et sa femme mortelle Cleito élevèrent leur famille en Atlantide, sur une colline entourée d'une large plaine, à environ huit kilomètres de l'océan. Poséidon créa trois zones circulaires autour de son foyer. Les canaux qui divisaient le terrain en sections étaient remplis d'eau, laquelle trouvait sa source dans les montagnes avant de traverser les plaines. Au moins à quatre reprises, les tremblements de terre et l'éruption des volcans situés à proximité créèrent de graves dommages, mais les Atlantes reconstruisaient toujours leur Cité sur le même modèle — des cercles de terre entourés de trois anneaux remplis d'eau.[1] D'autres civilisations anciennes ont copié ce modèle. Carthage, sur la côte de la Méditerranée au nord de l'Afrique, fut bâtie selon des plans à peu près identiques, tandis que la cité principale des Aztèques, avec ses édifices qui s'élevaient autour d'un complexe réseau de canaux, fut construite selon des plans de base similaires. Des images radar récentes prises par la Navette spatiale ont révélé que, il y a plusieurs siècles, une ville était construite sur le site des extraordinaires édifices actuels à

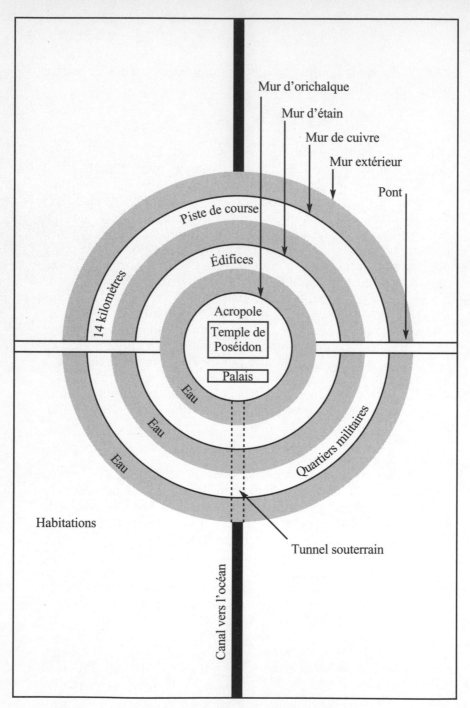

**Figure 6: La Cité aux portes d'or**

Angor Wat, au Cambodge. Tout comme la Cité aux portes d'or, cette cité préhistorique était entourée de douves parfaitement circulaires.

D'innombrables petits bateaux circulaient dans les voies navigables de la Cité aux portes d'or, approvisionnant les habitants comme le font les petits marchands du lac Dal, à Srinigar, en Inde, qui glissent d'une maison flottante à l'autre dans leur shikara chargée de nourriture, de vêtements et d'objets d'artisanat. L'eau des canaux de la Cité aux portes d'or complétait le travail de la pluie et fournissait une humidité supplémentaire dont bénéficiaient les plantes luxuriantes, les fougères, les fleurs et les arbres. Les sentiers qui longeaient ces courants créés de main d'homme étaient un refuge de fraîcheur à côté de la confusion de la cité. Les fontaines bouillonnantes témoignaient par ailleurs de la prédilection qu'avaient les Atlantes pour les sources d'eau vive. Les nombreux ponts qui traversaient les canaux permettaient de se rendre facilement d'un anneau à l'autre, en plus de soutenir les aqueducs transportant l'eau potable destinée aux habitants de la cité.[2] Les Atlantes construisirent sur ces ponts 200 tours élaborées,[3] qu'ils incrustèrent de métaux rutilants et de pierres précieuses.[4] Les tours servaient de maisons de surveillance, de lieux d'entreposage ainsi que de postes d'observation et de communication. S'élevant vers le ciel à partir des ponts, les tours étincelantes ajoutaient de la beauté et de la vitalité au quotidien des habitants de la cité.

## Le travail du métal

Afin d'encercler chacun des grands anneaux, les Atlantes construisirent de massifs murs de pierre, d'une largeur de quinze mètres et de la hauteur d'un édifice de sept étages. Ils couvrirent de cuivre les pierres de l'imposant mur extérieur, celui du milieu fut couvert d'étain, tandis que le mur entourant le cercle central fut recouvert d'orichalque,[5] un genre d'or tirant sur le rose. Les alchimistes d'Atlantide associaient certains métaux à des planètes spécifiques. Leurs visiteurs de l'espace, bien informés, leur avaient appris que les ions contenus dans les métaux étaient toujours en mouvement, et ils croyaient que cette activité suivait des schémas dictés par l'orbite de la planète particulière à laquelle correspondait principalement tel ou tel métal.[6] Chaque métal était associé à l'un des corps célestes. Les murs de cuivre, d'étain et d'orichalque représentaient respectivement Vénus, Jupiter et le Soleil.[7]

L'orichalque, aussi appelé « cuivre des montagnes », recouvrait le mur intérieur de la cité. Ce métal était populaire en Atlantide, mais sa composition demeure quelque peu mystérieuse. Selon les descriptions de Platon, il semble qu'il n'était pas familier à Solon et aux prêtres d'Égypte, même si ces derniers savaient que le métal en question « scintillait comme le feu ».[8] En grec ancien, la langue de Solon, le terme *chalkos*, qui constitue la racine du mot *orichalque*, s'appliquait à tous les métaux. Ainsi, orichalque signifiait littéralement « métal doré ». Platon décrit l'orichalque comme quelque chose dont on ne connaissait que le nom à son époque, mais qui avait déjà été un métal précieux qui n'était égalé que par l'or. L'orichalque de l'Atlantide fut pour une première fois mentionné, 600 ans avant Platon, par le poète grec Homère. Celui-ci l'évoque en effet dans un hymne à Aphrodite, où il le décrit comme un métal doré. Hésiode, un autre poète grec antérieur à Platon (milieu du VIIIe siècle av. J.-C.), en fait aussi mention.[9]

Il est possible que l'orichalque ait été un alliage d'or et de fer de météorite, et qu'il en existe encore quelques traces aujourd'hui. En 1916, le British War Office installé en Inde eut en sa possession des statuettes représentant des éléphants et des accessoires pour brûler l'encens qui étaient faits d'un métal mystérieux. Ces objets anciens avaient été conservés pendant des siècles dans des monastères hindous. Les pierres translucides et les cristaux incrustés dans les petits vases produisaient un effet impressionnant lorsque l'encens était allumé dans une pièce sombre car, en même temps que l'odeur se répandait dans l'air, la lueur du feu se reflétait à travers ces garnitures. Le British War Office détermina que le métal inconnu était un alliage combinant un haut pourcentage de nickel et une partie d'or.[10] Le fer de météorite, assez commun en Atlantide, contient du nickel.

Les montagnes de l'Atlantide abritaient beaucoup de dépôts de minéraux, dont l'argent, l'or, le cuivre, l'étain, le fer et le souffre. Tous appréciaient les métaux précieux, d'autant plus qu'ils étaient facilement accessibles. Ceux-ci étaient utilisés comme parures personnelles ou pour orner les édifices. Afin de répondre à leurs propres désirs en même temps qu'aux demandes des visiteurs extraterrestres, les Atlantes exploitèrent aussi des mines d'or et d'argent en Afrique et en Amérique du Sud, et firent l'extraction de l'étain et du cuivre au Pérou et en Grande-Bretagne.

Ayant observé les fréquentes éruptions du mont Atlas, les Atlantes comprirent quel effet spectaculaire la chaleur pouvait avoir sur les métaux et ils mirent au point des méthodes pour fondre le cuivre.[11] Ils produisirent et utilisèrent aussi le bronze. Lorsqu'ils s'établirent dans le nord de l'Europe et près de la Méditerranée, des régions où le cuivre était rare, ils fabriquèrent du bronze comme ils le faisaient en Atlantide, en chauffant le cuivre et en le fusionnant avec de l'étain.[12] Les anciens outils de cuivre précèdent habituellement les outils de bronze. À cause de l'influence des Atlantes, peu ont été découverts dans les régions du nord de l'Europe et de la Méditerranée. Les techniques atlantes ont permis aux peuples indigènes de passer directement de l'âge de pierre à l'âge du bronze.[13]

L'Atlantide a subi le passage du temps. Au cours de sa longue histoire, sa capitale inégalée a cependant témoigné de l'habileté créatrice de ce peuple ainsi que du culte et du respect qu'il portait à tous les aspects de la nature. Cela est particulièrement vrai pour la partie encerclée, avec son temple richement orné et son parc enchanteur, au coeur de la cité. Tous les rois qui se sont succédé ont tenté de surpasser les contributions considérables de leurs prédécesseurs. Le temple consacré à Cleito et à Poséidon a ainsi atteint une splendeur insurpassable.

### Le Temple de Poséidon

Le Temple de Poséidon état si grand — 180 mètres de long, 90 mètres de large et une hauteur proportionnelle — que même Platon admit que son aspect était plutôt « barbare ».[14] Le Temple de Poséidon dépeint par Platon était certainement différent des temples grecs austères qui lui étaient familiers. Selon ce qu'il décrit, les murs extérieurs du gigantesque édifice étaient bordés d'argent et ses tours étaient couvertes d'or brillant. Avec ses gracieuses fontaines, la cour de tuiles bleues offrait aux gens un endroit pour se rassembler. Autour du Temple de Poséidon, chacun des rois qui se succédèrent érigea une statue en or de lui-même et une autre représentant sa femme.[15] Les statues étaient installées dans de splendides jardins regorgeant d'espèces rares d'arbustes à fleurs et de grands arbres venant de partout dans le monde.

Entre autres origines, c'est le mur recouvert d'or qui entourait ce temple unique et ses terrains[16] qui donna son nom à la Cité aux portes d'or.[17] L'appellation a en outre une signification ésotérique. Plusieurs médiums désignent aussi la cité par son nom plus officiel, Chalidocean. Au Ier siècle av. J.-C., Diodorus Siculus rapportait que, en Afrique, elle était appelée Cercenes.[18]

Selon les descriptions de Platon, l'intérieur du Temple sacré de Poséidon était aussi orné que l'extérieur. Les plafonds étaient recouverts d'ivoire rehaussé d'or, d'argent et d'orichalque. L'orichalque illuminait aussi les murs, les piliers et les planchers. Entourée des statues de gracieuses nymphes marines sur le dos de dauphins dorés, une gigantesque statue qui représentait Poséidon conduisant un char tiré par six chevaux ailés dominait au centre de la salle principale.[19]

L'immense Temple du Soleil des Incas, à Cuzco, ressemblait au Temple de Poséidon. Son intérieur était orné de feuilles d'or et ses jardins somptueux étaient garnis de nombreuses statues, en or elles aussi. Les fouilles effectuées dans la cité sumérienne de Khorsabad ont révélé l'existence, en son centre, d'un majestueux palais royal. Les murs intérieurs de cet immense édifice étaient gravés de bas-reliefs qui, placés bout à bout, pouvaient atteindre un kilomètre et demi.[20] En plus de ce magnifique palais, la métropole était, tout comme la Cité aux portes d'or, remplie de temples, de murailles, de portes, de tours, de colonnes et de jardins, tous achevés avec l'aide des « dieux » en moins de cinq ans.[21]

Les Atlantes érigèrent de nombreux édifices en bois dans la Cité aux portes d'or, mais Platon mentionne qu'ils préféraient utiliser les pierres blanches, noires et rouges qu'ils trouvaient sous la cité.[22] Ils est impressionnant de constater que Platon savait que le blanc, le noir et le rouge étaient les couleurs typiques des roches dans les îles volcaniques de l'océan Atlantique, car plusieurs historiens estiment que l'on ne naviguait pas au-delà de la Méditerranée en 400 av. J.-C., à l'époque de Platon. Les structures de pierre demeuraient intactes pendant plus longtemps que celles qui étaient faites d'autres matériaux. Elles étaient aussi moins portées à s'effondrer durant les fréquents tremblements de terre. Les structures de pierre de la cité témoignent des techniques d'ingénierie avancées que les Atlantes avaient acquises, dans leur région propice aux séismes, en construisant leurs cercles religieux avec d'énormes pierres. Ces lieux sacrés exigeaient non seulement qu'ils transportent les lourdes roches, mais aussi qu'ils les agencent avec soin à une profondeur précise dans le sol, car si l'une des pierres du cercle était trop enfoncée, elle rompait l'alignement et l'énergie du site s'en trouvait diminuée. Les ouvriers atlantes disposaient ces roches peu maniables, dont quelques-unes pesaient plusieurs milliers de tonnes, en des blocs qui s'ajustaient parfaitement, à la manière d'un engrenage, et ce, sans l'aide d'un mortier. Des réalisations similaires ont été retrouvées à Cuzco, à Tiahuanaco, à Malte, à Mexico et à d'autres endroits du monde où, semble-t-il, des visiteurs de l'espace disposant de connaissances qu'il nous reste à acquérir fournirent leur assistance à l'espèce humaine.

La Cité aux portes d'or était un endroit invitant, agréable à vivre et à habiter. Grâce à l'excellence du sol, au climat favorable et aux soins aimants prodigués par les habitants, le paysage était rempli de fleurs et d'arbres luxuriants qui purifiaient l'air. Des fenêtres de cristal rehaussaient plusieurs des édifices de la cité, car le cristal de quartz, résultant du refroidissement rapide du magma, était facilement disponible en Atlantide. Les murs extérieurs, ornés de riches motifs de pierres précieuses et de mosaïques, ajoutaient de la couleur et contribuaient au charme de l'endroit. Cayce décrit des temples avec des colonnes intérieures en onyx et en topaze, incrustées de beryls, d'améthystes et d'autres pierres étincelantes.[23] Pour leurs services religieux, les Atlantes privilégiaient un plancher de marbre blanc, rehaussé par un autel doré.[24]

Les citoyens de la cité créèrent de nombreuses installations pour les loisirs et les divertissements, et prévirent des endroits destinés au jeu et à la relaxation. Ils utilisèrent l'eau minérale provenant des sources chaudes naturelles pour emplir un grand nombre de piscines à la température confortable. Selon ce que dépeint Platon, il existait des piscines séparées pour les hommes et pour les femmes, tandis que certains bassins étaient réservés aux chevaux et aux autres bêtes de somme.[25] Les gens prenaient de l'exercice sur les terrains gazonnés des parcs et assistaient, dans ces espaces agréables, à des compétitions d'athlétisme. Les corridas sanglantes qui avaient lieu régulièrement étaient aussi des événements populaires. Les descriptions fournies par Platon nous apprennent que le grand anneau extérieur entourant la Cité aux portes d'or contenait une piste de course géante, d'une longueur de 14 kilomètres et de la largeur de ce qui serait maintenant une autoroute à 30 voies.[26] Les foules enthousiastes s'y regroupaient pour assister à de bruyantes courses de chariots, de chevaux et d'éléphants.

Lorsqu'ils commencèrent à explorer davantage l'océan qui entourait leur terre, les Atlantes construisirent de plus gros bateaux et devinrent de plus en plus dépendants des sources extérieures d'approvisionnement. Les administrateurs décidèrent de rendre la cité accessible par la mer et, comme tout ce qu'ils entreprenaient, ils firent les choses en grand. Des milliers d'ouvriers travaillèrent pendant des années pour percer un tunnel à partir du centre de la ville jusqu'à l'océan. Traversant chacun des anneaux, ils creusèrent cet ample passage souterrain jusqu'à ce qu'il atteigne, nous dit Platon, 30 mètres de profondeur et une largeur de 15 mètres, permettant ainsi l'accès à des bateaux de 6 mètres de large, avec des avirons de chaque côté.[27] Les embarcations venant du port passaient ainsi par le tunnel pour arriver dans une caverne de 65 000 mètres carrés située sous l'île centrale. À cet endroit, les quais d'un immense port intérieur pouvaient accueillir jusqu'à 130 bateaux.[28] Si un envahisseur se montrait, les gardiens abaissaient une lourde herse des tours supérieures, bloquant ainsi l'accès à cet abri retiré.

Quand la cité devint surpeuplée, les innovateurs Atlantes construisirent des appartements[29] ainsi que de frais et agréables logements souterrains.[30] Dans les sols riches au-dessus des espaces habitables souterrains, les résidents faisaient pousser des fruits et des légumes destinés à leur consommation personnelle, ou encore de jolies fleurs et des arbustes. Ils plaçaient des auvents de roche aux entrées des maisons afin de créer de l'ombre et laissaient la vigne grimpante pousser en abondance pour cacher les ouvertures.[31]

Aux derniers jours de l'Atlantide, la riche classe dominante vivait à l'air libre, dans d'élégantes et spacieuses haciendas. Ces résidences peu mais luxueusement meublées étaient construites autour d'une cour centrale permettant la circulation de l'air dans toutes les pièces. Pour contribuer à l'atmosphère relaxante de cette zone résidentielle, les habitants fabriquèrent des fontaines ornementales dont les jets parfumés retombaient dans des bassins de marbre entourés de fleurs et de plantes exotiques.[32] Pour décorer artistiquement leurs cours, les Atlantes les plus riches employaient des artisans qui créaient, en bronze, en argent, en or ou en pierres précieuses, des figures représentants des arbres, des plantes, des insectes et des animaux. Des papillons d'argent étaient ainsi posés sur des fleurs en or, tandis que des scarabées sculptées dans l'ivoire s'agrippaient à des tiges et à des branches en bronze. Des oiseaux de métal colorés bougeant leur langue et leurs ailes et des singes-jouets capables de casser des noix avec leurs dents amusaient les gens.

### Le Temple d'Incal

À plusieurs kilomètres de la Cité aux portes d'or s'élevait l'immense Temple d'Incal, qui pouvait accueillir des milliers de fidèles.[33] L'édifice, qui était en forme de pyramide, n'avait pas de fenêtres. Lorsque l'on entrait par le portique exceptionnellement petit, on avait l'impression de pénétrer dans une grotte naturelle. D'énormes cristaux, ressemblant à des stalactites et à des stalagmites, pendaient du plafond tandis qu'une lumière tamisée réfléchie créait une atmosphère paisible pour la méditation. Une plate-forme surélevée de granit rouge d'une largeur de plus de dix mètres occupait le centre du Temple. La plate-forme supportait de larges blocs de cristal de quartz, d'où jaillissait en permanence, telle une flamme blanche et vive, un jet de lumière brillante atteignant six mètres de haut. Cette lumière ne produisait pas de chaleur et ne brûlait pas les yeux lorsqu'on la regardait, mais elle avait le pouvoir de désintégrer tout ce qui entrait en contact avec elle. L'étrange feu était utile lors des crémations et des sacrifices destinés à calmer les menaçants dieux naturels.[34]

Le port de la Cité aux portes d'or était un endroit animé et excitant, où se croisaient toujours une intéressante diversité de marins et de bateaux venus de partout dans le monde.[35] Les vaisseaux de marchandise arrivant d'Amérique du Sud transportaient des pierres précieuses, du cuivre, de l'or et de l'argent, alors qu'avec leurs trois rangs de rameurs et leur proue en forme de serpent, les longs trirèmes venant du nord amenaient à leur bord d'importants dignitaires. Les Amérindiens ont décrit l'entrée du port comme un dédale où se perdaient les visiteurs indésirables; il fallait l'aide d'un pilote local pour réussir à se rendre par bateau à la Cité aux portes d'or.[36]

## LES ÉDIFICES, LES MURS ET LES ROUTES

Un grand nombre d'Atlantes vivaient dans la Cité aux portes d'or, mais certains préféraient vivre plus simplement, à proximité de la nature généreuse. Quelques-uns choisirent les régions côtières, où ils pouvaient consacrer leurs loisirs à écouter le rythme des vagues sur les plages sablonneuses, à observer l'envol des aigrettes blanches comme la neige et d'autres oiseaux marins, et à jouir de la brise reposante de l'océan. D'autres, malgré la menace constante des volcans, préféraient la fraîcheur des montagnes et la vue plongeante que celles-ci offraient sur le vaste océan. Les Atlantes aimaient se prélasser sur leurs patios, à contempler la forme toujours changeante d'un nuage, ou passer du temps dans leurs jardins, parmi les oiseaux, attirés par les fontaines et les piscines, et les fleurs qui parfumaient l'air et calmaient l'esprit.

La plupart des maisons construites en Atlantide entre 12000 av. J.-C. et 10000 av. J.-C. étaient de forme circulaire. Cette coutume fut préservée pendant des milliers d'années par les descendants des survivants qui bâtirent des habitations en pierre dans des régions plus primitives.[37] Les Atlantes considéraient que le cercle s'harmonisait à l'esprit humain et constituait le meilleur canal pour l'énergie universelle. Ils meublaient peu leurs maisons, leur but premier étant de vivre dans un milieu confortable et propice à la détente. Les gens passaient d'ailleurs le plus de temps possible à l'extérieur. Les Atlantes étaient peu intéressés à accumuler des montagnes d'objets matériels et se satisfaisaient des vieux coffres familiaux et d'un ameublement simple. Ils construisaient des étagères pour déposer la vaisselle et préféraient les ustensiles d'orichalque, qui ne ternissaient pas et avaient rarement besoin d'être polis.[38] Un grand foyer ouvert, dans la pièce principale, suffisait à la préparation des repas. Des peintures murales colorées, avec des motifs de fleurs et de fruits, décoraient les murs intérieurs des maisons.

À l'exception de la Cité aux portes d'or, les Atlantes s'abstinrent volontairement de construire des grandes villes, car ils étaient conscients de l'impact qu'elles auraient eu sur l'environnement. Leurs petites communautés, bien irriguées et joliment aménagées, étaient formées de constructions circulaires d'un seul étage. Lorsque les familles se rassemblaient, elles disposaient leurs maisons en cercle, la façade tournée vers l'extérieur,[39] de manière à ce que tous bénéficient du panorama pittoresque offert par une rivière sinueuse, les hautes montagnes ou encore le lever ou le coucher quotidiens du soleil. S'il n'y avait pas de points de vue naturels disponibles, les Atlantes réaménageaient la terre et les roches afin de rendre le paysage plus attrayant. Ils couvraient ensuite ces collines de grands jardins, d'arbustes à fleurs et d'arbres gracieux. La place centrale de la communauté servait de marché et devenait le carrefour de la vie sociale, où les gens se réunissaient pour bavarder, danser ou faire de la musique. Des arbres fruitiers y créaient des secteurs ombragés, tandis que des parterres de fleurs colorées voisinaient de grandes étendues de fraisiers.

Il était très agréable de voyager en Atlantide, car le paysage offrait un panorama délectable et varié. L'extérieur des maisons et des temples était peint de couleurs éclatantes, avec des dorures et des tuiles, alors que la campagne était traversée de canaux destinés à l'irrigation et au transport. Des tours rondes, dans lesquelles les villes entreposaient la nourriture et les céréales appartenant à la communauté, témoignaient du haut niveau de vie.

## Les structures célestes

Dans les premiers temps de l'Atlantide, de nombreux récits évoquaient l'époque passée où des corps en flamme provenant de l'espace avaient heurté la terre, provoquant des tremblements de terre, des éruptions volcaniques, la désolation et la mort. Un très grand nombre d'individus étudièrent stoïquement le ciel étoilé afin de capter les signaux des objets en mouvement qui pourraient frapper notre monde et le détruire. Les premiers grands édifices que les Atlantes tentèrent de construire furent conçus dans le but de faciliter l'observation du ciel. Dans la mesure du possible, ils érigeaient les tours d'observation à des endroits surélevés, ce qui non seulement les rapprochait quelque peu du ciel, mais les protégeait des inondations. Ceux qui étudiaient le ciel et les étoiles orientaient les observatoires en fonction des données astronomiques, des points cardinaux et de la position du soleil au moment du solstice d'été. Les Atlantes tenaient souvent des services religieux dans ces édifices, qu'ils recouvraient de pierres précieuses, de métaux brillants et de cristaux étincelants pour témoigner de leur dévotion.

Les bâtisseurs, grâce peut-être à l'enseignement des créatures célestes, avaient appris que les structures en forme de pyramide dégageaient un mystérieux pouvoir. Afin de canaliser l'énergie provenant du ciel, en haut, et de la terre, en bas, les Atlantes construisirent des pyramides à des endroits où l'énergie était élevée et plaçaient un puissant cristal de quartz près du sommet de l'édifice. Les personnes qui demeuraient un certain temps à l'intérieur d'une pyramide vivaient, grâce à ce pouvoir, une expérience de renforcement qui centrait leur esprit et améliorait leur capacité d'apprendre. Les extraterrestres avaient, semble-t-il, une prédilection pour les formes pyramidales, car on retrouve cette structure au Mexique, à Sumer et en Égypte, des régions qui furent favorisées par les visiteurs célestes. Les premières pyramides égyptiennes à être construites avaient un sommet plat qui servait aux services religieux, mais la température chaude finit par amener les fidèles à l'intérieur, et les côtés des édifices se prolongèrent pour former une pointe.[40] Le sommet des pyramides les plus typiques du Mexique et de Sumer était habituellement plat, ce qui en faisait des observatoires et des lieux merveilleux pour les services religieux. Toutefois, près de Palenque, au Mexique, on retrouve deux pyramides parfaitement conservées ayant, tout comme les pyramides égyptiennes plus récentes, une base carrée et un sommet en pointe. On a découvert au fond de l'océan, à environ 80 kilomètres au sud de la Floride et reposant à une profondeur de 370 mètres, une pyramide de ce type. Les images obtenues à l'aide d'un sonar ont révélé que sa hauteur équivaut à celle d'un édifice de 20 étages.[41]

### Les remparts

Quand le besoin s'en fit sentir, les ingénieurs atlantes utilisèrent leurs capacités technologiques pour bâtir de gigantesques fortifications. Combinant des pierres et des rochers, ils construisirent des murs énormes pour abriter leurs ports de mer et les protéger des envahisseurs. Finalement, les glaciers se retirèrent et l'eau des fontes s'écoula dans l'océan Atlantique, ce qui poussa les Atlantes à ériger à la hâte des barrières supplémentaires, dans un vain effort pour contenir la mer montante qui recouvrait leurs maisons et ruinait leur vie. En 1977, des Russes photographièrent une partie des installations de défense des Atlantes, lesquelles se trouvent toujours, bien que complètement submergées, au nord de l'île de Madère.[42] Des remparts similaires existent près des îles Canaries et dans les Bahamas. Au sud-ouest de l'Espagne, des ports et des murs formés de gigantesques blocs de pierre témoignent de l'étonnante habileté dont faisaient montre les bâtisseurs, sur le plan de l'ingénierie, à l'époque de l'homme de Cro-Magnon.[43]

Les Apaches ont en mémoire l'un des plus impressionnants remparts construits par leurs ancêtres atlantes. C'est ce mur qu'a décrit le chef Asa Delugio à Lucille Taylor Hansen.[44] Il y a longtemps, un fleuve reliait la Méditerranée, qui n'était alors qu'une petite mer fermée, aux régions plus à l'ouest. Quand les eaux du fleuve frappèrent les hautes falaises à proximité de l'océan Atlantique, elles se divisèrent; une partie s'écoula en contournant la barrière et le reste retomba avec un rugissement terrible par-dessus les falaises. Les deux bras du fleuve se rejoignirent en bas, puis les eaux déchaînées tournèrent vers la gauche, passèrent à travers une gorge et se dirigèrent vers l'océan. Quand le puissant torrent arriva à la « vieille terre rouge » (l'Atlantide), il grugea une partie des terres auxquelles on tenait, et plusieurs ravissantes maisons s'effondrèrent dans la mer. Il en coûta plusieurs vies pour tenter d'empêcher cette érosion, car des ingénieurs mirent des années à ériger un haut mur de protection, mesurant plus de un kilomètre et demi de large, le long de la côte de l'Atlantide. Ce rempart finit par être enterré sous des tonnes de lave et de terre.[45]

### L'Atlantide dans les Caraïbes

Il y a 20 000 ans, certains des Atlantes qui furent forcés de quitter leur terre en raison des inondations et de la surpopulation consultèrent les marins afin qu'ils les aident à choisir un endroit où aller. Les histoires que racontaient les navigateurs au sujet des pouvoirs de guérison des eaux des environs de Murias, dans les Bahamas, en attirèrent plusieurs dans cette région. Les Bahamas regroupent approximativement 700 petites îles ou îlots, qui s'étendent sur plus de 1 225 kilomètres à partir de la côte est de la Floride, en direction d'Haïti. L'ensemble de cette région, connue sous le nom de Bahama Bank, s'est retrouvée à plusieurs reprises soit en-dessous, soit au-dessus de la surface de l'océan. En 20000 av. J.-C., alors qu'une immense quantité d'eau était incorporée aux glaciers, le territoire était beaucoup plus exposé qu'aujourd'hui. Les tremblements de terre ont fréquemment ébranlé la sensible écorce terrestre de la région, poussant la terre à se soulever et à retomber. À l'époque où les Atlantes arrivèrent aux Bahamas, l'actuel fond océanique se trouvait à presque cinq mètres au-dessus de l'eau. Edgar Cayce avait prédit que, en 1968 ou 1969, la partie de l'Atlantide correspondant à Bimini, l'une des îles des Bahamas, émergerait de nouveau et laisserait apparaître les ruines d'un ancien temple. En 1968, des pilotes d'avion ont aperçu des blocs de pierre taillée et des colonnes en-dessous de l'eau à l'endroit que Cayce avait désigné. En 1974, après avoir étudié à fond les lectures de Cayce, le Dr David Zink a mené une expédition à Bimini afin de retracer les vestiges des édifices atlantes. Cet expert en navigation, photographe sous-marin et plongeur expérimenté y a découvert les ruines de structures mégalithiques et de fascinants artifacts, qui l'ont incité à retourner plusieurs fois dans cette région.

À Murias, il y a 20 000 ans, tout se passa bien pour les Atlantes. Les deux médiums qui ont assisté le Dr Zink dans la recherche qu'il a menée à Bimini ont transmis de l'information au sujet de la cité. Ces médiums ont raconté que, y ayant découvert des habitants avancés sur le plan spirituel, des êtres évolués et bienveillants venus des Pléiades décidèrent de se joindre à cette prospère communauté commerciale et religieuse.[46] Prenant en considération l'alignement du soleil, de la lune et des étoiles ainsi que les biorythmes — les subtiles fonctions cycliques, telles que les saisons, la rotation de la Terre et celle de la galaxie, qui rendent la vie d'un organisme possible —, les Pléiadiens supervisèrent la construction des temples et des édifices.[47] Les recherches d'Edgarton Sykes nous ont appris que la cité de Murias, à Bimini, devint le siège du gouvernement dans la région, et que sa vaste infrastructure comprenait un hôpital, un refuge pour les voyageurs en détresse et un chantier naval où il était possible d'effectuer des réparations.[48] Les Atlantes et les Pléiadiens travaillèrent ensemble pour construire, sur une colline s'élevant au-dessus de Murias, un temple charmant voué à la guérison et consacré au dieu Min et à l'oiseau Bennu, qui représentent tous deux le rajeunissement. L'architecture de l'édifice intégrait la géométrie sacrée, en plus de témoigner d'une connaissance poussée de la structure de l'univers, du système solaire et de notre planète. Les dimensions de la grande pyramide d'Égypte révèlent le même genre d'information. La caractéristique la plus inhabituelle de l'immense temple de Murias fut ses fenêtres en cristal, qui lui valurent d'être désigné dans les légendes comme le Temple aux murs translucides.

Des prêtresses hautement évoluées dirigeaient cet édifice unique. Utilisant les plantes et les conseils fournis par les Pléiadiens, elles mirent au point une large variété d'inappréciables potions médicinales dérivées de fleurs, d'herbes et d'autres végétaux. Ces femmes qualifiées employaient aussi le son, en particulier le chant, comme complément aux remèdes qu'elles offraient aux personnes qui venaient demander leur aide et leurs conseils.[49] Le site de Bimini était un lieu idoine pour accroître l'énergie du corps, car l'eau légèrement radioactive des bassins de la région avaient un effet rajeunissant sur les glandes surrénales et pituitaires, et stimulaient la production d'hormones bénéfiques. Le Dr Zink et ses compagnons découvrirent, près du sud de Bimini, des sources chaudes sous-marines riches en minéraux qui émettaient encore des gaz radioactifs. Le fait de nager dans ces bassins améliorait le tonus de la peau, diminuait les rides du visage et soulageait l'arthrite.[50] En plus de contribuer à soigner les problèmes physiques, les installations du temple de guérison de Bimini offraient aux gens la possibilité d'élever leur niveau de conscience et de comprendre qu'ils venaient non pas de cette planète, mais d'ailleurs.[51] Lorsque la population de la région environnante augmenta, les résidents, orientés vers la dimension spirituelle, érigèrent de solides pyramides, qui finirent par être recouvertes par la mer des Caraïbes, mais dont on peut aujourd'hui détecter la présence à l'aide de sonars et par des images aériennes. Des pilotes ont rapporté avoir aperçu de leur avion, alors que la mer était très calme, ces grands édifices pointus.

En 10000 av. J.-C., les eaux de l'océan montèrent rapidement et recouvrirent la cité de Murias, à l'exception du temple de guérison, demeuré en sécurité en haut de sa colline. Ce spa d'une autre époque fut pendant longtemps visité par les marins et les voyageurs irlandais, égyptiens, grecs, phéniciens et carthaginois.[52] En 6000 av. J.-C., le niveau de l'océan grimpa encore une fois. Simultanément, les tremblements de terre fracturèrent le sol, brisèrent les murs de soutènement et firent s'effondrer une partie du bel édifice comme s'il s'agissait d'un jouet de verre. La structure jadis magnifique, avec ce qui restait de ses fenêtres translucides, finit lentement par disparaître. Les légendes au sujet de l'île des Ruines (du temple) et des pouvoirs rajeunissants de Murias continuèrent à attirer les aventuriers et les explorateurs dans la région jusqu'au xvie siècle, l'époque où Ponce de Leon arriva à la recherche de la fontaine de Jouvence.

Il arrive que des plongeurs se retrouvent, sous l'eau, devant les vestiges des édifices que les descendants des Atlantes construisirent dans les Bahamas. Cela se produit surtout après qu'une violente tempête ait perturbé le fond de l'océan. Ces découvertes reçoivent très peu de publicité, car on craint que les chasseurs de trésors les dépouillent de certains objets précieux ou créent des dommages en utilisant de la dynamite afin d'en explorer les dessous. Charles Berlitz décrit les faits relatés par le Dr Ray Brown qui, en 1970, après une de ces tempêtes, explora en compagnie de quatre autres plongeurs des zones sous-marines à proximité des îles Berry, à environ 240 kilomètres de Bimini. Brown raconte que, de leur bateau, ils virent des constructions au fond de l'eau. Ils plongèrent et, à une profondeur d'environ 40 mètres, il atteignit une pyramide. Après en avoir fait le tour, il nagea à l'intérieur d'une ouverture située près du sommet et suivit un passage où il découvrit une boule de cristal tenue par deux mains en bronze.[53] Un rubis, accroché au sommet de la pyramide, était suspendu au-dessus du cristal, créant cette combinaison de deux pierres que les personnes avancées sur le plan spirituel employaient, à l'époque ancienne, pour donner de l'ampleur à la pensée et pour la propager.[54] Brown dégagea la pierre luisante et regagna l'extérieur, anxieux de quitter ce lieu sombre et mystérieux. Il rapporta le cristal chez lui, en Arizona, où il le montra en certaines occasions dans ses conférences. L'objet possède un très fort champ magnétique, et on distingue de plus petits cristaux à l'intérieur. Trois des quatre plongeurs qui accompagnaient Brown le jour où il découvrit la boule de cristal moururent par la suite au cours de plongées aux environs de la pyramide.[55] Cette histoire a également été présentée dans le cadre d'une émission de télévision nationale, *In Search of Atlantis*. Selon le Dr Douglas Richards, un archéologue sous-marin qui participe à des recherches effectuées actuellement dans la région de Bimini, Berlitz aurait peut-être été dupé par Brown, et il se pourrait bien que les événements rapportés soient faux.

En 1957, un homme qui explorait la côte au sud de Bimini découvrit, à environ 12 mètres sous l'eau, une colonne de pierre d'une taille considérable. Selon ce qu'ont transmis des médiums, cette colonne aurait jadis fait partie d'un édifice qui abritait une énorme cristal. La colonne aidait à régler et à orienter le cristal afin qu'il reflète l'énergie du soleil.[56] Les médiums croient que ceux qui vécurent dans la région avant que la mer ne la recouvre utilisaient la colonne et le cristal pour capter et diffuser l'énergie cosmique à la faveur de l'âme de la personne. Des photographies laissent voir un motif particulier formé par les radiations qui émanent du pilier submergé mais qui ne sont pas visibles à l'oeil nu. Des physiciens spécialisés dans l'étude des radiations suggèrent que, en raison du phénomène de l'ionisation, les rayons ultraviolets émis par la colonne augmentent le niveau d'énergie de l'eau, ce qui fait que la radioactivité devient visible sur des photographies sans qu'on ait recours à des films ou à des filtres particuliers.[57] La cartographie établie par satellite en 1984 a révélé la présence, sous la surface de l'eau, de grands motifs géométriques aux coins parfaitement carrés, qui s'étendent sur plusieurs kilomètres dans les environs de Bimini. Ces formes ne sont visibles que du haut des airs. Comme elles sont recouvertes par trois ou quatre mètres d'eau et de sable, on ne peut, en effet, les voir à partir d'un bateau.[58] Un groupe de personnes chevronnées, dont le Dr Douglas Richards, recherchent présentement, dans la région de Bimini, les traces du temple et des eaux curatives évoqués par Edgar Cayce. Ils ont récemment visité le monticule en forme de chat, mais ont été incapables d'établir ce qu'il y avait dessous. La tâche s'est d'une part révélée difficile parce que le site est entouré de mangrove marécageuse. D'autre part, les radars conçus pour sonder le sol ne peuvent être utilisés à travers les eaux de la mer qui ont envahi cette zone. La prochaine étape sera de vérifier l'efficacité des méthodes de prospection sismique. Le groupe procède également à des recherches sur un grand nombre de blocs de pierre taillée, dont l'un mesure environ 3 mètres sur 10 mètres et s'avance en saillie sur un monticule situé à près de 30 mètres de profondeur. Le groupe est optimiste quant aux résultats de l'entreprise et croit qu'il pourrait s'agir de la fouille archéologique la plus fructueuse du XX^e siècle.

### Tiahuanaco

L'ancienne cité de Tiahuanaco, en Bolivie, offre un autre exemple des extraordinaires réalisations auxquelles sont parvenus, sans doute avec l'aide d'extraterrestres, les bâtisseurs de la préhistoire. Les vastes ruines se trouvent aujourd'hui à une altitude incroyable de 3 900 mètres et à environ 300 kilomètres de la côte du Pacifique, mais plusieurs indices tendent à confirmer que la cité fut un jour au niveau de la mer et qu'il existait un passage vers l'océan. Tiahuanaco fut construite au bord du lac Titicaca, une immense étendue d'eau couvrant une région de 8 340 km². La superficie du lac ayant considérablement diminué au cours des siècles, les ruines de la cité sont, de nos jours, à plusieurs kilomètres de la rive. Ses eaux contiennent des traces de sel et des plantes marines venant de l'époque où le lac était beaucoup plus grand et où il atteignait le niveau de l'océan Pacifique, auquel il avait accès. Des morceaux ayant appartenu à des masses rocheuses, des quais pour les bateaux,[59] munis d'anneaux où l'on passait les câbles servant à faciliter le départ des vaisseaux, sont encore visibles.[60]

D'autres facteurs démontrent que la terre autour de Tiahuanaco fut un jour beaucoup plus basse. La présence de squelettes de mastodontes et de paresseux géants, des animaux incapables de survivre à la haute altitude qui caractérise le site des ruines, suggère que le sol s'est élevé à une époque relativement récente, alors que ces créatures existaient encore. Des murettes de pierre typiques de la culture en terrasses et que l'on peut voir sur les montagnes voisines indiquent que la terre était cultivée à des endroits qui se trouvent aujourd'hui à une altitude de 5 500 mètres. On y observe aussi, à la limite des neiges, les fragments d'un système d'irrigation. Malgré l'influence modératrice du grand lac, les plantes se développaient très lentement dans les hauteurs de la cité, située alors à 3 900 mètres, car le sol est extrêmement pauvre à une telle altitude. Les terrasses des montagnes voisines étaient utilisées pour produire la nourriture nécessaire à l'alimentation de l'importante population mobilisée par la construction de la cité à l'époque où la terre était plus basse.[61] Un certain temps après qu'un peuple civilisé s'y soit établi, un bouleversement terrestre déplaça cette crête andine et la cité de Tiahuanaco, dont la hauteur s'éleva de plus de trois kilomètres.

Le professeur germano-bolivien Arthur Posnansky, de l'Université de La Paz, a réalisé des recherches poussées à Tiahuanaco. Ses travaux, traduits par J. F. Shearer, du département d'Études hispaniques de l'Université Columbia, ont été réunis dans *Tiahanacu, the Cradle of American Man*. Posnansky a en fait découvert cinq couches de civilisation. La plus ancienne, caractérisée par des constructions de grès, date environ de l'époque où Murias fut créée. La deuxième civilisation, la plus avancée, vécut à Tiahuanaco pendant environ 15 000 ans. Selon Posnansky, un cataclysme aurait détruit la ville il y a environ 10 000 ans.

Les Atlantes qui suivirent les affluents de l'Amazone et atteignirent Tiahuanaco vers 15000 av. J.-C. découvrirent que des voyageurs de l'Extrême-Orient vivaient à cet endroit. Comme l'a démontré Thor Weyerdahl, en 1947, lorsqu'il se rendit du Pérou à l'Indonésie dans une réplique d'un ancien radeau de balsa, un grand nombre de marins traversèrent l'océan Pacifique aussi bien que l'océan Atlantique, dans les deux directions, à l'époque préhistorique. À Tiahuanaco, les différents groupes d'individus coopérèrent pour créer une magnifique cité, inspirée sur plusieurs plans de la Cité aux portes d'or des Atlantes et comprenant des aqueducs, des temples, des palais et des observatoires. Le peu que nous savons de sa grandeur nous provient de Fray Diego de Alcobaso et des autres religieux espagnols qui visitèrent Tiahuanaco au XVIe siècle, avant qu'elle ne soit pillée par les Espagnols. Des ouvriers y avaient construit des structures atteignant jusqu'à 11 mètres, en utilisant des blocs de pierre parfaitement taillés de plus de 180 tonnes métriques, qu'ils transportaient depuis une carrière située à 80 kilomètres de la cité.[62] La distance sur laquelle les énormes masses rocheuses étaient déplacées, la précision du travail de la pierre et la taille impressionnante des édifices sont autant de caractéristiques des techniques que les extraterrestres mirent en oeuvre à Sumer des milliers d'années plus tard; tout porte à croire qu'ils apportèrent également leur aide à Tiahuanaco.

Les citoyens de Tiahuanaco construisirent, au sommet d'une pyramide tronquée, le plus grand temple du Soleil au monde, auquel ils ajoutèrent un observatoire astronomique et un calendrier de pierre.[63] Posnansky a établi qu'en 9550 av. J.-C., lorsque l'observatoire fut abandonné, les astronomes étaient en train d'observer l'étoile polaire.[64] Les artisans décorèrent toutes les constructions de Tiahuanaco avec de l'or et de l'argent, qu'ils n'avaient aucune peine à trouver. Des boulons d'argent de plus de plus de trois tonnes métriques étaient notamment utilisés pour fixer les immenses mono- lithes.[65] Les ouvriers pavèrent les rues, et les sculpteurs les bordèrent, ainsi que les populaires rives du lac, de statues réalistes représentant les citoyens de la cité en train de boire et de lever leur verre.[66] Des statues d'hommes de race noire et différents signes et symboles provenant de l'Extrême-Orient témoignent du fait que des aventuriers de partout dans le monde visitèrent et habitèrent la magnifique cité.

Les conquistadors espagnols détruisirent presque complètement cette œuvre admirable qu'était Tiahuanaco. Une quantité innombrable de bateaux chargés d'artifacts d'une grande valeur et de métaux précieux firent le trajet vers l'Espagne, où ils furent fondus. Quelques rares objets ont été conservés dans un musée à La Paz. Des pierres provenant des immenses structures furent utilisées pour la construction d'une voie de chemins de fer; on en retrouve aussi, comme matériau, dans certaines rues et certains édifices de La Paz.

Un système routier élaboré reliait jadis le nord et le sud de l'Amérique du sud. La route principale, pavée de pierres parfaitement ajustées, traverse l'Équateur, le Pérou et la Bolivie pour atteindre l'Argentine et le Chili — une distance de plus de 16 000 kilomètres. On peut encore apercevoir des vestiges du réseau complexe des routes secondaires qui reliaient des communautés très éloignées. Le système de transport était très développé et comprenait des auberges où les voyageurs pouvaient passer la nuit, des ponts permettant de traverser les fleuves et les gorges profondes, ainsi que des tunnels de 180 mètres creusés dans les montagnes.[67]

# 5
# L'INFLUENCE DE LA TERRE, DE LA MER ET DU CIEL

*L*es êtres humains réussissent à survivre sur Terre dans la sécheresse presque complète des déserts, où ils doivent consacrer la majeure partie de leur temps à lutter pour trouver de l'eau et de la nourriture. Des peuples habitent des régions isolées, où ils ont très peu la possibilité de voyager ou de vivre un contact stimulant avec des visiteurs. Bien qu'ils soient toujours vivants et continuent de se perpétuer dans un environnement défavorable, leur civilisation n'est pas vraiment en mesure de s'épanouir ou de se développer. Le cas de l'Atlantide fut tout autre — une terre riche offrant des conditions de croissance idéales, l'océan tout autour qui protégeait des envahisseurs et fournissait la possibilité de voyager vers des destinations lointaines; une région suffisamment attrayante pour inciter des visiteurs évolués venus de l'espace à y venir, à y rester pour collaborer à son développement.

Toute les circonstances favorables étaient réunies, et les Atlantes en profitèrent pleinement.

## L'AGRICULTURE

L'Atlantide était un paradis naturel où personne ne souffrait de la faim. Les arbres fournissaient tous les fruits et les noix que l'on pouvait désirer, les côtes regorgeaient de fruits de mer et, dans les champs, les récoltes étaient abondantes. Le repas typique, il y a 20 000 ans, pouvait comprendre des huîtres servies dans leur coquille, du mouton grillé sur le charbon de bois et, pour les végétariens, du riz sauvage bouilli, une salade verte, des fruits frais et une délicieuse tisane.

Le poisson était toujours un mets populaire au menu en Atlantide, mais certains descendants, tels que les Iroquois de l'Amérique du Nord et les Touareg vivant dans les montagnes Atlas, en Afrique, développèrent une tradition qui excluait cet aliment. Leur motif serait que, lorsque survint la terrible dévastation, leurs ancêtres furent noyés sous les vagues et dévorés par les poissons, devenant ainsi eux-mêmes une partie du poisson. Les descendants eurent ainsi l'impression que, s'ils mangeaient du poisson, ils mangeaient leurs ancêtres. Certains Amérindiens croient que s'ils transpercent le poisson de manière rituelle avec un trident, le symbole de l'Atlantide, le mets devient acceptable.[1]

Malgré l'abondance de viande et de poisson, plusieurs Atlantes étaient végétariens. Ces derniers réalisaient que le fait de manger la chair d'un animal épuisait le flux d'énergie à l'intérieur de leur corps, provoquant de la léthargie, un déséquilibre et une plus grande vulnérabilité aux maladies. En outre, la consommation de viande n'était pas propice aux pratiques psychiques.[2]

Les premiers Atlantes étaient sensibles aux vibrations de la nature vivante. Ils étaient conséquemment proches de celle-ci et avaient une attitude de respect à son égard. Une peu de la même manière certaines personnes éveillées sur le plan spirituel ont recours de nos jours à la méditation profonde et à la visualisation pour recevoir les messages des esprits et des formes intelligentes de la nature. On désigne souvent la conscience intelligente et l'énergie vivante des fleurs et des autres plantes sous le nom de devas. Les habitants de Findhorn, une ferme expérimentale située dans le nord de l'Écosse, ont choisi de suivre exactement les conseils qu'ils reçoivent des devas. Ils ont ainsi réussi à constituer une communauté prospère, dont le mode de vie sain et équilibré est axé sur l'harmonie avec l'environnement. Les jardins spectaculaires de Findhorn produisent des légumes dont la taille est remarquable et des fleurs aux couleurs particulièrement vives. Une semblable entreprise, le Center for Nature Research, a été développée avec succès à Jeffersonton, en Virginie. Dans *Perelandra Garden Workbook*, Machacille Small Wright décrit les principes et la dynamique qui animent cette communauté unique, dans laquelle les recommandations des esprits de la nature sont suivies soigneusement et donnent lieu à d'heureux résultats.

Comme les Atlantes communiquaient avec les plantes et avec les fleurs, ils réussissaient à capter les conseils que celles-ci leur offraient. Ces recommandations touchaient, par exemple, le moment opportun pour effectuer les semences, le choix des graines, qui devaient être plantées selon une orientation nord-sud, et la distance à préserver entre chaque plant. Ils apprirent que les légumes feuillus et les autres plantes de jardin qui portent leurs fruits au-dessus sol produisaient mieux lorsqu'ils étaient semés avant la pleine lune. Les plantes à racine comestible connaissent une meilleure croissance lorsque les graines sont plantées pendant ou immédiatement après la pleine lune, avant la nouvelle lune. Les tomates, quant à elles, préfèrent vivre seules. La présence d'un cristal de quartz au centre du jardin est aussi bénéfique. Les Atlantes étaient en contact avec les insectes aussi bien qu'avec les animaux. Lorsqu'un fermier craignait d'avoir des problèmes avec des insectes nuisibles, il plantait pour eux un champ supplémentaire. Lorsque ces créatures commençaient à dévorer une récolte, les Atlantes communiquaient avec leur chef afin de le persuader de quitter le champ et de s'en tenir, lui et ses compatriotes, à l'espace qui leur était réservé.

Les Atlantes utilisaient plusieurs tactiques pour s'assurer que leurs champs produisent des récoltes vigoureuses. Après les semences du printemps, afin d'activer la vie latente dans les graines, ils remplissaient l'air de battements de tambour forts et continus, au son desquels ils dansaient avec ardeur, se livrant à des cérémonies rituelles en hommage à la Terre. Tandis que, embrassant souvent le sol, ils formaient un cercle autour du champ nouvellement ensemencé, les hommes, les femmes et les enfants entonnaient des chants enthousiastes, comme dans une rencontre de renouveau baptiste. Les puissantes vibrations, conjuguées à la compassion à l'égard de la terre, étaient comme une transfusion qu'ils faisaient à la Terre vivante, pour la revigorer à l'aide de cette énergie positive et stimuler la croissance des plantes. Lorsque la pluie devenait nécessaire, les prêtres et les chamans supervisaient des danses et des chants particuliers aux résonnances mélodieuses, dont le son et le rythme tirait l'énergie des nuages afin de les dissoudre en des averses que les Atlantes recevaient le visage tourné vers le ciel. Ces cérémonies stylisées non seulement amélioraient le rendement des récoltes, mais donnaient plus de force à chaque personne. En se livrant à leur culte et en s'immergeant dans leur environnement naturel, ils ne faisaient plus qu'un avec celui-ci et prenaient part à l'énergie de l'univers.

Bien que les soins attentifs, les précipitations abondantes et le généreux ensoleillement contribuèrent à rendre l'agriculture florissante en Atlantide, c'est la richesse du sol qui permit des récoltes aussi abondantes. La terre productive était un mélange de cendre volcanique, de ponce, de lave et d'une petite quantité de sable et de minéraux provenant des éruptions volcaniques. La forte humidité fit que ces matières se décomposèrent rapidement. Le sol, comparable, que l'on retrouve aux Açores aujourd'hui est extrêmement productif et permet aux plantes de croître d'une manière incroyable. Par exemple, les lupins bleus, longs et fuselés, atteignent rapidement un mètre et deviennent si abondants que les fermiers les utilisent comme engrais. Les hortensias colorés, qui poussent à l'état sauvage, remplacent les murs de pierre pour délimiter les routes et les champs pittoresques.

La plaine fertile occupant l'île principale de l'Atlantide s'étendait sur 199 000 kilomètres carrés, ce qui équivaut environ à deux fois la taille de l'Indiana. Un très grand nombre de laborieux fermiers y travaillaient pour fournir la nourriture à plus de 20 millions de personnes.[3] Aujourd'hui, même si elle se trouve sous la surface de l'océan Atlantique, cette région, le plateau des Açores, est recouverte d'un sol riche dont l'épaisseur est considérable.[4] Autour de cette plaine, les Atlantes creusèrent un canal d'une profondeur de 30 mètres, d'une largeur de 180 mètres et d'une longueur de plus de 1 600 kilomètres, afin de transporter l'eau provenant des ruisseaux des montagnes jusqu'à un réseau comprenant plus de 22 000 kilomètres de plus petits canaux. Ces conduits sillonnaient la plaine et avaient plusieurs fonctions. En plus de diviser la terre en lopins pour chacun des fermiers, l'eau courante fournissait l'humidité nécessaire aux deux récoltes annuelles.[5] Les fermiers se déplaçaient sur les canaux au moyen de petits bateaux pour rendre visite à leurs amis. Les Atlantes ajoutaient à leur système d'irrigation de l'eau minérale provenant de sources chaudes, ce qui assurait une taille volumineuse aux plantes à racine comestible.

Lorsque les pluies étaient trop abondantes, un immense lac naturel situé en haut du plateau des Açores servait de réservoir, protégeant les principales zones agricoles des inondations et de l'érosion. Ce très grand lac, devenu la vallée axiale de la dorsale, est aujourd'hui sous l'océan, mais peut facilement être détecté à l'aide d'un sonar.[6] Quand la région était au-dessus de la surface, les pluies surabondantes remplissaient le lac jusqu'à sa pleine capacité, et le trop-plein se déversait par les rivières des montagnes jusque dans les canaux, qui les transportaient à la mer, diminuant ainsi le risque de voir les champs s'inonder.

Les textes sumériens décrivent les germes de blé, d'orge et de chanvre que le dieu Anu envoya jadis comme présent sur Terre depuis sa demeure céleste.[7] Des archéologues ont trouvé que ces céréales, dans leurs formes les plus anciennes, étaient uniformes et déjà très spécialisées, ce qui suppose un processus de développement exigeant des milliers de générations pour que s'effectue la sélection génétique. Les agronomes de l'Atlantide menèrent des expériences pendant des siècles et, sans doute avec l'aide d'extraterrestres, développèrent des plantes destinées à l'alimentation et à la médecine. Nous ne saurons jamais dans quelle mesure les visiteurs de l'espace transmirent des objets ou leur savoir avancé, ni jusqu'à quel point les Atlantes, un peuple marin, diffusèrent cet apport au reste du monde. Cependant, les émigrants atlantes transportèrent sans nul doute les racines et les graines de plusieurs plantes dans les régions entourant l'océan Atlantique. Il y a 15 000 ans, alors qu'il n'y avait pas de pression démographique dans la vallée du Nil et que la nourriture y était abondante, les fermiers plantèrent des variétés non indigènes d'orge et de blé.[8] Ces variétés ne poussaient pas à l'état sauvage à cet endroit, et il aurait fallu des milliers d'années de manipulations attentives pour les produire à partir de plants sauvages. Ce sont les immigrants venus de l'Atlantide, une région où les gens avaient l'habitude de consommer ces céréales, qui les apportèrent en Égypte.

Témoignant à la fois de la richesse du sol en Atlantide, de l'apport des extraterrestres et des voyages qu'entreprirent les marins depuis l'époque la plus lointaine, des personnes qui visitèrent les Açores au XIXe siècle rapportèrent que presque tous les types de végétaux connus de l'humanité poussaient à l'état sauvage sur ces îles fertiles. Cela comprenait des bananes, des pêches, des abricots, des olives, des oranges, différentes variétés de palmiers, plusieurs espèces de cactus, des aloès, des figues, des saules pleureurs et des vignes. Les hortensias, les géraniums et les lauriers-roses étaient énormes, les fuchsias poussaient en abondance dans une variété de couleurs fluorescentes et les camélias japonais ressemblaient à de grands arbres.[9]

Peu à peu, à mesure que la civilisation atlante devenait axée sur les choses matérielles, le style de vie changea et plusieurs familles ambitieuses s'installèrent dans les villes. Les fermiers qui restèrent se retrouvèrent surchargés de travail et pressés par le temps alors qu'ils devaient fournir d'importantes quantités de nourriture pour répondre aux besoins de la population urbaine de plus en plus nombreuse. Ils négligèrent les coutumes du passé, telles que les cérémonies des semences et les rituels destinés à communiquer avec les devas, et cessèrent de tenter de retourner à la terre les éléments nutritifs qu'ils en retiraient. À l'origine, les Atlantes respectaient la terre, le vent, le soleil et l'eau, mais à force d'essayer de maîtriser ces éléments pour produire plus de nourriture, ils perdirent le respect qu'ils avaient à l'égard de la nature et en vinrent à la considérer comme quelque chose qu'ils avaient le droit d'utiliser dans leur seul intérêt personnel. La plus grande partie du sol de l'Atlantide devint moins fertile au cours de la dernière période, et la production diminua encore davantage.

Un autre problème se présenta au cours des dernières années de l'Atlantide. Comme la population s'accroissait, les gens eurent besoin de plus de bois pour bâtir des habitations et comme simple combustible. C'est ainsi que les Atlantes commencèrent à couper aveuglément les arbres et les arbustes sur les versants des montagnes. Cayce rapporte que, vers 10700 av. J.-C., des quantités précieuses de terre furent entraînées par l'érosion vers les vallées et finalement dans la mer.[10] Le phénomène est semblable à ce qui se produit actuellement sur le flanc des montagnes du Népal et d'autres parties du monde, où les populations indigentes coupent les arbres de manière irréfléchie.

## LA NAVIGATION

Lorsque les infatigables Atlantes ressentirent l'envie de sortir des limites de leur île, ils se tournèrent vers l'océan, qui toujours les entourait, afin que celui-ci les oriente vers une nouvelle vie. Ils construisirent, avec du bois et des peaux d'animaux, de petites embarcations à bord desquelles ils prirent la mer. Au début, ces individus entreprenants demeurèrent près des côtes et gravèrent des marques de navigation sur les grands rochers qui bordaient le littoral. Petit à petit, leurs explorations les menèrent vers le large, à l'est et à l'ouest, jusqu'à des terres lointaines. À l'époque où l'humidité était encore contenue dans les glaciers, le niveau de la mer était plus bas et, conséquemment, les îles étaient plus grandes. Les plateaux des continents voisins émergeaient de la surface de l'eau et les distances à parcourir sur la mer étaient plus petites.

La nuit, les Atlantes étaient guidés par les étoiles. Ils apprirent aussi à s'orienter en étudiant les courants et les marées. Ils intégrèrent ces connaissances aux chants monotones qu'ils entonnaient en ramant pour faire avancer leurs longs bateaux étroits. La personne qui dirigeait l'embarcation, à la proue, répétait ces mélodies chantées pendant des heures, parfois durant des jours et des nuits, tout en marquant le rythme à l'intention des rameurs. Les chants, combinés à la vitesse du bateau et à celle des courants, constituaient une excellente carte de navigation permettant de se rendre à des endroits déterminés, tels que Bimini ou d'autres régions où capturer des baleines. Le voyage de retour vers l'Atlantide s'effectuait en reprenant les chants à l'envers.

La construction navale et les techniques de navigation connurent des progrès rapides en Atlantide. Les bateaux faits de peaux tendues sur des cadres de bois se révélèrent assez solides pour supporter des milliers de kilomètres de voyage en mer. Des marins inventifs mirent au point des compas d'une grande précision, qui fonctionnaient grâce à du fer magnétique. Cette réalisation acquit une renommée telle qu'elle est évoquée par Sanchuniathon dans *Legends of the Phoenicians*, où il affirme que le premier dieu du peuple d'Atlantide conçut cet outil à l'aide d'une pierre vivante tombée du ciel. Les compas préhistoriques auxquels il fait référence étaient assez élémentaires, mais efficaces. Un morceau de fer magnétique était placé sur une lamelle de bois flottant dans une coupe ou un coquillage rempli d'eau. Sanchuniathon est un écrivain phénicien qui vécut au XIVe siècle av. J.-C. Ses œuvres ont été traduites par Philo de Byblos au Ier siècle ap. J.-C. Sanchuniathon a tiré son information des inscriptions laissées par les Phéniciens sur des piliers et dans leurs temples.[11] Des fouilles effectuées en Syrie ont confirmé la majeure partie de ce qu'il avait avancé concernant l'histoire et les croyances religieuses de ce peuple.

Lorsqu'ils ne furent plus emprisonnés par la mer, les Atlantes finirent par aimer sa vaste étendue ouverte, ses moments de paix et de tranquillité ainsi que le défi de ses violentes tempêtes. Leurs impressionnants vaisseaux étaient longs de plusieurs dizaines de mètres. Avec leurs rangées de rames et leurs voiles immenses, ils affichaient le serpent comme symbole. C'est grâce à ces embarcations qu'ils parcoururent les océans. Vers 30000 av. J.-C., les Atlantes avaient exploré les vallées fluviales de l'Espagne, de la France, de l'ouest de la Méditerranée et des Amériques du Nord et du Sud. Les messages pictographiques qu'ils ont gravés sur des rochers sont encore visibles aujourd'hui. Des marins audacieux contournèrent l'extrémité de l'Amérique du Sud et explorèrent la côte ouest du continent américain. Ils trouvèrent du goudron dans les champs bitumineux de Rancho La Brea, sur la côte californienne, et l'utilisèrent pour calfater leurs bateaux en bois afin d'améliorer leur état de navigabilité pour entreprendre le voyage vers Hawaï et traverser l'océan Pacifique. Ils y a aussi longtemps que 50 000 ans, des hommes de Cro-Magnon furent enterrés près des champs bitumineux de Rancho La Brea.[12] Ces individus, qui ne possédaient aucune caractéristique asiatique, ne pouvaient qu'être arrivés par la mer. Seuls les Atlantes étaient en mesure de réaliser un tel voyage. Deux des visites qu'ils effectuèrent en Extrême-Orient furent à ce point marquantes que leur trace fut conservée dans d'anciennes danses tibétaines. Ces danses évoquent l'arrivée d'invités venus d'une île de l'Atlantique, qui sont dépeints comme des gens très prospères lors de leur première visite, mais beaucoup plus pauvres à leur deuxième venue.[13]

Les astronomes de l'Atlantide voyagèrent beaucoup sur la mer et transmirent aux scientifiques restés sur la terre ferme les renseignements qu'ils purent recueillir relativement aux éclipses. Il faut couvrir trois bandes longitudinales, moins 120 degrés, sur la surface de la Terre pour prévoir avec précision les éclipses de soleil et de lune.[14] Durant leurs voyages, les astronomes retraçaient, depuis différents endroits, la position du soleil, de la lune et des étoiles, et procédaient à des calculs complexes sur la base de ces observations. Les anciens Grecs eurent accès à une partie de ces connaissances, dont ils apprécièrent la valeur. Ils avaient conscience que notre planète était ronde, qu'elle flottait dans l'espace et tournait autour du soleil. Les Grecs connaissaient aussi la taille relative du soleil et de la lune, ainsi que leur distance par rapport à la Terre.[15]

L'Atlantide fut la première et la plus importante nation commerciale du monde. Au cours de leurs périples, les Atlantes s'enrichirent grâce aux trésors qu'ils découvrirent dans les différentes régions de la planète et, en retour, partagèrent avec d'autres les ressources de leur civilisation avancée. Leurs indications concernant la navigation et la survie en mer furent gardées en mémoire par ceux qui immortalisèrent Poséidon, dieu des mers ayant vécu en Atlantide, porteur d'une tradition de navigation. C'est la tradition maritime des Atlantes qui permit de transmettre aux premières civilisations de partout sur la Terre des connaissances dans les domaines des mathématiques, de la religion, de la construction navale, de la métallurgie, de l'astronomie, de l'astrologie, de l'alchimie, de la médecine, de l'architecture et des sciences occultes.

### La cartographie

Les navigateurs atlantes conservaient leurs cartes de navigation dans des contenants étanches à bord de leurs bateaux. Lorsque la terre fut inondée et que les archives et les cartes furent emportées par les eaux, les bateaux et leurs contenants sécuritaires continuèrent de flotter, et quelques-uns de ces coffres-forts finirent par regagner la terre ferme.[16] Les connaissances inscrites sur leurs cartes marines furent recopiées et conservées précieusement pendant des centaines de siècles dans les contrées sèches de l'est de la Méditerranée et du nord de l'Afrique. Les volumineuses bibliothèques d'Alexandrie et de Carthage abritèrent sans aucun doute plusieurs cartes anciennes. Au cours du haut Moyen-Âge, alors qu'il était considéré comme une hérésie de croire que le monde s'étendait au-delà des colonnes d'Hercule, l'information concernant les terres situées autour de l'océan Atlantique fut soigneusement dissimulée. Quand les conditions s'améliorèrent, aux XIIIe et XIVe siècles, des centaines de cartes très élaborées, comprenant des détails recopiés à partir des cartes dessinées par les marins atlantes, furent imprimées en Europe et au Proche-Orient.[17]

Les cartes qui firent leur apparition au début de la Renaissance contenaient des mesures de la longitude, bien que le chronomètre de marine, l'instrument utilisé pour mesurer la longitude, n'ait été inventé que 400 ans après les réimpressions du XIVe siècle. Les détails des cartes indiquent que les marins qui les ont fabriquées disposaient d'un chronomètre efficace. Le méridien origine de ces cartes fort précises était situé dans l'océan Atlantique, à l'endroit où était l'Atlantide, ce qui indique aussi qu'elles ont été établies par les navigateurs atlantes.[18]

Les cartes de la Renaissance précisent la géographie du nord de l'Europe telle qu'elle se présentait de 13000 av. J.-C. à 10000 av. J.-C. — une moraine parsemée de lacs étranges en bordure de ce qui semble être une calotte glaciaire en voie de se retirer, et des glaciers couvrant le centre de l'Angleterre et de l'Irlande.[19] Les cartes anciennes montrent la présence d'îles directement au-dessus de points élevés dans la partie nord de l'océan Atlantique, à l'endroit où était l'Atlantide avant sa disparition.[20] Le plateau continental à l'ouest de l'Irlande, aujourd'hui à plus de 150 mètres sous la surface, émergeait aussi de l'océan sur ces premières cartes. C'est dans cet état qu'il se trouvait vers 10000 av. J.-C., avant la fonte des glaciers. Les rivières des régions adjacentes à l'océan Atlantique sont dessinées sans les deltas qui mirent des milliers d'années à se former là où ces cours d'eau rejoignent aujourd'hui la mer. Les portulans (ou cartes marines) qui firent leur apparition en Europe avant 1500 ap. J.-C. situent le nord magnétique à l'endroit où il était il y a 12 000 ans, soit aux environs de la baie d'Hudson.[21]

Les cartes des marins atlantes contribuèrent à l'élaboration de la carte du monde de Piri Re'is, découverte en 1929 dans le palais de Topkapi, à Istanbul. Datée de 1513, cette carte ancienne fut dessinée sur une peau de gazelle par l'amiral Piri Re'is. Les notes en marge indiquent que l'information compilée par l'amiral provient d'anciennes cartes grecques qui furent sauvées lorsque la volumineuse bibliothèque d'Alexandrie fut détruite, ainsi que d'une carte utilisée par Colomb, que l'un des esclaves de l'amiral avait accompagné en mer.[22] L'ancienne carte montre l'existence d'une île située dans l'Atlantique, légèrement au nord de l'équateur, à plus de 1 000 kilomètres du Brésil et de l'autre côté de la dorsale médio-atlantique.[23] Les minuscules îles de Saint-Pierre et de Saint-Paul sont tout ce qui en reste aujourd'hui au-dessus de la surface de l'océan. La carte de Piri Re'is situe avec précision les Caraïbes et la côte de l'Amérique du Sud, tout comme les Açores, les îles Canaries et les îles du Cap-Vert.

L'information ayant servi à dessiner la carte de Piri Re'is et celle d'Oronteus Finaeus, qui date de 1531, fut rassemblée avant la dernière période glaciaire. Les deux cartes dépeignent la géographie de l'Antarctique et du Groenland en incluant des rivières et des montagnes, comme ces régions étaient à l'époque préglaciaire, avant que la terre ne soit recouverte de glace et de neige. Les cartographes qui recopièrent les cartes aux XIIIe et XIVe siècles se fiaient à leurs sources et ils ne les modifièrent pas. Toute l'information qui servit à leur élaboration pouvait difficilement avoir été obtenue à partir du sol; l'opération suppose que des observations aient été menées depuis les airs.[24] Lorsqu'ils voyagèrent jusqu'à notre planète à partir d'autres étoiles, il y a de cela des milliers d'années, les extraterrestres observèrent attentivement la surface de la Terre telle qu'on pouvait la voir d'en haut. C'est probablement à eux que l'on doit, de manière indirecte, les détails inusités qui apparaissent sur ces cartes.

**Les dangers de la mer**

Lorsqu'ils étaient en mer, les Atlantes utilisaient leurs capacités psychiques extrêmement développées pour prévoir les ouragans et autres tempêtes dangereuses, mais ces capacités extrasensorielles se révélèrent insuffisantes pour faire face aux plésiosaures et aux autres grands monstres mangeurs d'hommes qui nageaient au large de leurs côtes. Ces effroyables bêtes habitaient principalement les zones marécageuses de la côte ouest de l'Atlantide, où les gens se déplaçaient à bord de petits bateaux pour pêcher dans les eaux relativement peu profondes. Les plésiosaures étaient difficiles à tuer, car ils pouvaient rester longtemps sous l'eau et se mouvoir à des vitesses atteignant 40 kilomètres à l'heure. Quand l'une de ces créatures s'approchait d'un Atlante, celui-ci réussissait tout au plus, avec ses simples armes humaines, à agacer l'animal, sans parvenir à transpercer sa peau épaisse. Les plésiosaures venaient souvent à la surface uniquement pour s'amuser à renverser les frêles embarcations des pêcheurs, qui étaient projetés à l'eau, où ils se transformaient en un délicieux repas. Les monstres devinrent une menace si écrasante que les Amérindiens racontent que les Atlantes finirent par leur jeter des victimes afin de détourner leur attention.[25]

Des rapports relatifs à trois variétés de créatures similaires, dont une fut découverte en 1969 au large des côtes de la Floride, suggèrent que les plésiosaures sont encore parmi nous. Lucille Hansen rend compte d'un article publié dans un magazine à faible diffusion par un étudiant en médecine de l'université de Floride. Le texte en question relate ce qui est arrivé à cinq garçons qui se jetèrent de leur bateau après avoir entendu une longue plainte aiguë venant d'une forme étroite mais imposante qui se dirigeait vers eux. Quatre des garçons disparurent et l'unique survivant entendit les cris de ses compagnons en train d'être dévorés. Un seul des corps fut retrouvé, mais on ne décrit pas dans quelle condition, peut-être parce que le garde-côte avait averti l'auteur de ne pas répéter toute l'histoire, qui aurait attiré une mauvaise publicité au centre de villégiature du coin. Fait intéressant, l'unique survivant affirme avoir senti une odeur forte et désagréable, caractéristique qui est aussi celle du monstre du loch Ness, en Écosse.[26]

### Les Beothuck

Lorsque les inondations et les raz-de marée balayèrent leur pays, plusieurs marins atlantes se réfugièrent sur leurs solides bateaux jusqu'à ce que la tourmente se calme. Aussitôt qu'ils le purent, ils s'établirent le long du littoral atlantique, où demeurèrent leurs descendants, eux aussi amoureux et dépendants de la mer. Quelques-uns de ces descendants, que l'on dit aujourd'hui de la tradition Archaïque Maritime, vivent dans des communautés bien organisées sur les côtes de la Bretagne, du Danemark, du Labrador et du Maine. Les caractéristiques biologiques du crâne et du squelette intracrânien des représentants des peuples Maritimes Archaïques indiquent que ces personnes appartenaient à la même race que certains Amérindiens du nord du continent.[27] Ils n'étaient pas des Esquimaux. Les objets élaborés que des individus appartenant à la culture Maritime Archaïque gravèrent il y a 7 500 ans démontrent que ces peuples intelligents disposaient de temps libre et avaient une pensée hautement développée. Les peuples de la tradition Maritime Archaïque sont aussi désignés, en anglais, par le nom de Red Paint People en raison de leurs techniques de sépulture particulières, pour lesquelles ils utilisent l'ocre rouge. Cette coutume, qui trouve son origine en Atlantide, est reprise partout où les Atlantes se sont établis.

Les Red Paint People, ou Beothuck, parcouraient souvent, par la mer, les 2 800 kilomètre séparant le Maine du Labrador afin d'y chercher du silex et de l'ardoise pour fabriquer leurs outils. Leurs bornes en pierre, ou inukshuks, sont encore là où ils les érigèrent il y a des milliers d'années, quand ils voyagèrent le long des côtes du nord de l'Atlantique. Ils suivaient ces repères d'un point à l'autre, en effectuant de simples calculs géométriques. Leurs bateaux robustes, faits pour prendre la mer, leur permettaient aussi de se rendre très loin au large pour pêcher l'espadon ou d'autres poissons vivant en eau profonde.[28] Les Beothuck ont conservé plusieurs des traits et des habiletés de leurs ancêtres qui fuirent l'Atlantide. Comme ce fut le cas des descendants des survivants établis dans les autres régions du monde, cette civilisation n'a jamais atteint les sommets auxquels les Atlantes étaient parvenus dans leur patrie d'origine.

## L'AVIATION

Les Atlantes, dont le pays était bordé d'eau, se tenaient toujours au courant de la migration des oiseaux prenant librement leur envol pour des terres lointaines. Ils souhaitaient ardemment acquérir une liberté semblable, celle de voler, et apprirent peu à peu à défier les forces de la gravité. Le vol libre, les véhicules pouvant transporter plusieurs passagers et les avions volant dans les airs tout comme sous l'eau, voilà autant d'éléments s'ajoutant au répertoire des accomplissements en matière de technologie aérienne de cette vaste civilisation que constitue l'Atlantide.

### La lévitation

Quelques Atlantes jouissant d'états de conscience hautement développés avaient trouvé le moyen de se déplacer d'un endroit à l'autre sans faire usage de véhicules. Les sorcières savaient surmonter la gravité par la force de leur esprit; elles avaient appris à s'élever au-dessus du sol et à voyager dans l'espace. D'autres individus, ayant atteint un plein équilibre et jouissant d'un bon entraînement, harnachaient, au sein de leur propre corps, l'énergie latente des molécules; exploitant ce pouvoir, ils produisaient tout autour d'eux une énergie individuelle, une sorte de champ de force rotatif.[29] À l'aide de ces vibrations et par la puissance de leur esprit, ils dissolvaient leur corps, transcendaient les forces gravitationnelles naturelles, se déplaçaient en un autre lieu, et se recomposaient. Ces individus exceptionnels, dont l'esprit avait le plein contrôle sur leur personne matérielle, voyageaient où bon leur semblait, sans contraintes spatiales ou temporelles.[30]

Les Atlantes utilisaient l'énergie provenant des ondes sonores pour faire s'élever leur corps et se déplacer sur de courtes distances dans les airs. Des disques de métal antigravitationnels, semblables à de petits plateaux, étaient synchronisés, dès l'enfance, avec les vibrations d'une personne. La voix et la concentration mentale de celle-ci fournissaient les vibrations nécessaires au mouvement.[31] Lorsque la personne chantait les notes justes tout en frappant le disque, elle s'élevait au-dessus du sol et, avec une extrême concentration, se déplaçait dans les airs.[32] Les descendants des Atlantes transmirent cette connaissance relative aux plateaux de lévitation, et celle-ci perdura dans les histoires de tapis magiques des contes des *Mille et une nuits*. Dans l'île caribéenne de Trinidad, on dit que, dans les vieilles terres rouges des temps anciens, une personne qui désirait gravir une colline n'avait qu'à frapper une plaque et à entonner le chant approprié à la destination souhaitée pour ainsi prendre immédiatement son envol vers le lieu en question. Le folklore de la Grande-Bretagne évoque ces plaques métalliques spéciales qui aidaient les gens à voler le long des sentiers du réseau géobiologique. Sur des pierres tombales préhistoriques d'Amérique du Sud, des archéologues allemands découvrirent des artifacts qu'ils nommèrent Klang Platten, ou disques sonores. Les disques ressemblaient à des pendentifs où étaient gravées des images de chauves-souris et d'aigles. On ne connaît pas l'origine de leur nom, mais ils rappellent assurément les plaques de lévitation des légendes. En 1519, le roi aztèque Moctezuma donna à Cortez deux disques plats en or massif. Les plaques, de forme circulaire, mesuraient vingt-cinq centimètres de diamètre; l'une faisait cinq millimètres d'épaisseur, l'autre était plus mince. Ces présents inusités n'étaient peut-être autre chose que des disques de lévitation, conçus pour l'empereur Charles Quint d'Espagne et son épouse, bien que la cour n'ait pas eu conscience des fonctions extraordinaires de ces objets. Les plaques demeurèrent parmi les trésors personnels de la couronne espagnole jusqu'à l'abdication du roi Alfonso en 1931, alors qu'on les dissimula avec d'autres objets de valeur.[33]

### Les ballons à air chaud

En 52000 av. J.-C., alors que la présence de bêtes dangereuses rendait misérable la vie en Atlantide, il devint important de consulter d'autres communautés, souvent situées dans des régions éloignées, mais faisant face à des menaces similaires. Puisque les peuples avec lesquels ils éprouvaient le besoin de conférer ne possédaient pas les moyens de transport adéquats pour se rendre dans leur pays, les Atlantes, inventifs, imaginèrent une méthode pour les conduire jusqu'à eux. Pour le transport aérien, ils créèrent des véhicules inédits en cousant ensemble des peaux d'animaux de grande taille de manière à former de grands ballons semblables à des zeppelins. La forme d'un vaisseau était déterminée par la conformation de l'animal dont il était constitué; c'est ainsi que certains dirigeables avaient l'air d'éléphants ou de mastodontes, alors que d'autres ressemblaient à des ours géants. Edgar Cayce décrit méticuleusement les techniques que les Atlantes utilisaient pour tremper le métal de manière à forger de longs et solides filins pour ces embarcations inusitées. Il rapporte qu'ils remplissaient ces immenses et étranges coquilles d'un gaz qui les faisait s'élever juste assez pour leur permettre de se déplacer dans l'air au ras du sol avec, à leur bord, plusieurs passagers.[34] Il parle également des avions atlantes, qui avaient aussi la capacité de naviguer sous l'eau et se révélaient utiles pour le transport de l'arsenal destiné à combattre les bêtes menaçantes.[35]

### Les bateaux volants

Longtemps après les années 52000 av. J.-C., les êtres humains se rappelèrent la technologie nécessaire à la construction de machines volantes, et les fruits de cette technologie ne furent pas totalement perdus. Les Hopi et autres autochtones d'Amérique décrivent des voyages aériens ayant eu cours dans un lointain passé. Dans les légendes irlandaises et celtes, on retrouve également de nombreuses évocations de ces vaisseaux qui ne nécessitaient ni voile ni aviron et volaient dans les airs. En Extrême-Orient, des comptes rendus détaillés font état de véhicules volants de l'époque préhistorique et comprennent des descriptions précises et réalistes, livrées par les aviateurs eux-mêmes, du paysage terrestre se déployant sous le vaisseau. La *Bhagavata Purana* et la *Mahabaratha*, rédigées jadis en sanskrit, dépeignent l'arrivée de dieux dans des bateaux volants, la construction de véhicules aériens pour les dieux, et un très grand nombre de leurs vaisseaux volants reposant au sol.[36]

Les ingénieux Atlantes, probablement aidés en cela par des extraterrestres secourables, inventèrent plusieurs modes de transport aérien durant les phases successives de la croissance et du développement de leur civilisation. Edgar Cayce donne pour exemple les véhicules volants atlantes rappelant ceux qu'Ezechiel décrit dans la Bible.[37] Utilisant l'énergie dégagée par le soleil, les pilotes conduisaient les vaisseaux, ils les faisaient décoller et se propulser. À une époque plus avancée de l'histoire atlante, ce sont les ondes provenant des centrales électriques, également nourries par l'énergie solaire, qui déplaçaient et contrôlaient les aéroplanes. Cayce décrit une machine volante d'un autre type, semblable à un traîneau bas et plat, volant en ligne droite à neuf mètres au-dessus du sol et capable de transporter de lourds chargements sur de longues distances. Le véhicule était gouverné depuis le sol et mu par un cristal.[38] De même, les rayons émanant du cristal procuraient leur énergie aux petits avions transportant un ou deux passagers et volant à moins d'un mètre au-dessus du sol.[39]

Frederick Oliver décrit des vaisseaux aériens atlantes qu'il nomme *valix*. Ces véhicules, dont la taille pouvait aller de moins de 8 mètres à plus de 90 mètres, ressemblaient à des aiguilles creuses aux extrémités pointues et étaient constitués de feuilles de métal ultra léger qui brillaient dans la nuit. Le plancher et les côtés de ces véhicules conçus pour plusieurs passagers étaient percés de fenêtres disposées en rangées à la manière de hublots, et leurs plafonds étaient munis d'ouvertures laissant passer la lumière. Des livres, des instruments de musique, des plantes d'intérieur, des chaises et des lits douillets ajoutaient aux joies du voyage. Un dispositif spécial de répulsion permettait d'éviter les accidents lors de tempêtes en maintenant les avions éloignés des sommets des montagnes. Lorsque les Atlantes voyageaient au-dessus de la Terre dans ces avions, il leur arrivait fréquemment de jeter par-dessus bord des graines en guise d'offrande au soleil levant.[40] Plusieurs anciens ouvrages indiens décrivent des avions de forme similaire, se déplaçant à aussi grande vitesse que ceux des Atlantes et portant exactement le même nom — le terme *valixi* en constituant le pluriel.[41] En 1884, lorsque Oliver, alors âgé de dix-huit ans, remonta cette filière à partir de Phylos le Tibétain, il ne pouvait avoir une connaissance approfondie de la littérature sanskrite ancienne.

Les techniques de transport datant des temps immémoriaux de l'Atlantide étaient certes fort éloignées de celles que nous connaissons, mais des possibilités illimitées s'offrent à nous dans le champ des énergies fluidiques, photoniques (impliquant la lumière et ses multiples usages) et magnétiques.[42] Peut-être les comptes rendus évoquant l'Atlantide nous procureront-ils l'inspiration nécessaire au développement de nouvelles technologies nous permettant de mieux préserver les ressources énergétiques actuelles, qui s'épuisent à un rythme effréné.

## LES EXTRATERRESTRES

Einstein dit un jour « Je rends grâce au temple des cieux », exprimant ainsi les profonds sentiments de respect et d'émerveillement que tous nous éprouvons lorsque nous contemplons le firmament et tentons de saisir l'étendue de l'univers. Le fait de savoir que près de 40 millions de galaxies reposent au sein de la Grande Ourse, ou encore qu'à toutes les minutes 10 millions de nouvelles étoiles naissent seulement dans la portion d'univers correspondant à la portée de nos télescopes, inspire la déférence et le respect. Notre contemplation pensive des objets célestes au-dessus de nos têtes peut aussi s'accompagner d'anxiété à la simple pensée de tous ces lieux propices à la vie, à la probabilité de n'être pas seuls dans l'univers. La découverte récente de planètes de grande taille à l'extérieur de notre système solaire et en orbite autour d'étoiles semblables à notre soleil nourrit l'idée que d'autres êtres vivants puissent exister quelque part. Sont-ils amicaux et préoccupés de notre bien-être, ou risquent-ils de nous attaquer impitoyablement et de détruire notre civilisation?

Jadis, on savait et admettait couramment, comme cela est le cas encore en certains lieux aujourd'hui, que des visiteurs de l'espace étaient parvenus jusqu'à notre planète. Platon décrit comment le dieu Poséidon s'établit en Atlantide et maria une mortelle qui donna naissance à plusieurs enfants. La théorie de l'origine extraterrestre de Poséidon correspond aux descriptions que fait la Bible des « fils de Dieu qui s'unirent aux filles des hommes ».[43] La Bible dit que ces hommes célèbres de l'époque pré-chrétienne étaient « puissants ». Les exploits surhumains de Poséidon qui, pour construire sa maison, creusa d'énormes canaux et excava le site de la Cité aux portes d'or corroborent cette description.

Dans ses leçons, Edgar Cayce mentionne au passage les extraterrestres. En 1938, il décrit la venue sur Terre, durant les derniers temps de l'Atlantide, de véhicules dont les occupants prévinrent les Atlantes de la destruction imminente de leur civilisation.[44] Dans une autre leçon, il mentionne l'existence de visiteurs provenant d'autres mondes ou planètes et qui se trouvaient parmi nous aux tout débuts de la civilisation maya.[45]

La présence d'étrangers venus du ciel perdure dans la mémoire du monde par la voie des histoires, des mythes et des légendes. Les visiteurs sont communément dépeints comme des dieux descendus sur Terre depuis les airs. L'un des éléments les plus anciens de l'histoire des Zoulous, tribu africaine remontant aux temps préhistoriques, est en rapport avec la venue sur Terre de créatures de l'espace.[46] Les Dogons de l'Afrique du Nord, dont les ancêtres émigrèrent de l'Égypte dans un lointain passé, ont une connaissance approfondie en matière d'astronomie et d'éclipses, et parlent d'une étoile invisible située dans les environs de Sirius. Ils soutiennent qu'ils ont acquis ce savoir par leur contact avec des extraterrestres qui jadis vinrent de la brillante étoile nommée Sirius et passèrent quelque temps parmi eux.

Cela est attesté par l'ancien ordre égyptien des Ammonites, qui relatent que les « Neters », capables de voler dans les airs, de détourner des rivières et d'écrire sur les rochers avec des doigts de feu, quittèrent les confins de l'univers pour se rendre jusqu'à eux. Les Ammonites ont la conviction que ces êtres se marièrent et vécurent parmi eux, de même qu'avec les Dogons et les Tutsi.[47] Le Popol-Vuh, livre sacré des tribus quiché d'Amérique centrale, décrit des visiteurs célestes qui utilisaient la boussole, savaient que la Terre était ronde et comprenaient les secrets de l'univers. En Extrême-Orient, d'anciens livres brahmanes enjoignent les amis du cosmos d'apporter sur Terre des fruits et des grains jusqu'alors inconnus.[48]

La Bible comprend des références qui peuvent être attribuées à une présence extraterrestre. Le terme véhicule spatial ne fait certes pas partie du vocabulaire biblique, mais on note plutôt l'emploi du mot chariots, allusion au mode de transport de base utilisé à cette époque.[49] Les décollages sont décrits comme des tourbillons — « Élie monta au ciel dans un tourbillon. »[50] Les pilotes prenaient le nom de conducteurs de char.[51] Dans la Bible, on appelle parfois « Seigneurs » certains hommes remarquables venus de l'espace qui sont aussi décrits comme voyageant dans une nuée rapide ou dans un chariot de nuages.[52] Les deux « anges » qui visitèrent Lot et passèrent la nuit avec lui avant la destruction de Sodome étaient selon toute vraisemblance des extraterrestres.[53] Il est également possible qu'un véhicule transportant des astronautes ait été à la source de la fumée et du feu marquant l'arrivée du Seigneur sur le Mont Sinaï au temps de Moïse.[54] Des faits similaires sont évoqués dans Ézéchiel 1:4-5 : « Je regardai, et voici, il vint du septentrion un vent impétueux, une grosse nuée, et une gerbe de feu, qui répandait de tous côtés une lumière éclatante, au centre de laquelle brillait comme de l'airain poli, sortant du milieu du feu. Au centre encore, apparaissaient quatre animaux, dont l'aspect avait une ressemblance humaine. »

Des réalisations extrêmement perfectionnées apparues sur Terre des milliers d'années avant notre propre civilisation sont attribuables aux conseils et à l'assistance d'extraterrestres avisés. Cela comprend les gigantesques ruines de Stonehenge et de Tiahuanaco et la forteresse de Sacsayhuaman, de même que les murs du Pérou, contenant des pierres taillées à la perfection et pesant parfois jusqu'à 360 tonnes. Témoin aussi l'exemple des chasseurs-cueilleurs vivant à Sumer, entre le Tigre et l'Euphrate; en 4000 av. J.-C., ces primitifs développèrent une civilisation raffinée sur le plan matériel et spirituel. Leurs accomplissements sont exposés en détail dans des documents écrits qu'ils produisirent dès le troisième millénaire av. J.-C., y compris dans ces 25 000 tablettes d'argile découvertes au début du XX<sup>e</sup> siècle dans la bibliothèque de Nineveh, ancienne capitale royale. Zecharia Sitchin traduisit méticuleusement les descriptions qu'on retrouve dans plusieurs de ces textes et qui ont pour objet les temples, les pyramides, l'astronomie, l'expertise en métallurgie, les mathématiques supérieures et autres accomplissements remarquables. Les manuels médicaux traitent d'anatomie humaine, de diagnostics, de traitements, de procédés chirurgicaux et même de frais payables aux chirurgiens pour les interventions réussies. Dans l'ensemble de leurs documents, les Sumériens évoquent les dieux qui arrivèrent des cieux dans des vaisseaux. Ils avaient une allure humaine, portaient des casques, possédaient des armes et étaient à la source du savoir sumérien.[55] Qui donc étaient ces doctes dieux et déesses? Sitchin croit que ceux qui visitèrent les Sumériens environ 4 000 ans av. J.-C. provenaient de la dixième planète. Il met à notre disposition plusieurs exemples extraits des tablettes sumériennes soutenant cette hypothèse à l'effet que des êtres intelligents issus de la dixième planète vinrent sur Terre il y a de cela 450 000 ans et par la suite la visitèrent tous les 3 600 ans, lorsque la longue orbite de leur monde les rapprochait du nôtre.

Les créatures de l'espace qui voyagèrent vers la Terre à travers les âges provenaient vraisemblablement des Pléiades, un amas d'environ 300 étoiles sis dans la constellation du Taureau. Bien qu'elles soient situées à 400 années-lumière de notre soleil, sept de ces étoiles sont visibles sans télescope. Presque toutes les civilisations du globe font référence aux Pléiades et aux séjours fréquents de leurs habitants sur notre Terre. Le cycle de cinquante-deux ans des calendriers stellaires hopi et navajo est basé sur un cycle qui coïncide avec le lever et le coucher des Pléiades. L'initiation des jeunes hommes selon les rites religieux des Hopi n'a lieu qu'une fois que les Pléiades en sont à leur zénith.[56] Dans la Bible, le Seigneur demande à Job: « Noues-tu les liens dès Pléiades? » Des légendes britanniques disent des Pléiades qu'elles servent de domicile à des dieux célestes géants qui un jour visitèrent la Terre.[57] Les menhirs de Callanish, et autres monuments de pierre préhistoriques qu'on rencontre en Écosse, sont alignés avec la position qu'occupent dans le ciel les Pléiades à l'équinoxe ou à d'autres dates astronomiques significatives. Selon l'ancienne tradition, l'Halloween doit être célébrée lorsque les Pléiades sont haut perchées dans le ciel.

Les légendes nous disent que les terres idylliques de l'Atlantide attirèrent des visiteurs des Pléiades; ceux-ci l'apprécièrent tant qu'ils convinrent d'y demeurer. De la bouche de Dhyani Ywahoo, une Cherokee de la 37ᵉ génération qui partage l'ancienne sagesse héritée de ses grands-parents et arrière-grands-parents, on apprend que, il y a de cela fort longtemps, des gens venus des étoiles connues sous le nom des sept danseuses (ou Pléiades) atteignirent les cinq îles de l'Atlantide et s'y installèrent avec contentement. Les Cherokees soutiennent que lorsque plusieurs Atlantes eurent abusé de leurs pouvoirs sacrés et laissé leurs mœurs se corrompre, les îles finirent par se désintégrer. Leurs demeures se retrouvant en ruines, les ancêtres atlantes des Cherokees firent cap vers l'ouest jusqu'au continent américain.[58] Le souvenir des relations étroites que les Atlantes entretenaient avec les créatures intelligentes venues des Pléiades perdure dans le mythe grec du dieu Atlas qui donna naissance à sept filles, les sept étoiles des Pléiades. Dans les textes occultes, cette constellation est également dépeinte comme le cœur de la zone que nous occupons dans la galaxie.

Des êtres célestes continuent de venir visiter la Terre, leur présence est rapportée pas moins de 70 000 fois par année.[59] Bien qu'une grande partie de ces comptes rendus doivent être écartés car ils sont le fruit d'une méprise, il en subsiste encore un nombre impressionnant. La présence des extraterrestres n'est pas aussi ouvertement reconnue qu'elle l'était jadis. Tous nos récents présidents promirent, durant leur campagne, de rendre publique l'information sur les ovnis, mais une fois qu'il fut élu et mis dans le secret, chacun refusa désormais d'aborder la question. Cette attitude a pour nom « Syndrome du président silencieux ». Peut-être craignaient-ils que la diffusion de cette information ne provoque une panique générale, les gens découvrant ainsi que les créatures intelligentes qui surent développer la technologie nécessaire pour se rendre sur notre petite planète à partir d'un monde situé à des centaines d'années lumière de celle-ci seraient tout aussi en mesure de détruire la race humaine. La politique actuelle du gouvernement états-unien consiste à détruire toute information sur les ovnis, mais des témoignages crédibles émergent régulièrement. Lorsque furent abolies l'amende de 10 000 $US et la sentence de dix années de prison pour tout membre des forces armées évoquant en public la question des ovnis, les pilotes rendirent immédiatement publiques quelque 24 000 occurrences.[60] Les 500 employés du Center for UFO Research de la Northwestern University, maintenant appelé la Heineck Foundation, ont enregistré plus de trois cents mille rapports signalant la présence d'ovnis.

Après avoir quitté la Terre, les astronautes se livrèrent à plusieurs expériences à l'aide d'étranges véhicules à équipage complet. Lors d'une expédition, un docteur faisant partie de l'équipage d'un vaisseau spatial états-unien pressa sur le mauvais bouton, diffusant ainsi accidentellement son commentaire au grand public. Il dit: « NASA, nous avons toujours le vaisseau étranger en vue. »[61] Le monde eut vent d'un autre incident similaire une nuit où les astronautes étaient endormis dans une capsule. Les autorités de la NASA, à Houston, prévinrent les membres de l'équipage qu'ils se trouvaient sur une trajectoire les menant à la collision, car sur les écrans du Texas s'affichait une brillante lumière fonçant droit sur le vaisseau américain. En raison de ces incidents inexplicables, et d'une série d'autres événements similaires qui laissent croire que des ovnis suivent et surveillent nos véhicules lorsqu'ils s'éloignent de l'atmosphère terrestre, les ex-opérateurs de navettes s'emploient à faire avancer la recherche en matière de vie extraterrestre.

Il est très difficile de photographier des ovnis. Des observations à l'aide d'instruments hautement perfectionnés ont révélé que les véhicules atteignent des vitesses de 16 800 km/h, ce qui laisse peu de temps pour mettre au point la caméra et prendre une photo.[62] Le problème est d'autant complexifié que les vaisseaux peuvent voler de manière erratique et qu'ils peuvent effectuer des virages inattendus et semblant impossibles. De plus, si les photographes potentiels ont une pensée pour le geste qu'ils sont en train d'accomplir, les pilotes extraterrestres paraissent les détecter, si bien qu'ils se soustraient immédiatement à leur vue. L'approche la plus efficace consiste à filmer de manière automatique et impassible.

En dépit de ces difficultés, il existe des centaines d'images. Au colloque sur les ovnis de l'Association for Research and Elightenment tenu à Virginia Beach en mai 1995, les astronomes James Mullancy et Ray Stanford, qui fondèrent en 1964 le projet Starlight International, dont la mission était d'étudier les ovnis à titre de phénomène physique, projetèrent les diapositives d'innombrables vaisseaux spatiaux. Leurs photographies montraient clairement des véhicules de différentes formes et tailles. Parfois, des images d'appareils identiques avaient été saisies en un court laps de temps en différents points du globe, captant les objets se déplaçant d'un continent à l'autre. Stanford fait état également de l'information obtenue grâce aux ordinateurs utilisés dans l'étude des ovnis. Certains d'entre eux sont programmés pour enregistrer, grâce aux variations de couleur, l'énergie des champs électromagnétiques entourant les vaisseaux spatiaux lorsqu'ils passent en trombe au-dessus de nos têtes. D'autres ordinateurs mesurent les ondes magnétiques et gravitationnelles émises par le véhicule. L'enregistrement simultané de ces deux types d'ondes donne à croire que les « intelligences » extraterrestres ont peut-être mis à jour une relation entre la gravité et le magnétisme, chose qu'Einstein ne parvint jamais à découvrir.[63]

Le sentiment de respect que nous éprouvons lorsque nous contemplons l'univers et évaluons les possibilités d'une vie autre dans le lointain espace peuvent aisément faire place à la peur et à l'inquiétude pour notre sécurité future. Peut-être des visiteurs venus des cieux ont-ils ravagé sauvagement notre planète par le passé, mais ils ont aussi aidé les Sumériens à atteindre un niveau de vie des plus élevés durant le troisième millénaire. Les similitudes frappantes entre la civilisation perfectionnée de Sumer et la culture développée par les Atlantes, des milliers d'années auparavant, nous font croire à une activité extraterrestre en Atlantide.

# 6
# LA SCIENCE

*T*out comme le réseau de canalisation, les temples, les palais, les tunnels et les quais de la Cité aux portes d'or révèlent, dans toute leur complexité, l'indéniable habileté des Atlantes et de leurs conseillers extraterrestres sur le plan de l'ingénierie, les méthodes uniques qu'ils utilisèrent pour obtenir de l'énergie témoignent d'un talent et d'une créativité remarquables. Le temps fut pour eux un facteur majeur de réussite. En effet, la dernière civilisation atlante s'est développée sur une période de 20 000 ans, dépassant de beaucoup en durée la civilisation actuelle. Les Arabes, les Égyptiens, les Grecs et les Romains eurent accès à la partie des connaissances scientifiques atlantes qui fut conservée dans les bibliothèques de la préhistoire du monde occidental. Durant la Renaissance, des érudits à l'esprit ouvert et curieux se tournèrent vers l'étude de cette tradition ancienne, et ce fut la naissance de l'Ère scientifique que nous connaissons. Nous commençons à redécouvrir et à maîtriser certaines des connaissances et des compétences que possédaient nos ancêtres, mais nous n'avons encore exploré qu'une parcelle de leur savoir.

## L'ÉNERGIE

Les premiers Atlantes tiraient l'énergie d'une source inhabituelle au sujet de laquelle Rudolph Steiner, un scientifique et spécialiste des sciences occultes autrichien, a pu s'instruire en consultant les archives Akashic. Les archives Akashic constituent la mémoire illustrée de tous les événements, actions, pensées et sentiments survenus depuis le début des temps. Cette information est inscrite sur l'Akasha, la lumière astrale, qui se trouve au-delà de l'univers sensoriel des êtres humains. Y ont accès les individus qui atteignent un état modifié de conscience. Ayant comme source les archives Akashic, Rudolph Steiner expose comment ce peuple préhistorique était en mesure d'exploiter la « force de vie », ce noyau présent à l'intérieur de toute entité vivante, pour créer de l'énergie. Les plantes étaient cultivées non seulement pour leur valeur alimentaire, mais aussi en raison des forces latentes présentes en elles et que les Atlantes convertissaient en flux énergétique.[1] Ainsi, par exemple, lorsque nous plantons un grain de maïs, bien sûr nous l'arrosons, mais nous attendons essentiellement que « la nature suive son cours ». Les Atlantes conçurent un moyen de transformer un tas de grains en énergie active. John Michell mentionne, dans ses recherches, que les aborigènes d'Australie, dont la civilisation a très peu changé au cours des derniers 40 000 ans, s'inspirent d'un concept similaire. Ces aborigènes croient en effet que toute chose peut dégager de l'énergie si l'on exécute les rituels appropriés.[2]

### La lévitation sonique

Dans les premiers temps de leur civilisation, alors que leurs corps et leurs esprits étaient pleinement conscients, bien dirigés et équilibrés, les Atlantes réussissaient à utiliser la lévitation sonique pour soulever les objets massifs avec lesquels ils construisaient les édifices et les monuments. Un groupe de personnes, en se concentrant intensément, parvenait à orienter l'énergie produite par les ondes sonores de manière à faire monter et redescendre des blocs de pierre extrêmement lourds sans aucun outil mécanique.[3] Pour accomplir cet impressionnant exploit, plusieurs personnes devaient se tenir par la main et, au son des tambours et des cymbales, danser en cercle autour de l'immense masse rocheuse, en faisant porter leurs chants selon certaines prescriptions. Tandis qu'ils se concentraient sur le bloc de pierre, l'intensité de leur force mentale se conjuguait avec l'énergie produite par les pulsations sonores pour soulever puis abaisser le lourd objet. Avec le temps, les ingénieurs perfectionnèrent des gongs soniques ajustés à la fréquence appropriée au déplacement des objets pour compléter et finalement remplacer les vibrations créées par les voix puissantes et le tapement des pieds.[4] Ils s'agissait ainsi de frapper un gong en contrôlant avec précision sa tonalité de manière à ce qu'il résonne dans la matière devant être déplacée, puis en laissant le son se prolonger tandis que chacun se concentrait. Ces conditions réunies permettaient de vaincre la gravité et de transporter l'objet dans les airs jusqu'à l'endroit désiré. Il est possible que cette capacité de déplacer de gros objets à l'aide des ondes sonores ait été conservée et utilisée au moment de la construction des pyramides d'Égypte, car les tablettes sumériennes précisaient que le son peut soulever la pierre.

Il est possible d'observer, à plus petite échelle, comment les Atlantes réalisaient leurs exploits au moyen du son et du pouvoir de concentration. Les Russes ont mené des expériences sur la concentration de l'énergie mentale et ont réussi à déplacer de petits objets sans les toucher.[5] Un autre exemple est celui du village de Shivapur, dans l'ouest de l'Inde, où les visiteurs sont invités à soulever un bloc de granit de 55 kilos. Suivant attentivement les instructions, onze personnes doivent former un cercle autour du bloc de pierre, en le touchant avec leur index droit. Tandis qu'ils psalmodient dans un registre aigu le nom de Qamar Ali Dervish, le saint patron de la mosquée voisine, le bloc s'élève lentement dans les airs, puis retombe avec fracas sur le sol. Les autres sons n'ont aucun effet gravitationnel sur la masse de granit.[6] Les traditions des Amériques centrale et du Sud évoquent toutes les deux l'époque lointaine où le son était utilisé pour déplacer dans les airs d'énormes blocs de pierre taillée. Voyons ce que nous dit un ancien poème chinois : « Au temps jadis, les rochers marchaient. Est-ce vrai ou faux? Au temps jadis, les rochers pouvaient marcher. Cela n'est pas faux mais vrai. »[7]

Il a été démontré de différentes façons que les vibrations sonores pouvaient produire de l'énergie. En 1891, John Worrell Keeley a démarré un moteur dans son laboratoire de New York avec l'énergie des pulsations sonores produites par les cordes d'un violon. Le moteur, placé à environ six mètres, se mettait en marche dès que les notes appropriées étaient jouées. Il s'arrêtait lorsque le violon émettait des notes dissonantes. Keeley mit aussi au point avec succès diverses méthodes innovatrices pour vaincre la gravité, mais malgré ses expériences inégalées, ou peut-être à cause de celles-ci, il fut beaucoup ridiculisé. Une nuit où il était déprimé et découragé, il brûla tous ses papiers, détruisit ses modèles et ses appareils, et mourut.[8] La lévitation sonique a été utilisée plus récemment dans une navette spatiale. Un verre a été maintenu fermement en suspension par des ondes sonores tandis qu'on faisait l'expérience de le fondre pour lui donner la forme d'une fine lentille. Cette intervention surprenante est possible dans un véhicule spatial parce que, en raison de l'absence de gravité, la lévitation n'exige pas un son d'aussi grande intensité. Une fois que le procédé sera perfectionné, les ingénieurs optiques réussiront à fabriquer des lentilles plus minces et plus complexes avec moins de couches de matériaux.[9]

Les transducteurs électromagnétiques, les cristaux de quartz et certains sifflets particuliers offrent d'autres exemples de production d'énergie par la réverbération sonore. Tous produisent de puissantes vibrations ultrasoniques que l'oreille humaine ne peut capter. Une utilisation bien connue des ondes ultrasoniques est le sonar, appareil dont on se sert notamment pour cartographier les fonds marins. Bien utilisés, les ultrasons peuvent accroître le mouvement des molécules dans les liquides, générer de la chaleur, fissurer les solides et tuer les germes. Les ultrasons sont aussi une technique de diagnostic reconnue qui fournit aux médecins des images des organes internes. Des ondes ultrasoniques suffisamment fortes peuvent tuer un animal ou un être humain, tout comme le feraient des ondes infrasoniques d'égale puissance que l'oreille humaine ne peut non plus capter.[10] Alors que nous réapprenons à utiliser les ondes sonores, nous pouvons mieux comprendre l'étonnante capacité des Atlantes qui en exploitaient la puissance pour déplacer d'énormes blocs de pierre.

### Les gaz et les lasers

Les Atlantes expérimentèrent avec persévérance des méthodes en vue d'obtenir de l'énergie de différentes sources naturelles. Après la dernière conférence de 50722 av. J.-C., alors qu'ils tentaient de se débarrasser des énormes animaux dangereux qui infestaient leur région, des générations de scientifiques travaillèrent intensivement à concevoir des armes pour se défendre contre ces bêtes. L'une de leurs premières tentatives fut l'emploi de gaz toxiques. Lorsque les gaz nocifs en question furent prêts, les désespérés Atlantes essayèrent avec optimisme d'utiliser le vent pour les souffler dans les larges grottes où vivaient les redoutables animaux.[11] Seulement les jeunes bêtes moururent, et les brises irrégulières ramenèrent les dommageables poisons vers les spectateurs, qui furent pris au dépourvu. Pendant ce temps, incommodés, les plus gros animaux sortirent de leur abri et, comme un essaim d'abeilles irritées, ils attaquèrent tout ce qui était à leur portée. Pendant des centaines d'années, les Atlantes continuèrent de chercher des moyens de combattre les abominables animaux. Ils mirent au point différents types d'explosifs qui se révélaient efficaces mais difficiles à contrôler.[12] Edgar Cayce décrit les puissants rayons, semblables à des lasers, que des techniciens atlantes expérimentés, postés en un lieu central, dirigeaient sur les bêtes.[13] La lumière intense en tuait quelques-uns, mais insuffisamment pour régler le problème. Les lasers sont l'un des nombreux éléments des lectures de Cayce qui semblaient invraisemblables à l'époque où il les décrivit, mais dont l'exactitude se révéla plus tard. Les lasers ont été réinventés dans les années soixante, trente ans après qu'il en ait fait mention.

### L'énergie nucléaire

L'expérimentation continue conduisit finalement au développement de la puissance nucléaire. Les marchands qui parcouraient les mers fournirent aux laboratoires de l'Atlantide l'uranium rapporté des mines situées près des fleuves menant à l'océan, notamment aux environs du Gabon, en Afrique de l'Ouest, où il se fit anciennement beaucoup d'extraction minière. Sans doute grandement conseillés par leurs visiteurs de l'espace, les scientifiques exposèrent la matière dangereuse à d'importants flux d'énergie solaire et arrivèrent à fissurer l'atome. L'énergie nucléaire put bientôt être utilisée.[14] Elle se révéla efficace pour détruire les gros animaux, mais, selon Edgar Cayce, son mauvais emploi ne tarda pas à provoquer des tremblements de terre et de fortes éruptions volcaniques, amorçant la première dévastation majeure que subit, vers 50700 av. J.-C., la civilisation Atlante.[15] L'énergie nucléaire était encore disponible durant la dernière période de l'Atlantide, car les effets terribles des dangereuses armes employées par les Atlantes lors de la bataille en Inde sont décrits en détail dans le *Mahabharata* et le *Ramayana*.[16] Ces manuscrits décrivent un combat féroce qui se termina par une explosion aveuglante, suivie d'un nuage de fumée s'élevant dans le ciel pour s'étendre en formant de grands cercles. Des éléphants en flamme retombèrent avec fracas sur le sol et les oiseaux en vol devinrent blancs. Les survivants humains s'agglutinèrent en tentant de fuir et d'échapper à la cendre qui tombait du ciel. Leurs dents et leurs ongles finirent par tomber. Des squelette, dont on a établi plus tard qu'ils étaient radioactifs, furent trouvés sous les anciennes cités indiennes de Mohenjo-daro et Harappa.[17] La position des corps laisse supposer qu'il sont tombés alors qu'ils s'enfuyaient en courant.[18]

D'autres sources ou indices témoignent d'épisodes de destruction apparemment causés par l'emploi immodéré de l'énergie nucléaire pendant la préhistoire. En 1947, dans la vallée de l'Euphrate, des archéologue qui procédaient à des fouilles à travers plusieurs couches de civilisation finirent par découvrir une culture troglodyte qui vivait sur une surface dure constituée de verre fondu. La composition du sol sous leurs habitations était semblable au sol désertique d'Alamogordo, au Nouveau-Mexique, après les essais de la première bombe atomique.[19] Selon Zecharia Zitchin, les extraterrestres furent à l'origine des explosions atomiques qui se produisirent dans la péninsule du Sinaï en 2023 av. J.-C. Les textes sumériens décrivent un épais nuage qui s'éleva dans le ciel, suivi de « fortes rafales de vent » et d'une violente tempête brûlante.[20] Le résultat fut que toutes les formes vivantes moururent, sauf quelques plantes affaiblies qui continuèrent de pousser sur les rives du Tigre et de l'Euphrate.[21] Le Dr Oppenheimer, qui contribua à mettre au point la bombe atomique et à qui on demandait, après le premier essai réussi, s'il s'agissait de la première bombe atomique, aurait paraît-il répondu qu'ils s'agissait de la première de l'histoire moderne.[22]

## L'énergie des cristaux

Au cours de leurs longues civilisations, les Atlantes mirent au point d'autres sources d'énergie qui sont pour nous relativement nouvelles. Alors qu'ils travaillaient à la reconstruction et menaient des recherches sur l'utilité des cristaux pour récupérer l'énergie du soleil, les scientifiques acceptèrent, en 48000 av. J.-C., l'aide des êtres venus de l'espace.[23] Suivant leurs conseils, ils taillèrent avec précision un gros morceau de cristal de quartz, qui devait servir de convertisseur d'énergie solaire, et l'installèrent au sommet d'une tour. Ainsi exposées, rapprochées du ciel, les facettes du cristal pouvaient capter l'énergie provenant des rayons du soleil, comme le font aujourd'hui les miroirs paraboliques. La construction érigée par les Atlantes était recouverte d'un matériau non conducteur semblable à l'amiante, peut-être de la serpentine.[24] Edgar Cayce donne une description détaillée du cristal et de son support, qui disposait d'un toit amovible placé au-dessus des pierres, de manière à laisser entrer les rayons du soleil selon le besoin.[25] Grâce à cette énergie solaire, les ingénieurs atlantes faisaient fonctionner une large variété d'appareils sans polluer l'environnement. Malheureusement, en 28000 av. J.-C., un accident fatidique se produisit, et une quantité considérable de la puissante énergie, emmagasinée dans des réserves souterraines, explosa. Le choc qui s'ensuivit perturba le délicat équilibre sismique de l'écorce terrestre, contribuant à déclencher des tremblements de terre qui, une fois de plus, éveillèrent les volcans toujours prêts à éclater. Les connaissances relatives au cristal furent précieusement conservées et, pendant la majeure partie des 20 000 ans de la dernière civilisation, les rayons du soleil continuèrent de fournir leur énergie aux Atlantes.

Ces cristaux qui transmettent et réorientent les courants d'énergie sont probablement encore actifs dans le nord de l'Atlantique. En 1989, l'équipage d'un sous-marin russe a rapporté que, alors qu'ils filmaient le fond océanique à plusieurs centaines de kilomètres à l'est des Açores, les moteurs s'arrêtèrent soudainement et les aiguilles des instruments s'agitèrent puis se mirent à tourner en sens inverse. L'équipage se comporta bizarrement et sentit un malaise. Cet état des choses dura environ quinze minutes avant que les conditions ne redeviennent normales. C'était comme si un mystérieux champ énergétique avait affecté le sous-marin et ses occupants. Le capitaine demanda la permission d'accoster à Ponta Delgada, aux Açores, afin que son équipage terrifié puisse recevoir une aide psychologique.

Le personnel des bateaux et des avions qui ont traversé le triangle des Bermudes, une large zone située dans l'océan Atlantique à l'est de la Floride et des Bahamas, ont relaté des histoires similaires. Plusieurs bateaux ainsi que des avions volant à basse altitude ont disparu dans cette région, car il arrive à cet endroit que les moteurs perdent leur puissance ou que les compas et autres appareils de navigation deviennent irréguliers et cessent même de fonctionner. Le 9 novembre 1956, un bombardier P5M qui patrouillait dans les environs s'est volatilisé avec ses dix membres d'équipage. Sa mission fut classée secrète, mais il transportait un instrument servant à étudier la densité des flux magnétiques ou les phénomènes magnétiques anormaux.[26]

Il est possible que nous en connaissions un jour davantage sur les recherches que les Atlantes ont menées, avec succès, sur l'utilisation des cristaux pour capter l'énergie des rayons du soleil. Edgar Cayce affirme que les archives relatives à leurs convertisseurs solaires sont accessibles à trois endroits dans le monde. L'un d'eux se trouve dans la partie submergée de l'Atlantide, près de Bimini; un autre est en Égypte, dans le Tombeau des archives, lequel « faisait partie de la Salle des archives, qui n'a pas encore été découverte. Il se trouve entre, ou le long de cette entrée du Sphinx vers le temple, ou la pyramide; bien sûr, dans sa propre pyramide. »[27] Quant au troisième, Cayce dit ce qui suit dans une lecture datée du 20 décembre 1933 : « Un emblème semblable est auYucatán. Précisons ceci, car il pourrait être trouvé plus facilement parce qu'ils l'apporteront dans cette Amérique, ici aux États-Unis. Une partie sera apportée, quand nous la trouverons, au *Pennsylvania State Museum*. Une partie sera apportée à Washington, là où on conserve ce genre de découvertes, ou à Chicago. »[28] La lumière n'a pas été faite sur cette information, bien que des scientifiques aient récemment découvert des cavités sous le Sphinx et autour de celui-ci.

### Les champs magnétiques et les réseaux géobiologiques

Les Atlantes respectaient leur environnement et, travaillant un peu à la manière des sourciers, ils prirent conscience des flux d'énergie magnétique qui couvrent la surface de notre planète. La source de ce magnétisme terrestre se trouve dans le fer en fusion à la surface du noyau, dans la partie centrale de la Terre. Le mouvement constant des électrons qui se déplacent librement dans le fer liquide crée un courant produisant un champ magnétique.[29] L'intensité du champ magnétique à la surface de notre planète varie d'un lieu à un autre, selon la journée ou encore sur de longues périodes de temps. Sa force, dont rendent compte les cartes isomagnétiques, est mesurée horizontalement et verticalement. Les fluctuations dans le champ magnétique de la Terre perturbent les communications radio et sont parfois responsables des aurores boréales, ces rayons de lumière colorée qui apparaissent de manière irrégulière dans le ciel des régions nordiques. À l'époque actuelle, l'intensité de notre champ magnétique diminue de six pour cent tous les cent ans. Si la tendance se maintient, il aura disparu d'ici 1 500 ans.[30]

Les ovnis ont tendance à voyager d'un point à l'autre de la Terre en suivant certaines lignes droites qui présentent des caractéristiques magnétiques.[31] Il est probable que les extraterrestres aient enseigné aux Atlantes comment canaliser l'énergie magnétique fluctuante qui entoure la Terre afin de la diriger selon des tracés susceptibles de répondre à leurs besoins. Il n'existe aucune preuve de l'existence, à l'époque préhistorique, d'une autre civilisation suffisamment avancée pour construire ce genre de tracés, aujourd'hui désignés sous le nom de « réseaux géobiologiques ». Les réseaux géobiologiques de l'Angleterre sont bien connus, mais ces trajectoires parfaitement droites, faites de main d'homme, sont visibles depuis les airs dans tous les continents. Les lignes de ces réseaux s'étendent sur des centaines de kilomètres, traversant tous les types de terrains, sans détours, des vallées profondes aux sommets élevés. En Grande-Bretagne, les églises, les cimetières, les croisées de chemins, les bornes, les châteaux et les traverses à gué correspondent à des points d'un réseau géobiologique. Bien que les repères soient parfois distants de plusieurs kilomètres, ils sont clairement alignés dans une même direction.[32] Des civilisations ultérieures transformèrent le réseau géobiologique en des routes, mais comme celles-ci traversent en ligne droite les obstacles naturels, tels que des collines abruptes, plutôt que de suivre les contours du terrain, on peut croire qu'elles répondaient aussi, à l'origine, à d'autres motifs. On a gardé peu de souvenir de ces étranges réseaux, sinon que de mystérieux courants (peut-être de l'énergie magnétique canalisée) circulent le long de leurs tracés.

Considérant la somme de temps et d'efforts dépensés partout sur la Terre pour construire les réseaux géobiologiques, ceux-ci devaient avoir un rôle important pour nos prédécesseurs. On peut ainsi penser qu'ils s'en servaient pour communiquer, ou encore pour transporter des personnes et des objets. Des légendes racontent que, lorsqu'à son lever le soleil illuminait directement une partie du réseau, les druides s'élevaient dans les airs et se déplaçaient en suivant la trajectoire éclairée.[33] En Australie, depuis des milliers d'années, les aborigènes parcourent les mêmes longs itinéraires dessinés en ligne droite. Empruntant d'anciens sentiers, ils gagnent de l'énergie à mesure qu'ils avancent, ce qui leur permet d'effectuer des parcours plus longs et plus difficiles que ce qu'ils pourraient réaliser en passant par les nouvelles routes. Dans la mesure où elles croient fermement qu'une action est faisable, les personnes se trouvant dans des lieux où l'énergie naturelle est élevée se voient devenir capables, par leur esprit, de transmettre une force supplémentaire à leur corps.[34] On peut imaginer que les

Atlantes et leurs descendants, en combinant le pouvoir de leur esprit avec celui du son et de l'énergie magnétique, réussissaient à déplacer de gros objets, aussi bien que leur propre personne, le long des tracés du réseau géobiologique.

Il existe en Chine un très grand nombre de lignes d'énergie. Dans ce pays, le pouvoir du magnétisme terrestre a continué d'être reconnu longtemps après que le reste du monde l'ait oublié. Les Chinois l'appellent la « force du dragon » et l'incluent dans leur science de la géomancie, ou feng shui. Pour déterminer la force d'un champ magnétique à un endroit donné, ils analysent de manière exhaustive les caractéristiques du terrain et considèrent attentivement les influences astrologiques susceptibles d'intervenir. Sur la base de cette information, et tenant compte aussi des arbres et des rochers environnants, les constructeurs chinois disposent consciencieusement chaque structure de manière à ce que le tout s'harmonise à la géométrie de la surface terrestre. Dans le passé, ils créèrent avec beaucoup de soin et d'ingéniosité des aménagements complexes, équilibrés, organisés avec sensibilité et pouvant accueillir une très dense population. Suivant l'exemple des peuples préhistoriques, les Chinois construisirent des cités, des habitations et des tombeaux où eux-mêmes et leurs morts vécurent en harmonie avec la nature. C'est ainsi qu'ils tirèrent profit de l'énergie dégagée par les subtiles forces géomagnétiques de la Terre.

Bien que le champ magnétique de la Terre soit considérablement plus faible aujourd'hui qu'à l'époque où il fut exploité par les Atlantes, les scientifiques redécouvrent actuellement la sagesse du passé et explorent des façons de tirer avantage de cette source d'énergie potentielle. Il y a plusieurs années, Lowell Ponte, un ancien spécialiste en armement non conventionnel à l'emploi du Pentagone, rapporta que les Russes avaient construit un centre émetteur dans le but de modifier le champ magnétique de la Terre à la longitude de la pyramide de Gizeh, qui est aussi celle de Salonique, en Grèce. Peu après, en 1978, Salonique fut ébranlée par de forts tremblements de terre.[35]

Les résultats inattendus des expériences que des chercheurs scientifiques contemporains on menées sur le magnétisme et sa relation au temps donnent à croire que nous sommes loin d'utiliser pleinement cette source d'énergie pourtant disponible. La civilisation atlante a existé autrement plus longtemps que la nôtre avant d'être capable de manipuler l'espace et le temps ou d'utiliser les puissants courants magnétiques qui entourent la Terre. Dans une tentative de mettre un terme à la Seconde Guerre mondiale, la Navy, sous les auspices du projet Rainbow, fut à l'origine de l'expérience de Philadelphie, laquelle visait à rendre un navire non détectable par un radar. En raison des problèmes survenus au cours des expériences du 22 juillet et du 12 août 1943, le projet fut arrêté. Aux dates en question, alors qu'il était amarré dans la rade de Philadelphie, le *USS Eldridge* devint complètement invisible sur les écrans radar. Dans les deux cas, lorsque l'on ferma les appareils et que le vaisseau réapparut, on retrouva les membres de l'équipage dans un état d'instabilité mentale extrême. Le corps de certains d'entre eux s'était mêlé au métal des cloisons du navire, d'autres étaient en train de brûler ou flottaient dans les airs.[36] Malgré tous les efforts mis pour leur réadaptation, les survivants souffrirent de troubles mentaux permanents et furent rendus à la vie civile sous le motif d'« incapacité mentale ».[37] Des recherches secrètes du même type continuèrent d'être menées pendant trente ans à l'ancienne base de l'armée de l'Air américaine de Montauk, à Long Island. Les scientifiques réalisèrent finalement que leurs expériences en vue d'utiliser le magnétisme pour manipuler l'espace et le temps créaient des dommages irréparables aux personnes engagées dans le projet, et celui-ci fut abandonné.[38] On a avancé que des êtres venus de Sirius avaient collaboré aux recherches effectuées dans le cadre de ces programmes ultra-secrets;[39] d'autres extraterrestres auraient également participé.[40]

L'énergie magnétique est manifestement présente, à la fois en-dessous et au-dessus du sol, sur les sites des anciens cercles de pierre et des constructions situées le long des tracés des réseaux géobiologiques. Ces premiers lieux sacrés correspondent souvent à des centres d'activité magnétique, aux points de rencontre des bandes d'énergie qui entourent la Terre juste au-dessus de sa surface.[41] Certaines bornes orientées vers le ciel, en direction d'événements astronomiques tels que le lever du soleil ou de la lune, ou une constellation au moment d'un solstice, transmettent aussi de l'énergie. Nos lointains ancêtres construisaient des piliers de pierre et des églises dans les zones d'intersection des profonds courants souterrains, de sorte que les monuments agissaient comme des aiguilles d'acupuncture, fournissant à la Terre vivante des spirales d'énergie qui s'alimentaient à la fois au-dessus et en-dessous de la surface terrestre.[42] Les scientifiques, ayant compris que ces colonnes attirent vraisemblablement un genre de courant électrique, commencent lentement à expliquer le phénomène. Il semblerait que, dans le passé, la chaleur s'intensifiait au point de provoquer, comme dans le tombeau situé près de Maughold, à l'île de Man, la fusion des pierres.[43]

Les descendants des Atlantes, sentant les courants dans les régions où se manifeste une forte énergie magnétique, les utilisèrent aux fins de leurs activités religieuses et bâtirent finalement des temples dans ces lieux puissants. Avec le temps, de nouvelles civilisations prirent conscience de la force de ces sites très anciens et édifièrent leurs lieux de culte sur les fondations originales.[44] La cathédrale de Chartres, en France, à l'instar de nombreux autres édifices sacrés, s'élève sur un site religieux préhistorique imprégné d'une grande puissance. En Angleterre, la plupart des petites églises situées à des croisées de chemins ont été construites à l'endroit même où, pendant plus de 2 000 ans, eurent lieu les activités religieuses.

### Le pouvoir des étoiles

Tandis que certains scientifiques atlantes se penchaient sur les courants naturels qui entourent la Terre, d'autres se concentrèrent sur l'astrologie et l'astronomie. Ces individus hautement formés scrutèrent les cieux, en croyant fermement que le soleil, la lune et les étoiles exerçaient, en tant que manifestation d'un dieu unique et tout-puissant, une influence sur cette planète et ses habitants. Les astronomes de l'Atlantide disposaient d'un observatoire bien équipé, situé dans la partie la plus élevée de la Cité aux portes d'or, en haut du Temple de Poséidon. C'est là qu'ils consacrèrent leur temps à enregistrer le mouvement des corps célestes, en tentant de prédire la volonté des dieux qui contrôlaient les peuples des étoiles.

Les signes du zodiaque et les noms des constellations datent d'avant 10000 av. J.-C., époque où, dans le Temple de Poséidon et peut-être sous les conseils et la supervision d'extraterrestres, les Atlantes identifièrent les formations stellaires en tant que personnalités et les dotèrent d'une vie propre. Alors qu'ils étudiaient et nommaient les étoiles, les Atlantes tinrent compte de la vénération que les Pléiades avaient pour le taureau, et c'est ainsi qu'ils nommèrent la maison Taureau. Des milliers d'années plus tard, les Sumériens, s'inspirant de leurs dieux du ciel, divisèrent le zodiaque en douze parties et utilisèrent les mêmes noms pour les corps célestes.[45] Une tablette sumérienne conservée au musée de Berlin (VAT.7847) commence la liste des constellations du zodiaque avec l'ère du Lion,[46] laquelle s'étend de 10970 av. J.-C. à 8810 av. J.-C. La majeure partie de l'information dont nous disposons nous provient des érudits grecs qui recopièrent les connaissances astronomiques des Sumériens, en ce qui a trait notamment aux signes du zodiaque et à la manière de prévoir les éclipses solaires.[47] Une partie du savoir que possédaient les Atlantes en matière d'astronomie fut conservée dans les grandes bibliothèques du monde préhistorique, et les sages grecs y eurent aussi accès.

L'étendue des connaissances astronomiques des Atlantes se rappelle encore à nous aujourd'hui. Le dieu Atlas était un astrologue, et le mythe qui le présente transportant le monde sur ses épaules démontre bien qu'il avait conscience du fait que la Terre était ronde. Les calendriers lunaires qui furent gravés en creux dans des os en 28000 av. J.-C. dans l'ouest de l'Europe témoignent de l'exactitude et de l'attention avec lesquelles ceux qui observèrent les étoiles à cette époque mesurèrent les phénomènes. Ils révèlent également leur habileté à comprendre et à effectuer les abstraits calculs mathématiques que suppose l'astronomie.[48] Les peintures au plafond d'une chapelle se trouvant à l'intérieur du temple de Dendarah, non loin de Luxor, en Égypte, représentent les signes du zodiaque tels qu'ils apparaissaient dans le ciel entre 10970 av. J.-C. et 8810 av. J.-C., avec le Lion placé au point de l'équinoxe vernal. Le vieux temple reposait sur les fondations de constructions antérieures datant d'avant 3000 av. J.-C. En 1821, des archéologues retirèrent au complet le plafond de la chapelle, et les peintures inusitées furent ainsi transportées en France, où elles sont actuellement conservées, au musée du Louvre, à Paris.

Une autre raison expliquait l'intérêt marqué pour l'astronomie en Atlantide. La quantité d'énergie présente dans le champ magnétique de la Terre dépend de la position relative du soleil, de la lune et des planètes.[49] Par exemple, au moment de la pleine lune, l'activité magnétique est plus forte près de la lune et plus calme près du soleil couchant.[50] Lorsqu'une éclipse se produit et que diminue l'activité magnétique normalement stimulée par le corps éclipsé, le flux d'énergie diminue.[51] Il était essentiel pour les Atlantes de prévoir ces éclipses car, au moment où elles se produisaient, l'énergie circulant dans les réseaux géobiologiques s'affaiblissait soudainement et l'ensemble du mouvement cessait immédiatement dans ces mystérieux sentiers. Les objets et les personnes qui flottaient dans les airs s'écrasaient alors au sol. L'emplacement exact des piliers dans plusieurs des cercles de pierres en Grande-Bretagne révèle la précision avec laquelle les astrologues de la préhistoire prédisaient les éclipses lunaires. La crainte des effets des éclipses était à ce point forte dans les temps anciens que cette anxiété subsiste encore aujourd'hui dans toutes les régions du monde.

### L'énergie des symboles

Les spirales simples, doubles ou triples, des symboles répandus en Atlantide, représentaient les forces naturelles et l'énergie physique. Dans tous les endroits du monde où se rendirent les Atlantes, les gens apprirent à faire le lien entre ces signes et les pouvoirs occultes, ainsi qu'avec Atlantis, le serpent endormi enroulé. Le serpent enroulé symbolisait l'Atlantide de la même manière que le dragon est identifié à la Chine. Selon un dicton appartenant au folklore irlandais, « La connaissance, sous la loi du Serpent d'or, se retrouvait surtout à l'Ouest, tandis que la sagesse, une chose complètement différente, se retrouvait à l'Est, sous la loi du Dragon d'or. »[52]

Les peuples indigènes des régions qui reçurent l'influence des Atlantes continuèrent de voir dans le serpent un symbole de force longtemps après que le puissant pays fut disparu. Des signes représentant le serpent ornent plusieurs monuments en Grande-Bretagne et en Amérique. Dans l'ancienne Égypte, le serpent avec une langue fourchue et un double pénis signifiait l'union de l'intelligence supérieure et inférieure.[53] Les Vikings, des descendants des marins au long cours venus de l'Atlantide, décoraient la proue de leurs imposants navires avec des serpents sculptés. Les Aztèques, en Amérique centrale, portaient un culte au serpent sacré, et lorsqu'un homme étrange avec une barbe blanche apparut, venant de l'océan, pour leur apporter la civilisation, ils le nommèrent Quetzalcóatl. *Quetzal*, du nom de l'oiseau quetzal, représentait le ciel; *cóatl*, qui voulait dire « serpent », correspondait aux puissantes forces de la Terre.[54]

### Autres sources d'énergie

Avec talent et ingéniosité, et avec la capacité de demander ou d'accepter des conseils, les scientifiques atlantes trouvèrent différentes autres manières d'obtenir de l'énergie. Ils utilisèrent la force des courants rapides des rivières des régions montagneuses et réussirent à exploiter les marées.[55] À une certaine époque, ils mirent au point des moteurs à combustion interne alimentés au charbon. Toutefois, quand ils réalisèrent les conséquences désastreuses des émanations de ces machines dans l'atmosphère, ils les abandonnèrent à la faveur de méthodes plus propres et plus efficaces, telles que la conversion de l'énergie solaire par les cristaux.[56]

La lumière perpétuelle employée lors des sacrifices dans le Temple d'Incal, près de la capitale, constitue un autre exemple qui témoigne du niveau supérieur atteint par les Atlantes sur le plan technologique. L'étrange lumière avait le pouvoir de changer la structure atomique d'un objet en modifiant sa fréquence de vibration jusqu'à la désintégration.[57] Des cristaux chargés d'énergie solaire dégageaient une lumière blanche aux reflets bleutés et diminuaient la noirceur après le coucher du soleil sur l'Atlantide.[58] La capacité de produire de la lumière artificielle s'est perpétuée en Égypte, où elle permit aux vaillants artistes de peindre pendant des heures et des heures sur les murs sans fenêtres des tombeaux, dans les profondeurs des sombres constructions. Aucune trace de suie, qui viendrait de la fumée de torches ou de lampes à l'huile, n'a été retrouvée sur les murs. Notre civilisation a mis au point des lampes au tritium et au phosphore, qui peuvent éclairer pendant plus d'une génération sans électricité.

Les Atlantes ont su tirer des quatre éléments de la nature — la terre, l'air, le feu et l'eau — l'énergie nécessaire pour répondre à leurs besoins et pour améliorer leur vie quotidienne. La Terre offrait le magnétisme terrestre et la matière pour créer des gaz toxiques et l'énergie nucléaire, l'air contenait les vibrations des ondes sonores, le feu du soleil était projeté à travers le cristal et l'eau fournissait la force des rivières et des marées. La civilisation des Atlantes, ce peuple intelligent, débrouillard et intuitif, progressa rapidement.

## LA MÉDECINE

### Une médecine globale

Les Atlantes jouirent d'une excellente santé physique et mentale aussi longtemps qu'ils entretinrent une relation étroite avec les particularités de leur environnement naturel et qu'ils les intégrèrent à leurs activités quotidiennes. Ils croyaient que la guérison, sous toutes ses formes, venait en bout de ligne de la force universelle présente dans la nature et, finalement, de l'intérieur d'eux-mêmes. Lorsqu'ils ressentaient une tension, les Atlantes entouraient de leurs bras le tronc d'un arbre sain rempli de sève pour en retirer de la force, ou ils s'arrêtaient simplement pour apprécier le parfum d'une fleur, les couleurs intenses d'un lever de soleil, les amours légers d'un papillon ou le chant mélodieux d'un oiseau.

*179*

Leurs fréquentes cérémonies rituelles sur les sites sacrés de pierres levées leur fournissaient l'occasion de se mettre à l'écoute de l'harmonie infinie de l'univers. Le peuple de l'Atlantide croyait que le pouvoir des pierres augmentait la fertilité, produisait des guérisons miraculeuses, prolongeait la vie et résolvait les problèmes mentaux. Leur foi solide dans le potentiel de guérison des pierres contribuait à la paix de leur esprit, ce qui les aidait à conserver un fort système immunitaire et à accroître leur résistance aux infections. Certains groupes de pierres qui existent encore en Grande-Bretagne et continuent de canaliser l'énergie naturelle pourraient, dit-on, guérir les rhumatismes; d'autres seraient efficaces pour combattre la fièvre ou la paralysie.[59]

Conscients du pouvoir de la pensée sur le corps, les guérisseurs atlantes conçurent des méthodes uniques pour diagnostiquer les maladies. Ils examinaient attentivement l'aura de leurs patients en quête d'information concernant leur état mental. Les auras sont des champs de lumière colorée, ou des rayons d'énergie variables, qui entourent notre corps et deviennent plus intenses lorsque s'accroît la concentration ou l'activité mentale.[60] Très tôt dans sa vie, Edgar Cayce pouvait percevoir ces bandes de couleur autour des gens. Ce n'est qu'à l'âge adulte qu'il réalisa qu'elles n'étaient pas visibles pour tout le monde. Il adorait échanger avec d'autres qui comme lui observaient les auras et comparer des notes concernant la signification des couleurs. Cayce apprit ainsi que lorsque les personnes subissent un stress, leur aura change de couleur et de forme, indiquant à l'observateur perspicace la présence de la peur, de l'insécurité, de l'avidité, de l'inquiétude et d'autres troubles profonds.[61] Ces changements de couleur étaient utilisés en Atlantide, où les chiens, entraînés à observer les auras, étaient mis à contribution pour détecter les menteurs dans des situations difficiles.

Les premiers peintres religieux représentaient souvent l'aura autour de la tête des gens. Aujourd'hui, ces champs d'énergie apparaissent dans les photographies Kirlian. Valentina Kirlian a publié, en 1961, un rapport scientifique décrivant le travail de son mari, Semyon Davidovitch Kirlian, un électricien soviétique qui eut recours à la photographie de l'effet « corona », ou couronne, pour capter les rayons de lumière autour de feuilles, d'insectes, d'animaux et d'êtres humains. La photographie de l'effet « corona » est surtout utilisée pour détecter les brisures dans le métal. Puisque, dans le monde occidental, on ne croit en général que cc que l'on voit, la photographie Kirlian, comme on en vint à l'appeler, pourrait devenir un outil précieux dans le diagnostic physique et médical ainsi que pour explorer nos dimensions spirituelles cachées.[62]

En plus de leurs techniques uniques de diagnostic et de prévention de la maladie, les Atlantes mirent au point une série de méthodes destinées à soulager les problèmes physiques. À cette fin, ils se tournèrent principalement vers leur généreux environnement naturel pour obtenir de l'aide. Remarquant la vigueur et les brillantes couleurs des feuillages autour des sources bouillonnantes de leur région, ils firent des expériences avec ces eaux. Ils se rendirent compte que les eaux au goût agréable des sources froides avaient un effet favorable sur la digestion et stimulaient instantanément l'appétit. Des Atlantes avaient aussi observé que les animaux ayant des blessures ouvertes se roulaient dans la boue autour de certaines sources chaudes ou se tenaient pendant des heures sous les vapeurs ou les gouttelettes. C'est ainsi qu'ils découvrirent une excellente méthode pour traiter les éraflures, les ulcères, les infections et l'arthrite.

La large variété de plantes poussant en Atlantide ainsi que dans ses colonies à l'époque de la préhistoire offraient autant de possibilités que la pharmacie moderne pour traiter les maux et la douleur et favoriser la guérison. Ces plantes comprenaient en effet des antiseptiques, des narcotiques, de la quinine pour combattre la malaria, des drogues hallucinogènes et des herbes pour stimuler le cœur. Les plantes médicinales assurèrent pendant plusieurs siècles le traitement de la fièvre, de la dysenterie, des parasites et des autres principaux troubles d'ordre médical. On redécouvre aujourd'hui des remèdes datant de l'époque de l'Atlantide, par exemple la kaolin, utilisée pour prévenir les maux d'estomac. Toutefois, le temps a tourné bien des pages dans le livre de l'histoire, et une partie substantielle de cette tradition inestimable ne parviendra jamais jusqu'à nous. Les Espagnols détruisirent la documentation médicale des Aztèques et des Mayas en Amérique centrale, et les sorciers de l'Amérique du Nord, bien qu'ils aient aidé plusieurs nouveaux colons à se soigner, choisirent de ne pas partager leurs vastes connaissances avec les envahisseurs européens. Au début du XXe siècle, de précieuses occasions d'entrer en communication avec les guérisseurs indigènes furent repoussées par les médecins, qui croyaient que la chimiothérapie scientifique moderne remplaçait de manière satisfaisante les plantes médicinales qui servaient de remède dans le passé.

Les prêtres de l'époque ancienne savaient que le corps et l'esprit étaient en constante interaction, chacun ayant un effet sur le bien-être de l'autre. Ces prêtres présidaient les naissances et les morts, offraient un soutien dans la maladie, et leurs rituels contribuaient à convaincre le patient que tout se passerait bien. Ils étaient aussi en mesure d'utiliser des sources d'énergie supérieures pour surmonter les problèmes. Quand un patient souffrait d'une blessure sérieuse, le guérisseur tirait des bouffées d'une pipe remplie du mélange approprié d'herbes narcotiques et chantait jusqu'à ce que la personne entre dans un genre d'état de transe, qui la rendait plus réceptive aux réverbérations que le prêtre-guérisseur dirigeait vers elle. Si tout se déroulait bien, les vibrations ainsi canalisées corrigeaient les déséquilibres dans le métabolisme du patient, renforçant sa capacité de réparer les problèmes de son corps. Les guérisseurs travaillaient dans des pyramides, où l'énergie de l'univers pouvait plus facilement être canalisée. Les Navajo installent leurs centres de guérison au tiers de la hauteur d'un édifice de forme pyramidale, là où l'énergie est la plus forte.[63]

## La guérison par les couleurs

La couleur aidait au diagnostic. La couleur des vêtements que porte une personne reflète souvent son état mental.[64] Les Atlantes comprirent aussi que la couleur était non seulement utile pour établir un diagnostic, mais pouvait favoriser la guérison. La lumière, qui est à la base des couleurs, est constituée de vibrations électromagnétiques. Les couleurs se modifient en même temps que la fréquence des vibrations qui constituent la lumière. Les malades passaient du temps dans des chambres peintes dans la teinte qui répondait le mieux à leurs besoins et se concentraient sur la couleur pour absorber les vibrations d'énergie ayant un effet bénéfique sur leur système neuroendocrinien. Le système neuroendocrinien est sensible aux couleurs, et les variations de la lumière ont un effet sur les hormones produites par le corps. Ce savoir fut transmis jusqu'au VIe siècle, époque où le philosophe et scientifique grec Pythagore eut recours au pouvoir curatif de la couleur.[65] Le rouge, la couleur de la vie, était considéré comme utile pour combattre les maux de tête, les maladies du sang, les troubles de circulation, ainsi que les états de faiblesse et de dépression. Les salles de cours étaient souvent peintes en jaune, car cette couleur favorisait la créativité intellectuelle et mentale, la santé et le bien-être. L'orange, qui combinait les attributs plus sauvages du rouge et la discipline associée au jaune, servait au traitement des maladies thoraciques et des troubles de la rate et des reins. Les guérisseurs utilisaient le bleu, représentant la sérénité et l'harmonie, pour nettoyer le système, soigner les irritations nerveuses et réduire la fièvre. Comme il influençait la vue, l'ouïe et l'odorat, le bleu était considéré pour son effet bénéfique dans le traitement des maladies des yeux, des oreilles et du nez; par exemple, les maux de gorge accompagnés de fièvre étaient soignés à l'aide d'un foulard bleu porté au cou. Le vert, un mélange de jaune et de bleu, soulageait les malaises émotionnels. Les individus avaient ainsi appris à fixer leur regard et leurs pensées sur les arbres et les champs verdoyants lorsqu'ils ressentaient de l'angoisse. Les murs et les plafonds des salles de naissance atlantes étaient incrustés de cristaux verts et brillants qui s'offraient magnifiquement au regard et aux sens du nouveau né à son entrée dans le monde.[66] Les prêtres préféraient porter des vêtements d'un bleu très profond afin d'élever leur conscience à un niveau spirituel. Le pourpre, un mélange de rouge (action) et de bleu (calme et spiritualité), améliorait l'état des personnes atteintes de problèmes nerveux, de rhumatisme et d'épilepsie.[67]

### Le pouvoir médicinal des sons

La hauteur, l'intensité et le timbre des sons ont une influence sur la pression sanguine, la circulation, le pouls, la respiration, le métabolisme et l'énergie musculaire.[68] Des flûtistes, des percussionnistes et des danseurs visitaient les personnes souffrantes et avaient recours aux sons pour guérir leur corps. Les musiciens chantaient et dansaient autour du patient, et l'encourageaient à se joindre à eux. Les vibrations positives des participants, qui entraient dans un genre de profond état de transe provoqué par les sons répétitifs, redressaient et équilibraient le corps et l'esprit de la personne malade. La rémission spontanée de la maladie était possible. Des mélodies spécifiques ou des mantras étaient attribués à des problèmes donnés, et des dessins du corps humain indiquaient la gamme musicale appropriée pour la région atteinte. La gamme pentatonique, à cinq tons comparables aux touches noires du piano, constituait la base de la thérapie la plus simple, mais les guérisseurs avaient aussi recours à un large éventail de notes, dont des demi-tons, en raison de leur influence sur le corps.

### Le métal et la pierre comme outils de guérison

Les Atlantes employaient des métaux tels que le cuivre, l'or et l'argent ainsi que des pierres précieuses, dont les saphirs, les rubis, les émeraudes et les topazes, pour prévenir la maladie et favoriser la guérison. Ils savaient que, tout comme leur propre corps, chaque substance possède des vibrations intrinsèques créées par les infimes particules qu'elle renferme. Les individus sentaient quels éléments convenaient le mieux à leurs besoins et se paraient des pierres en question pour gagner un surplus de force et avoir un meilleur regard sur les choses. Avec leurs murs incrustés de lapis-lazuli, les temples offraient une ambiance propice à la guérison spirituelle. L'intérieur de ces utiles constructions ressemblait à une immense grotte d'un bleu profond, à l'intérieur de laquelle de petites lumières ajoutaient des touches de vitalité en se reflétant sur les étincelantes particules de fer dont les pierres étaient composées.

Les cristaux étaient abondamment utilisés pour le traitement des maladies en Atlantide. Les changements de couleur visibles dans les cristaux de grande taille aidaient les guérisseurs expérimentés à localiser la source des malaises physiques. Déplaçant lentement la pierre translucide sur le corps du patient, le perspicace diagnostiqueur voyait apparaître de légers changements dans la teinte de la pierre, lesquels indiquaient un changement dans les vibrations à l'endroit atteint.[69] On effectuait fréquemment des cérémonies de guérison où l'on employait des cristaux pour canaliser les énergies bénéfiques vers une personne malade. Celles-ci étaient efficaces pour réénergiser le corps, redonner des forces aux patients et prolonger leur vie. De gros cristaux qui absorbaient les forces positives de l'atmosphère environnante étaient placés de manière à disperser cette énergie vers les personnes présentes. Le patient s'assoyait sur le sol dans une position de yoga ou s'allongeait sur un lit bas entouré de cristaux translucides. Il ou elle tenait dans chacune de ses mains un autre cristal, tandis que le guérisseur disposait solennellement des pierres brillantes supplémentaires sur le dessus de sa tête (l'endroit le plus important), sur son nombril, sur son troisième œil (au centre du front juste au-dessus des yeux) et sur les autres parties réceptives de son corps.[70] Les amis présents entraient dans une méditation profonde afin de projeter l'énergie de guérison dans les cristaux, qui la multipliaient et la transmettaient au malade.

La chirurgie était parfois nécessaire en Atlantide, mais ne représentait pas une expérience désagréable, car l'hypnose constituait un excellent anesthésique. Grâce à l'hypnose, le patient n'éprouvait ni douleur, ni d'effets secondaires. Les Atlantes perfectionnèrent un outil chirurgical équivalent au laser, mais considérablement plus puissant. Edgar Cayce mentionne que si l'instrument était utilisé conjointement avec certains métaux, le sang coagulait immédiatement après que le chirurgien ait coupé une veine ou une artère, et il n'y avait pas de saignement.[71] Cet instrument fonctionnait peut-être de la même manière que les appareils à rayons gamma aujourd'hui utilisés pour les chirurgies du cerveau. Les prêtres guérisseurs effectuaient des chirurgies sans instruments, évitant ainsi au patient la douleur, les saignements et les cicatrices nécessairement créés lorsque l'on coupe la peau et les minuscules vaisseaux sanguins. Aidées d'une mystérieuse énergie, les mains du guérisseur entraient sans difficulté dans le corps, séparaient la peau et les tissus, réparaient les dommages ou enlevaient les tumeurs.

Pour illustrer la manière dont cela se déroulait, imaginez un tas de balles de ping-pong immobilisées dans de la cire durcie, et placés dans un seau. Une fois la cire réchauffée, vous pouvez insérer vos mains entre les balles, exactement comme les mains du chirurgien réussissaient à passer à travers les cellules, en les séparant sans les couper.[72] On a rapporté le cas de guérisseurs, aux Philippines et en Amérique du Sud, qui réussissent à enlever des tumeurs en procédant de cette façon.[73]

Des visiteurs extraterrestres supervisèrent les premiers Sumériens qui firent l'expérience de chirurgies du cœur et du cerveau. Il est probable qu'ils firent de même avec les Atlantes. Écrits vers l'an 3000 av. J.-C., les textes médicaux sumériens de la bibliothèque d'Ashurbanipal, à Nineveh, renferment trois sections — thérapie, chirurgie et commandes et incantations. Ces parties comprennent des instructions sur le lavage des mains et l'utilisation de l'alcool comme désinfectant ainsi que des indications sur la manière d'enlever « l'ombre couvrant l'œil de l'homme », probablement une cataracte.[74] Les squelettes retrouvés dans les tombes sumériennes de cette période présentent des signes d'interventions chirurgicales au cerveau et d'autres opérations orthopédiques.[75] Dans l'ancien Pérou, une destination courante pour les visiteurs de l'espace, les chirurgiens remplaçaient les os du crâne endommagés par des plaques en or ou en cuivre.[76] Des archéologues qui effectuaient des fouilles dans les ruines de l'ancienne cité sud-américaine de Tiahuanaco, en Bolivie, furent surpris de découvrir des crânes datant de l'époque de l'Atlantide, qui avaient été adroitement ouverts, visiblement pour procéder à des chirurgies du cerveau, ainsi que des traces de greffes osseuses, par ailleurs bien guéries.[77] Ils trouvèrent aussi à Tiahuanaco des drilles et des ciseaux en cuivre de haute qualité, qui servaient à ces opérations.[78]

Les dentistes, en Atlantide, nettoyaient les caries rapidement, efficacement et sans bruit avec la lumière de rayons lasers. Il n'était pas nécessaire d'avoir recours à des anesthésiants ou à des médicaments contre la douleur. Dans l'ancien Pérou, les dentistes recouvraient les dents avec de l'or ou de l'argent.[79] Dans l'Amérique centrale de la préhistoire, c'est avec de l'or et du jade que l'on remplissait les caries.[80] Les dentistes de l'Atlantide employaient vraisemblablement des procédés similaires.

En Atlantide, on recourait avec succès à l'électrothérapie, que l'on combinait à l'hydrothérapie ou à la musique, pour rétablir le mouvement après une paralysie.[81] Nous disposons aujourd'hui d'outils qui remplissent la même fonction, soit l'Électro Acuscope, qui envoie un minuscule courant électrique dans les tissus nerveux, et le Myopulse, qui agit essentiellement de la même façon sur les tissus musculaires. Le but est de produire un état d'homéostasie, ou d'équilibre, parmi les cellules de la région atteinte, ce qui permet d'accélérer la guérison.[82]

### La recherche de la longévité

Comme la plupart d'entre nous, nos ancêtres voulaient vivre plus longtemps. À cette fin, ils expérimentèrent différentes manières d'accroître leur espérance de vie. Conscients du pouvoir de l'énergie présente dans l'environnement physique, ils se sont évertués à la capter et à l'utiliser de manière originale. Ce flux naturel d'énergie présent dans chaque particule de matière constitue un médium à travers lequel les forces magnétiques et gravitationnelles exercent une influence positive sur le corps humain. Vers la fin de sa carrière, le Dr Wilhelm Reich redécouvrit cette force et la nomma « énergie d'orgone ». Il décrivit ses expériences relatives à cette forme d'énergie dans *The Discovery of the Orgone*. L'une des pratiques répandues par laquelle les peuples préhistoriques tentèrent d'accroître la concentration de l'énergie d'orgone afin ensuite de s'y exposer demandait une préparation élaborée. En premier lieu, le constructeur creusait un large trou, semblable à celui d'une cave, et bordait la chambre avec des pierres soigneusement choisies. Après avoir placé des bûches sur le dessus du trou, il couvrait le toit avec une couche de gazon et des couches successives d'argile et de terre. À chaque étape, la couleur et le type de terre étaient choisis avec une grande attention, car il était essentiel de poser en alternance des couches de matière organique et de matière inorganique. Le tout était ensuite enterré sous un monticule de gazon. Après s'être purifiés et avoir créé un équilibre à l'intérieur d'eux-mêmes, les individus se retiraient dans ces chambres souterraines, avec la conviction que les courants porteurs d'énergie qu'ils absorbaient à cet endroit rajeunissait leur corps et leur esprit.[83] Un trou de ce type, bordé de pierres dans un rayonnement de plus de 150 kilomètres, existe encore à Stonehenge. On retrouve d'ailleurs beaucoup d'autres cavités similaires dans les îles britanniques.

Les gens fréquentaient régulièrement et en grand nombre les temples de l'Atlantide, où ils trouvaient plusieurs éléments susceptibles de renforcer et d'allonger la vie du corps et celle de l'esprit. Des centaines de personnes énergiques de tous les âges se réunissaient pour danser et prendre de l'exercice à l'intérieur de ces impressionnants édifices, ou encore sur les terrains bien entretenus qui les entouraient. Ces espaces tranquilles, remplis d'une musique apaisante qui calmait les émotions et réduisait les tensions, étaient des lieux propices à la méditation.

Edgar Cayce raconte que les ingénieux Atlantes utilisaient des cristaux pour brûler les forces destructives présentes dans le corps et inciter celui-ci à rajeunir de lui-même.[84] Dans *The Romance of Atlantis*, Taylor Caldwell décrit une chambre de rajeunissement secrète située dans un temple de la Cité aux portes d'or et qui servait efficacement à cette fin. Les prêtres surveillaient attentivement cette pièce puissante et ne permettaient qu'aux chefs les plus respectés d'y entrer. Une fois dans la chambre, le patient s'allongeait sur un fauteuil confortable, et les techniciens orientaient avec précision les rayons du soleil à travers un cristal, qui les canalisait vers le corps âgé. Simultanément, les guérisseurs produisaient et amplifiaient différentes fréquences sonores, dont l'énergie régénérait les minuscules molécules de chaque cellule, réactivant ainsi les tissus vieillissants.[85] L'opération rétablissait l'équilibre hormonal de la personne, les rides disparaissaient et l'énergie revenait. Il fallait beaucoup d'adresse et de prudence pour mener à bien cette opération, car si le cristal était réglé à un degré trop élevé, il pouvait détruire le corps.[86] Une seule visite suffisait habituellement, car les Atlantes avaient appris en vieillissant que, un peu à l'image d'un trop long séjour à Disneyland, les choses leur ayant un jour procuré beaucoup de plaisir leur donnaient moins de satisfaction lorsqu'elles étaient répétées plusieurs fois. La sensation envahissante d'avoir déjà vécu les événements rendait la vie ennuyante, et la perspective de passer davantage de temps dans leur corps physique n'était plus aussi attirante que l'expérience agréable qui les attendait après leur départ de la Terre.[87]

# PARTIE III

# DESTRUCTION
# ET
# RECOMMENCEMENT

# 7
# *LA DESTRUCTION*

*V*ers 10000 av. J.-C., les
égoïstes chefs de l'Atlantide
cessèrent de s'intéresser au progrès
matériel et scientifique, et perdirent
le respect à l'égard des anciennes
connaissances. Comme ces puissants
Prêtres noirs employaient leur
énergie à de dangereuses pratiques
occultes, la magie noire en vint à
remplacer la religion en Atlantide.
Certains d'entre eux maîtrisaient les
techniques destinées à conjurer non
pas les esprits du royaume des cieux,
mais ceux d'un univers astral
inférieur, soit les enfers. Les
personnes qui invoquaient ces
effroyables esprits réalisaient à leur
demande des actes terribles en vue de
s'enrichir matériellement ou de
gagner du pouvoir sur les populations épouvantées. De diaboliques
sacrifices humains furent notamment
effectués pour servir ces fins. Dans le
but d'éviter la colère des dieux puissants et des esprits des enfers
auxquels étaient liés les serviteurs du
mal, des parents sacrifiaient leurs
enfants ou arrachaient à vif le cœur

de leurs compagnons pour les offrir au terrifiant inconnu.[1] Les gens avaient tellement peur de ces Prêtres noirs qu'ils leur obéissaient aveuglément, allant jusqu'à participer, sous leur supervision, à des orgies où du sang humain était consommé.[2]

Afin d'échapper aux récriminations des Prêtres noirs, les mages vertueux qui avaient conservé de plus hautes valeurs morales s'isolèrent de plus en plus de la vie quotidienne de la majorité des Atlantes. Tout comme leurs avertissements concernant l'holocauste furent ignorés par la population en général, les prières frénétiques que firent les bons prêtres en vue d'obtenir l'aide d'en-haut se révélèrent vaines. Découragés, ils se retirèrent dans les sanctuaires à l'intérieur de leurs temples et, comme le font aujourd'hui les moines des lointaines gompas des régions montagneuses de Zanskar, en Inde, ils se concentrèrent sur leur développement spirituel et sur la conservation de leurs livres et de leurs trésors religieux. En l'absence d'orientations morales, la croyance en un dieu unique et tout-puissant s'affaiblit considérablement parmi les masses. Celles-ci devinrent de plus en plus dépravées, laxistes et axées sur le plaisir des sens. Les gens passaient ainsi leur vie à manger, à boire, à s'amuser et à s'orner de parures. Le mariage se fit plus rare. L'intérêt à l'égard de la religion déclina. Ceux qui s'aventuraient seuls le soir dans les rues risquaient de se faire voler et d'être battus ou torturés.

Au cours de cette dernière et difficile période que connut l'Atlantide, l'armée était engagée à l'étranger dans la défense des territoires déjà conquis et dans une bataille perpétuelle pour en gagner davantage. En 10000 av. J.-C., alors qu'ils tentaient d'occuper de nouvelles régions de la Méditerranée, les impitoyables soldats Atlantes connurent une défaite en Grèce. Beaucoup plus tard, à l'époque de Platon, un festival annuel dédié à Pallas Athéna, la déesse patronne d'Athènes, continua de reconnaître la victoire des Grecs. Durant la cérémonie, les autorités les plus importantes consacraient un vêtement de femme qui représentait symboliquement l'ancien triomphe des Athéniens sur les envahisseurs atlantes. La robe était offerte à Pallas Athéna, l'ennemie jurée de Poséidon.[3]

Les soldats grecs victorieux qui suivirent les Atlantes à leur retour dans leur patrie furent capturés lorsqu'ils atteignirent l'Atlantide. On les garda prisonniers dans la Cité aux portes d'or. C'est alors que l'un des Instruits décrivit un rêve dans lequel la terre tremblait en grondant et se produisaient de gigantesques raz-de-marée ainsi que de terribles éruptions volcaniques, suivies d'incendies et d'inondations incontrôlables qui détruisirent l'Atlantide.[4] Répondant promptement à la présence simultanée des troupes grecques sur leur territoire et de cette effrayante vision de la destruction de leur terre, les dirigeants ordonnèrent que tous les prisonniers grecs soient immédiatement offerts en sacrifice aux dieux. À la suite de cet horrible événement, un magnifique banquet fut préparé et les chefs, malgré toutes les appréhensions suscitées par le rêve de l'Instruit, se réunirent pour festoyer. De la même manière que tout se couvre d'une ombre noire et menaçante avec le coucher du soleil, la Terre se mit lentement à trembler avec une violence toujours grandissante à l'approche de la nuit.[5] Des éclairs déchirèrent le ciel, tandis que tombait la grêle et que les coups de tonnerre enterraient les cris des Atlantes terrifiés. Les volcans ne tardèrent pas à rejeter de la lave et des objets brûlants et meurtriers qui allumèrent des incendies impossibles à maîtriser. Les secousses de la Terre ébranlèrent les immenses réservoirs d'énergie souterrains, faisant exploser l'un après l'autre, dans un vacarme formidable, ces entrepôts de gaz inflammables. De nouvelles flammes rugissantes remplirent le ciel, accompagnées d'énormes nuages de fumée toxique, et les terribles tremblements de terre s'intensifièrent. En très peu de temps, alors que la dernière période glaciaire prenait rapidement fin, la mer recouvrit tout pour ne laisser que le sommet des montagnes de la dernière grande île de l'Atlantide, ainsi que plusieurs autres régions de la Terre.

Les inondations et la dévastation qui s'ensuivirent sont dépeint dans des récits qui furent transmis, dans le monde entier, de génération en génération. Les Frisiens, un ancien peuple hollandais essentiellement marin, écrivirent ce qui suit dans leur *Dera Linda Boek* :

> *Atland, comme cette terre était appelée par les marins, fut avalée par les vagues avec ses montagnes et ses vallées, et tout le reste fut recouvert par la mer. Plusieurs personnes furent enterrées dans le sol, et ceux qui fuirent moururent noyés. Les montagnes crachaient le feu... les forêts furent réduites en cendres, que le vent transporta sur toute la surface de la Terre.*

La Bible et le récit épique sumérien de Gilgamesh, écrit plus de 1 000 ans avant la Bible, décrivent d'une manière semblable le déluge qui recouvrit la Terre. Dans l'île caribéenne d'Haïti, les descendants disent que la pluie, les inondations et le feu des volcans précédèrent la disparition du Grand Pays, la patrie de leurs ancêtres. Ils croient que des personnes ayant fui l'holocauste atlante vinrent à Haïti en quittant l'île engloutie et tuèrent beaucoup de monde lorsqu'elles arrivèrent.[6]

On retrouve dans presque toutes les cultures des régions côtières de l'océan Atlantique de tels comptes rendus de catastrophes naturelles et d'énormes quantités d'eau. Les légendes des trois Amériques – du Nord, centrale et du Sud – parlent de tremblements de terre, d'éruptions volcaniques et de terribles raz-de-marée; puis, la noirceur, des pluies torrentielles, l'inondation et la terre qui s'enfonce, les gens n'ayant nulle part où aller, et enfin la mort de tous les êtres vivants. Habituellement, les sources de ces récits croient que leurs ancêtres furent les seuls survivants. Nous ne saurons jamais comment fut réellement ce cataclysme, car les peuples qui habitaient la Terre à cette époque furent à ce point dévastés qu'il n'en reste que des histoires éveillant l'imagination et peut-être un souvenir émouvant confusément enterré dans l'inconscient que nous partageons tous.

Dans le *Critias*, Platon décrit en détail la taille et la composition des forces armées atlantes. Sur la base de ces chiffres, on peut établir qu'à l'époque de la dernière destruction subie par l'Atlantide, environ 25 millions de personnes habitaient cette terre vouée à la ruine.[7] La majorité des citoyens impuissants durent supporter des souffrances et des épreuves terribles lorsqu'ils furent écrasés par les édifices, asphyxiés par les gaz toxiques, cuits par la lave bouillante ou entraînés par la terre qui s'effondrait sous leurs pieds. Les débris rejetés par les volcans transperçaient l'air comme des flèches pour aller frapper les hommes, les femmes et les enfants qui fuyaient. Prises de panique, essayant d'éviter les crevasses créées par les secousses du sol, les foules couraient en hurlant jusqu'aux quais, mais découvraient bientôt que ce qui en restait était en train de s'effondrer à côté des bateaux qui coulaient, tandis qu'approchaient d'immenses raz-de marée. À cette époque de grand besoin, des personnes généreuses et compatissantes demeurèrent en Atlantide et soutinrent les victimes. Ces âmes désintéressées aidèrent quelques rares individus à s'échapper et calmèrent la douleur et la souffrance de plusieurs mourants. Au dernier moment, avant de finir eux-mêmes noyés, suffoqués ou douloureusement brûlés, les Bons Samaritains firent appel aux pouvoirs de leur esprit pour éviter la désagréable expérience d'une mort pénible sur cette Terre. Quittant leurs corps, ils s'élevèrent jusqu'à un monde supérieur.[8] D'autres utilisèrent la lévitation pour s'éloigner de la terre en flammes et passèrent par de petites îles au sud-ouest de la côte nord-américaine. Les

Américains décrivent encore leur remarquable arrivée du haut des airs.

Selon l'une des nombreuses histoires qui furent transmises à propos de la destruction de l'Atlantide, au point culminant de ce désordre, Votan (ou Wotan, Wodin ou Odin, comme on le nomme dans les régions voisines de l'océan Atlantique)[9], le dernier dirigeant atlante respecté des siens, réunit l'ensemble des bateaux dans le port de la Cité aux portes d'or et les fit charger de livres, de nourriture et d'animaux.[10] Alors que la Terre tremblait et que les montagnes crachaient du feu, il grimpa au sommet de la grande pyramide inachevée et cria à son peuple de rester fier de sa patrie et de ne jamais se battre les uns contre les autres. À cette fin, il ordonna aux chefs de porter en permanence sur leur tête deux plumes blanches arrachées à la poitrine d'un condor, l'oiseau de la lumière. À son fils il donna l'ordre de conduire la moitié du peuple, en bateau, en direction du soleil levant, et à son petit-fils celui d'accompagner l'autre moitié vers le couchant. Votan demeura perché à son poste, offrant son soutien, bien que sa voix se perdit entre les cris des gens au-dessous de lui et le grondement des volcans. Les eaux écumantes ne tardèrent pas à recouvrir son corps impuissant.[11] Immédiatement, les vaisseaux, dont un grand nombre étaient en flammes, se retournèrent et prirent le large comme des animaux terrifiés s'échappant d'une forêt en feu.

Comme ils l'ont fait pendant des milliers d'années, les pétrels et autres oiseaux marins migrateurs continuent de former des cercles dans l'Atlantique, comme s'ils s'attendaient à y trouver une terre. Leur comportement ressemble à celui des oiseaux qui volent autour d'un centre commercial construit sur le site d'un ancien marais salé ayant déjà constitué leur habitat. Le catopsilia, un adorable papillon aux ailes de la couleur orangée d'un coucher de soleil, vit en Guyane britannique. Chaque année, des nuages brillants et colorés de catopsilias mâles s'envolent au-dessus de l'océan Atlantique vers l'ancien emplacement de l'Atlantide. Le voyage est pour eux fatal. Ils n'ont nul endroit où se poser et finissent tous morts dans la mer.

# 8
# *LES SURVIVANTS*

*P*endant des années, avant
que ne survienne la dernière destruction majeure de l'Atlantide, les
prêtres qui conservaient la croyance
en un dieu unique et tout-puissant
avertirent les gens qu'une calamité
approchait. Edgar Cayce rapporte
que les habitants de véhicules qui
volèrent jusqu'à la Terre les infor-
mèrent également du désastre
imminent.[1] Les familles qui eurent la
sagesse de tenir compte de ces avertissements se réunirent en petits
groupes et construisirent de solides
bateaux, qu'elles remplirent de provi-
sions et à bord desquels elles prirent
la mer. Lorsque des secousses inter-
mittentes commencèrent à annoncer
un instabilité plus importante, des
communautés entières rassemblèrent
rapidement quelques biens de
première nécessité et s'enfuirent
comme des lemmings, par la mer, sur
des embarcations de fortune. Les
lemmings sont de petits animaux
végétariens, non aquatiques, dont les
pattes ne sont pas palmées. Ils vivent
en Scandinavie, au nord de l'ancien

emplacement de l'Atlantide, mais leur instinct migratoire en conduit régulièrement un très grand nombre jusqu'à la côte sud. Ces minuscules créatures d'une quinzaine de centimètres se lancent toutes ensemble à la mer et nagent dans l'océan Atlantique en direction du sud, vers l'Atlantide, comme si elles espéraient y trouver une terre ferme qui réponde à leurs besoins. Alors qu'elles nagent, impuissantes, dans la mer écumante, des milliers d'entre elles sont noyées par les vagues qui se rompent. Ne parvenant pas à trouver la terre qu'elles recherchent, celles qui réussissent à flotter nagent en rond jusqu'à ce qu'elles meurent.

Quand la terre trembla et que les volcans se firent menaçants, ceux qui abandonnèrent en toute hâte leurs foyers n'emportèrent que les choses les plus importantes pour répondre à leurs besoins immédiats. S'attarder davantage aurait pu signifier une mort cruelle, et il leur était impossible d'entasser sur les bateaux déjà bondés les articles nécessaires au maintien de leur niveau de vie. Lorsque les Atlantes arrivèrent dans de nouvelles régions pour s'établir, la simple survie dans ces environnements peu familiers mobilisa tout leur temps et leur énergie. Ils construisirent des abris, chassèrent, pêchèrent, cultivèrent sans doute un peu la terre et conservèrent quelques coutumes religieuses, mais leurs mains devinrent calleuses et leurs vêtements se transformèrent en lambeaux.

À l'époque où l'Atlantide était un pays florissant, seuls quelques privilégiés avaient le droit d'accéder au tableau complet et détaillé des connaissances techniques, ce qui fait que les réfugiés ne furent pas en mesure de reproduire le niveau de vie élevé qu'ils avaient dans leur patrie. Les personnes les mieux informées furent les dernières à quitter leur pays en naufrage; elles partirent de manière précipitée et, dans la plupart des cas, chacune de leur côté, vers différentes destinations. Pour cette raison, il fut extrêmement difficile de reconstruire l'un ou l'autre des procédés scientifiques dont elles avaient la clé. Les Mages gardaient la sagesse de l'alchimie tellement secrète que les immigrants, pour la plupart, n'avaient aucune compétence en ce qui a trait au travail des métaux. Contraints de s'adapter au mode de vie primitif des autochtones de leur terre d'adoption, privés des outils et de l'information nécessaire à la reconstruction, ils connurent une dégradation de leur niveau de vie. Conjugués à la destruction des vastes bibliothèques de l'époque ancienne, les inondations, les tremblements de terre et les autres désastres naturels qui survinrent ultérieurement finirent par éliminer le détail des connaissances relatives au savoir-faire de la magnifique civilisation atlante. Il ne resta au bout du compte que des souvenirs de l'Atlantide, et les nombreux descendants impuissants devinrent les « sauvages » des époques futures. Que garderait-on de notre civilisation en 12000 ap. J.-C. si demain nous étions forcés de quitter précipitamment nos maisons avec seulement ce que nous sommes capables d'emporter avec nous, tandis que les tremblements de terre secouent nos villes et que tout s'engloutit sous la lave ou d'immenses raz-de-marée? Peut-être que, tout comme ce fut le cas pour l'Atlantide, ne resterait-il que quelques coutumes, ainsi que des mythes et des légendes diffi-ciles à vérifier sur le plan des faits.

La panique régnant en Atlantide au cours de sa destruc-tion finale, des Atlantes désespérés grimpèrent au sommet des montagnes, d'où ils purent voir les cadavres de leurs amis qui « flottaient comme des algues ».[2] Lentement la terre s'enfonça, les eaux montèrent, et les cimes des montagnes devinrent des îles. L'activité continuelle des volcans rendit inhabitable ce qui allait devenir l'archipel des Açores; les îles Canaries demeurèrent toutefois plus accueillantes. D'immenses grottes naturelles servirent d'abri au début, jusqu'à ce que les pauvres réfugiés réussissent tant bien que mal à reconstruire leur ancien mode de vie. Fidèles à leur style antérieur, ajustant les pierres avec précision, ils bâtirent des maisons, puis de petites villes avec de plus gros édifices. Ils creusèrent des canaux d'irrigation qui allongèrent les périodes de pousse et, comme la vie allait en s'améliorant pour les descendants des survivants atlantes établis dans les îles Canaries, ils firent renaître d'autres aspects de leur culture passée. En 1402, lors de leur première visite connue de la région, les Espagnols découvrirent les ruines des canaux et de quelques anciens édifices.

De rares Atlantes qui échappèrent à la destruction et à l'inondation de leur contrée se réfugièrent dans des temples situés en haut des montagnes. Les eaux eurent beau continuer de monter, elles ne les atteignirent jamais. Quand les choses se stabilisèrent, les personnes autant que les temples étaient toujours en sécurité sur la terre ferme, mais ils se trouvaient au bord de l'océan. Pendant des milliers de siècles, ces heureux rescapés et leurs descendants célébrèrent des services religieux et offrirent aux voyageurs venant de l'océan un soutien médical et une assistance dans la réparation du matériel endommagé.

Il est parfois possible de voir à travers le verre fumé qui nous sépare du passé lointain, et c'est ainsi que nous avons accès à une information partielle mais fascinante au sujet de trois sites conservés par les survivants des Atlantes. L'un se trouvait dans les îles de Madère et les deux autres, dans les îles Canaries. Sauf indication contraire, les renseignements qui suivent concernant les temples des survivants atlantes proviennent des contributions d'Edgarton Sykes à *Atlantis*, volume 27, numéros 3 et 4, mai–juin et juillet–août 1974. Sykes a lui-même tiré ses données des archives des Tuatha de Danaan irlandais, lesquels furent selon lui employés à l'origine comme scribes dans les temples atlantes. Les Tuathas fuirent par bateau au cours de la destruction finale de leur contrée, et plusieurs finirent par s'établir en Irlande, où leurs connaissances furent intégrées aux mythes et légendes celtiques. Les histoires recueillies par Sir James Fraiser et les archives des explorateurs et des chasseurs de trésors dont il a été fait mention au chapitre 1 fournirent à Stykes des détails supplémentaires.

Avant que l'Atlantide ne soit engloutie, le Temple de Gorias se trouvait au sommet de la montagne aujourd'hui devenu l'île de Gran Curral, à Madère. Les prêtres et les prêtresses agiles qui avaient grimpé en toute hâte jusqu'au temple lorsque l'eau s'était mise à monter continuèrent de vivre à l'intérieur ou à proximité de l'édifice. Ils travaillèrent dur à cultiver le fertile sol volcanique afin de se nourrir, et Gorias devint une communauté florissante. Ses célèbres orangeraies entrèrent dans la mémoire comme étant les pommes d'or du soleil recherchées entre autres par Persus et par Hercule.

À l'époque de la destruction finale de l'Atlantide, un temple retiré se trouvait dans les hauteurs des montagnes qui formaient alors la région ouest de ce qui est devenu les îles Canaries. Prudents, prévoyant la destruction à venir, les prêtres et les prêtresses atlantes réussirent avec de grands efforts à transporter un lourd et massif trône sacré sur la pente abrupte de la montagne afin de le mettre en sécurité dans le temple. Ils placèrent ce siège particulier dans la salle principale de l'édifice. Le trône était sculpté dans le fer de météorite, un matériau que les Atlantes désignaient comme la Pierre de la mort. Falias, comme on appelait cette région montagneuse, fut épargnée tandis que l'Atlantide sombrait et que les eaux de l'océan montaient. Pendant des centaines d'années, le temple servit de couvent et fut reconnu pour l'extraordinaire musique qu'il offrait aux résidents et aux visiteurs. Les téméraires frères Tuirenn, qui appartenaient aux Tuatha de Danaan, travaillèrent comme scribes au Temple de Falias. Ils volèrent le siège royal et l'apportèrent en Irlande, où il fut connu comme le Trône de Tara. On dit que ce trône poussait des cris lorsqu'un imposteur s'assoyait dessus. Peut-être la pierre était-elle encore radioactive et les imposteurs hurlaient-ils de surprise en recevant sans s'y attendre un léger choc; les vrais rois, quant à eux préparés, restaient silencieux.

Le dernier des trois temples était situé à Finias, dans la Cité du Soleil, à Tenerife, l'une des îles Canaries. Au cours de la dévastation finale, les Atlantes trouvèrent moyen d'y mettre en sécurité un autre inestimable trésor : une réplique grandeur nature, en or massif, du Char de Poséidon, avec ses chevaux et son chauffeur. Quand la vie normale reprit plus ou moins son cours pour ceux qui s'étaient réfugiés au Temple de Finias, les prêtres purent sortir le précieux char dans les rues lors des parades et des cérémonies spéciales. En 330 av. J.-C., l'historien Budge écrivit, dans son ouvrage intitulé *Life of Alexander the Great*, qu'Alexandre fut invité à se rendre au temple de la Cité du Soleil avec son « Char des dieux ». La grande voiture, dorée et magnifique, s'est probablement désintégrée dans la mer entre Tenerife et Lanzarote, et ne pourra jamais être retrouvée. Les recherches sous-marines se sont intensifiées dans l'océan Atlantique, mais les objets en métal et en bois provenant de l'Atlantide ne sont plus reconnaissables. Cela devient évident si l'on considère que, après seulement 25 ans, les plongeurs qui explorèrent les résidus de la Seconde Guerre mondiale dans l'océan Pacifique trouvèrent une abondante végétation sur les objets en métal reposant au fond de l'océan. Les merveilleux objets fabriqués en l'Atlantide sont recouverts non seulement de plantes luxuriantes, mais aussi de lave solidifiée et d'une épaisse couche de cendre volcanique.

Les survivants atlantes et leurs descendants continuèrent d'exécuter des versions simplifiées des cérémonies d'initiation et de magie qui jouaient un rôle tellement important dans leur vie lorsqu'ils habitaient leur contrée d'origine. Ceux qui vivaient dans les îles Canaries avaient à leur disposition des grottes qui constituaient d'excellents sanctuaires où tenir ces événements, en même temps que des lieux où entreposer à long terme les momies. Dans les îles Canaries, les descendants des survivants plaçaient les momies en position accroupie, ce que firent également leurs semblables, eux aussi ex-Atlantes, au Mexique, au Pérou et aux tout premiers temps de l'Égypte.[3] Les plafonds des grottes où les corps emmaillotés étaient conservés dans les îles Canaries sont peints en rouge, tandis que des dessins d'animaux, des symboles indéchiffrables et des hiéroglyphes rouges, gris et blancs sont inscrits sur les murs.

Quand les Espagnols arrivèrent pour la première fois aux îles Canaries, les 13 îles étaient habitées par une population de 20 000 personnes appartenant à quatre groupes ethniques. Les Espagnols désignèrent sous le nom de Guanches le groupe dont les ancêtres avaient construit les complexes édifices et les systèmes de canaux. Ils furent les premiers habitants des îles de Gran Canaria et de Tenerife. Ces individus fiers à la peau claire, aux cheveux blonds et aux yeux bleus avaient préservé leur indépendance et ne s'étaient pas mariés pas avec les marins et aventuriers égyptiens et carthaginois qui les avaient visités dans le passé. Ils conservèrent ainsi les caractéristiques physiques de leurs ancêtres, les survivants de l'Atlantide. Avec leurs crânes massifs, leurs pommettes saillantes, leurs nez plutôt longs et droits et leurs mentons avancés, les Guanches représentaient la dernière lignée relativement pure ayant comme souche les hommes de Cro-magnon qui vécurent en Atlantide. Les hommes mesuraient souvent plus de 1,80 m. Ils croyaient qu'ils avaient survécu parce qu'ils s'étaient réfugiés au sommet des montagnes d'une ancienne terre qui fut par la suite submergée. L'eau les terrifiait à un point tel qu'ils ne possédaient même pas de bateaux.

Les Guanches conservèrent certaines des connaissances atlantes en matière d'astronomie ainsi qu'une partie de l'ancien système législatif, dont l'élection de dix représentants au gouvernement.[4] Un pilier, semblable à celui du Temple de Poséidon, occupait une place importante dans leurs services religieux.[5] Les Guanches montaient au sommet de leurs montagnes pour offrir leurs prières à un dieu tout-puissant qui récompensait la vertu et punissait le péché.[6] Une secte de prêtresses, les Magades, dont les pratiques ressemblaient à celles des sorcières du Mexique et de l'Europe antique, célébraient leurs cultes autour de cercles de pierres. Ces vierges exécutaient, sous le pouvoir d'un grand prêtre, des danses symboliques. Une fois dans un état d'hypnose ou de transe, elles servaient d'oracles. Lorsque les redoutables tremblements de terre secouaient la région ou que les volcans se mettaient en activité, elles se sacrifiaient en se jetant dans l'océan, dans l'espoir d'empêcher la mer toute-puissante de tout envahir, comme par le passé.[7]

Les explorateurs qui fouillèrent la région habitée par les Guanches découvrirent, en 1402, un système d'irrigation, des poteries, des momies, des peintures rupestres et les ruines de cités préhistoriques. Les magnifiques dessins que les artistes Guanches laissèrent sur les murs des grottes étaient pratiquement identiques à ceux que peignirent les hommes de Cro-magnon dans le sud de la France.[8] Leurs céramiques, dont certaines datent de 20000 av. J.-C., étaient ornées de motifs semblables à ceux que l'on retrouve sur les premières poteries sud-américaines.[9] Parmi tout ce qui a appartenu aux Guanches, on a aussi trouvé une intéressante statue de pierre, représentant un homme nu qui transporte un globe, tel Atlas portant le monde.[10] Celle-ci semble symboliser le mont Atlas, la magnifique montagne de l'Atlantide, qui parut un jour supporter le ciel en atteignant les nuages. Bien qu'ils combattirent courageusement les Espagnols, les Guanches furent complètement exterminés en moins de 150 ans des suites de cette invasion et de la maladie.[11]

# 9
# PRENDRE LE LARGE

*S*ymbolisant l'impact des importantes migrations venues de l'Atlantide, les géographes arabes dessinèrent la région sur leurs cartes sous la forme d'un dragon, qu'ils placèrent dans l'océan Atlantique. La tête du dragon correspondait au lieu d'origine du peuple atlante, tandis que ses longues queues suivaient en serpentant le parcours de leurs voyages autour du globe. Avant la destruction de leur pays, les Atlantes faisaient le commerce et partageaient leurs connaissances lorsqu'ils prenaient le large vers de lointaines destinations. Une fois leur terre disparue, ils recherchèrent simplement de nouveaux endroits où s'établir, ce qu'ils finirent par trouver en Afrique, en Égypte, en Grande-Bretagne, sur le continent européen, au Proche-Orient ainsi que dans les Amériques.

*L'Atlantide*

## L'Afrique

Les terres fertiles du nord de l'Afrique, un refuge facilement accessible à partir de l'Atlantide, attirèrent de nombreuses familles entreprenantes peu avant la destruction finale. Il y a 12 000 ans, les pluies étaient suffisamment abondantes pour que les rivières et les ruisseaux assurent l'irrigation régulière de la région, maintenant couverte de vastes plaines de sable brûlant. Les sources d'eau formaient un réseau de vallées où vécurent des êtres humains jusqu'à il y a 4 000 ans. Ces terres basses sont aujourd'hui enfouies à plusieurs mètres dans le sol du désert, mais les balayages radar du sud-ouest de l'Égypte effectués de la navette spatiale Columbia révèlent l'existence de cette ancienne topographie.[1] De très vieux dessins retrouvés sur les parois rocheuses des très sèches montagnes de Tassili, en Algérie, dépeignent un attrayant paysage où les gens et les animaux vivaient en harmonie.[2] D'autres souvenirs du cadre de vie agréable qui existait à cette époque ont été conservés grâce aux peintures qui se trouvent dans les galeries situées en-dessous des ruines de la cité de Khamissa, dans les montagnes Atlas, au nord de l'Afrique.[3]

Les Atlantes qui remontèrent les rivières de la côte ouest de l'Afrique rejoignirent leurs amis déjà établis dans la région qu'habite aujourd'hui la nation Ife en Afrique de l'Ouest. Les ruines de leurs temples et d'autres traces de leur magnifique civilisation sont encore visibles.[4] D'autres Atlantes suivirent des rivières conduisant à des communautés installées sur les rives de la mer de Triton, un superbe grand lac d'une largeur de 160 kilomètres, qui repose aujourd'hui sous le désert du Sahara, mais dont subsistent des descriptions. Diodore de Sicile mentionne l'existence de ce lac, qui apparaît également dans les récits des autochtones de l'Algérie et du Maroc. Hérodote (484–425 av. J.-C.), dans son *Livre IV*, évoque une vaste étendue d'eau qui se trouvait au nord de l'Afrique et à laquelle il donne le nom de Tritonis. L'historien grec fait même allusion à Phla, une de ses îles. Dans ses travaux, il fait référence à un mystérieux trésor constitué d'or et gardé par des griffons dans une île lointaine, dont on n'a trouvé la trace que récemment, quand des archéologues ont découvert d'anciennes mines d'or dans la vallée de Pazyrka, en Russie.[5] Celles-ci étaient richement décorées de griffons.

Des milliers de descendants atlantes vécurent heureux sur les rives de la mer de Triton, en Afrique centrale, jusqu'à ce qu'un effroyable tremblement de terre le long d'une faille ne sépare les montagnes Atlas. Au cours d'une nuit tragique, alors que la croûte terrestre était violemment secouée et que les volcans en éruption projetaient dans l'atmosphère de dangereux morceaux de roc et de la lave en ébullition, le lac se vida de ses eaux. Des torrents de liquide écumant auxquels se mêlaient des débris volcaniques recouvrirent complètement les 200 cités érigées autour de la mer de Triton.[6]

Les réfugiés, terrifiés, se dispersèrent dans toutes les directions, et les groupes les plus chanceux et les plus forts survécurent. L'une de ces bandes, qui allait donner naissance aux Berbères, s'enfuit vers les montagnes Atlas voisines et nommèrent le plus haut sommet mont Atlas, en référence à la cime fréquemment entourée de nuages, qui ressemblait aux plus imposants sommets de leur terre natale. Avec leurs nez aquilins, leurs pommettes saillantes, leur peau claire, leurs yeux bleus ou gris et leurs cheveux souvent roux, les Berbères ressemblent à leurs ancêtres atlantes, tout comme les Guanches des îles Canaries. Leur langue est unique, si ce n'est certaines similitudes avec le parler des Guanches et avec l'euskera, l'ancienne langue basque.

Les Touaregs, dont le nom signifie « le peuple du tout-puissant dieu du feu » dans la vieille langue algonquine,[7] étaient de grands guerriers berbères qui continuèrent d'occuper le Sahara central, isolés des autres civilisations, pendant des milliers d'années. Leur empereur le plus puissant, Héraclès, contrôlait la navigation à travers le détroit de Gibraltar, qu'il baptisa Portes d'Héraclès,[8] un titre qui subsista au-delà de 400 av. J.-C., l'époque où écrivit Platon. Les Touaregs conservèrent aussi les traits de l'homme de Cro-magnon que possédaient leurs ancêtres atlantes. Quand les explorateurs arrivèrent jusqu'à eux au XIXe siècle, de nombreux Touaregs, malgré des siècles passés dans les rudes conditions du désert, mesuraient plus de 1,80 m.[9] Leur peau était claire, quoique, à cause de la teinture bleue du vêtement presque violet dissimulant leur visage, les Touaregs furent connus sous le nom de « peuple bleu ».[10] Leur langue écrite, le tamahak, ou tiffinagh, contient plus de 100 mots presque identiques à ceux qu'utilisent les Guanches des îles Canaries.[11] Les Sioux de l'Amérique du Nord comprenaient également plusieurs mots de la langue touarègue. L'une des correspondances les plus intéressantes entre les deux langues était le terme touareg équivalent à « to cast a shadow ». Les Sioux disaient que ce mot touareg signifiait « suivre quelque chose que l'on se prépare à attaquer, en se cachant derrière les arbres ». Le terme se rapproche en ce sens de l'interprétation que l'on donne en anglais à l'expression « to shadow someone ». Les Touaregs considéraient ce mot comme un nom, qui désignait la pénombre dans un lieu où ne peuvent pénétrer les rayons du soleil.[12] Après des milliers d'années, le mot a acquis une signification légèrement différente, mais il fait encore référence à la même chose. Jusqu'à ce que les Touaregs soient vaincus par les Français en 1905, même les puissants Arabes avaient été incapables d'imposer leur langue, tout comme leur religion, à ces nobles et dignes descendants des Atlantes.

Semblable à la cérémonie que leurs ancêtres exécutaient en Atlantide en vue d'offrir des victimes en sacrifice au dieu du feu, l'une des danses rituelles des Touaregs est aussi identique à celle qu'exécutent, en Arizona, la tribu apache Mescallero, dont les lointains ancêtres venaient également du continent disparu. Lucille Taylor Hansen, qui a eu l'occasion d'observer la danse rituelle des Apaches, a obtenu par ailleurs une description de première main d'une danse identique, telle qu'elle était exécutée encore récemment en Afrique. Dans les deux cérémonies, les participants à cheval formaient une ligne simple et se déplaçaient depuis un point correspondant à l'océan Atlantique jusqu'au feu où était célébré le rituel. En Arizona, ils venaient de l'est; en Afrique, ils partaient de l'ouest. Sur leur tête, ils portaient des tridents en flamme, soit l'ancien symbole de l'Atlantide, associé à Poséidon, le dieu de la mer. Le feu brûlant dans les coiffures représentait une montagne laissant s'échapper de la fumée et des flammes. Dans chacun des cas, les danseurs s'approchaient du brasier et effectuaient un rituel d'adoration, et terminaient en se livrant à un combat simulé. Il y a 10 000 ans, en Atlantide, là où la cérémonie trouve son origine, les combattants s'engageaient dans une lutte rapide et brutale. Ceux qui s'en tiraient s'éloignaient en conduisant les chevaux sans cavaliers et en amenant les infortunées victimes pour les jeter, comme offrande symbolique à leurs dieux puissants, dans la bouche des volcans menaçants.[13]

### L'Égypte

Plusieurs Atlantes pieux et instruits gagnèrent à la fois le sud et le nord de l'Égypte dans les années qui précédèrent la destruction finale de leur patrie. Des conflits survenaient fréquemment en Égypte entre l'Église et l'État. Les tribus nomades représentaient par ailleurs une menace constante à l'est. Malgré tout, nous rappelle Edgar Cayce, le pays devint un

centre spirituel, scientifique et culturel.[14] Les Atlantes trouvèrent même, selon ce qu'il nous rapporte, le temps
d'entreprendre des fouilles archéologiques concernant les
anciens habitants de la région.[15] Cayce mentionne aussi que ce
sont les Atlantes qui ont introduit en Égypte le culte au dieu du
soleil,[16] une pratique qui s'est perpétuée pendant des milliers
d'années.

Les descendants des Atlantes continuèrent leurs
anciennes pratiques dans leur Temple de beauté égyptien et
dans le Temple des sacrifices. Ils avaient recours à la musique,
à la danse et à des initiations pour élever leur âme à des niveaux
supérieurs. Dans le Temple de beauté, des prêtres et des
prêtresses aidaient les individus incertains à prendre des décisions quant à leurs choix de vie, et ce, en se fondant sur leur
développement karmique personnel. Tous ceux qui
demandaient ces conseils recevaient un « sceau de vie », c'est-
à-dire une plaque qu'ils pouvaient contempler lorsqu'ils avaient
besoin d'un encouragement ou pour élargir leurs perspectives.[17]

Quand le climat se modifia et qu'il cessa de pleuvoir
dans le sud de l'Égypte, la sécheresse permanente obligea les
descendants des Atlantes à abandonner leurs foyers et à aller
ailleurs. Certains rejoignirent les Berbères dans les montagnes
de l'Atlas, d'autres se déplacèrent au nord et à l'est, le long des
rives du Nil, où ils vécurent avec d'autres groupes originaires de
l'Atlantide en échappant au problème de l'eau. Des archéologues ont récemment découvert de nombreuses colonies
agricoles développées par les hommes de Cro-magnon qui
vécurent en 13000 av. J.-C. le long du Nil, à 45 kilomètres en
aval du barrage d'Assouan.[18] De 13000 av. J.-C. à 11500 av.
J.-C., ces populations prospères, qui utilisaient des faucilles et
des meules à aiguiser pour produire les céréales à la base de leur
alimentation, jouirent d'un âge d'or de l'agriculture.[19]

Avant la destruction de leur contrée, des hommes et des
femmes avisés avaient prévu la longue période de dévastation
ainsi que l'ère encore plus longue d'obscurantisme intellectuel
qui allaient toucher l'Atlantide. Ils choisirent l'Égypte comme
endroit où conserver une partie des vastes connaissances
historiques et technologiques accumulées dans le Temple de
Poséidon. Collaborant avec des érudits, des prêtres, des architectes et des ingénieurs, leurs bâtisseurs construisirent en
Égypte, dans une région où l'énergie de la Terre était puissante,
des pyramides, des temples et une Salle des archives. Les
Atlantes placèrent ainsi leurs documents les plus précieux en

sécurité dans ces endroits avant que ne survienne la destruction finale de leur pays.

Les Atlantes et leurs descendants vécurent bien en Égypte. Essayant de conserver les normes élevées de leur ancien pays, ils transmirent l'information de génération en génération pendant des centaines d'années. Finalement, les catastrophes naturelles dans les régions avoisinantes forcèrent les tribus agressives et barbares venant de toute part à pénétrer en Égypte. Celles-ci détruisirent presque complètement la civilisation avancée que les Atlantes avaient constituée.

Malgré ces invasions, les prêtres luttèrent constamment pour préserver la précieuse tradition et la transmettre à des initiés au cours de cérémonies secrètes. À leurs enseignements s'ajouta la sagesse qu'apportèrent les intellectuels, descendants des Atlantes, qui parcoururent les mers après la disparition du continent et qui finirent par atteindre le Nil. Ainsi, les pratiques occultes, la lévitation, les compétences dans le domaine de l'architecture et de la construction, et l'information historique, dont les renseignements relatifs à l'Atlantide que reçut Solon à Saïs, furent conservés en Égypte.[20]

Grâce à la sagesse issue de son passé, et peut-être avec l'apport des visiteurs de la dixième planète, qui fournirent leur aide aux Sumériens,[21] la civilisation égyptienne en pleine maturité présentée dans nos livres d'histoire est apparue de manière très soudaine; elle était, dès sa naissance, une civilisation avancée. Au début de la Première Dynastie — la première période rapportée dans l'histoire de l'Égypte (de 3110 av. J.-C. à 2884 av. J.-C.) —, ce peuple possédait une langue écrite élaborée, avec des signes représentant des sons. Les orfèvres démontraient par ailleurs une très grande compétence, ce qui suppose une longue période de développement. Dans un temps singulièrement court, les Égyptiens purent compter sur une expertise médicale et un calendrier avancé, des concepts mathématiques complexes et la capacité de construire d'insurpassables pyramides en pierre.

Le vaste savoir de l'Atlantide, conservé et transmis par les prêtres en Égypte, contribua aux réalisations exceptionnelles du peuple de la Première Dynastie. Leur premier calendrier en est une très bonne démonstration. Comme cela était souvent le cas dans la préhistoire, celui-ci était basé sur les heures, dont le nombre correspondant au jour et à la nuit variait selon l'endroit. La plus longue journée du calendrier égyptien comprenait 12 heures et 55 minutes, et la plus courte, 11 heures et 5 minutes. Ces périodes de temps ne correspondent pas à la situation géographique de l'Égypte, où les jours devaient être plus longs en été et plus courts en hiver, mais plutôt à celle de l'Atlantide, à 130 kilomètres au sud.[22]

Quand les édifices sacrés du nord de l'Égypte se désintégrèrent, de nouvelles structures furent érigées par-dessus les anciennes. Robert Bauval, un astronome et ingénieur en construction belge, a étudié l'aménagement du Sphinx, de la Grande Pyramide de Khéops et des autres temples et pyramides situés à proximité. En tenant compte de la relation entre les édifices et les constellations célestes, il a émis l'hypothèse que le site de la Grande Pyramide fut d'abord conçu en 104550 av. J.-C.[23] Edgar Cayce affirme que ces édifices sont érigés sur la terre bénie au-dessus de la pyramide contenant la Salle des archives et ses précieuses données.

### La Grande Pyramide

Le savoir-faire et les connaissances avancées que les Atlantes développèrent dans les domaines de l'architecture et du génie furent préservés en Égypte et révélèrent leur utilité, combinés aux conseils des extraterrestres, lors de la construction de cet exceptionnel édifice qu'est la Grande Pyramide. La Grande Pyramide ressemble de manière frappante aux monumentales constructions préhistoriques que l'on retrouve à Tiahuanaco et à Cuzco; elle s'apparente aussi à la Pyramide du Soleil de Teotihuacan, au Mexique, de même qu'à la Cité aux portes d'or et aux édifices sumériens, auxquels collaborèrent des dieux venus du ciel.

Pour achever la Grande Pyramide, les bâtisseurs utilisèrent plus de 2 500 000 blocs de granit et de pierre à chaux, dont certains pesaient plus de 60 tonnes, qu'ils extrayaient de carrières situées à plusieurs kilomètres. La structure s'étend sur 5 hectares, soit l'équivalent de trois blocs à Manhattan.[24] Même avec leurs dents dures constituées de lames de 3 mètres, les scies qu'ils utilisaient exigeaient, pour traverser la dureté du granit, que l'on exerce près de 2 tonnes de pression.[25] Les constructeurs placèrent une tête de calcaire plaquée or au sommet de la haute pyramide et posèrent d'énormes pierres à chaux polies pour revêtir les murs extérieurs. Chacune des ces pierres mesurait près d'un mètre d'épaisseur et était légèrement arrondie vers l'intérieur. Finies avec une précision atteignant une fraction de millimètre, elles s'emboîtaient parfaitement.[26] Avec son sommet doré et ses parois de calcaire blanc qui étincelaient comme des milliers de diamants au soleil, la colossale pyramide offrait de loin une vue magnifique et inoubliable. Hérodote et les autres personnes qui étudièrent de près les pierres de revêtement rapportent que celles-ci étaient couvertes d'écriture. Selon les anciens papyrus, ces écritures contenaient entre autres les mystères de la science, de l'astronomie, de la géométrie, de la physique.[27] Après une série de tremblements de terre survenus au XIIIe siècle ap. J.-C., les Arabes enlevèrent ces inestimables pierres et les utilisèrent pour la construction de mosquées et de palais au Caire.[28]

Disposant du plus haut savoir, ces hommes intégrèrent à la conception de la Grande Pyramide des concepts géographiques et mathématiques élaborés. La construction est un modèle à l'échelle précis de l'hémisphère Nord, avec son sommet correspondant au Pôle Nord et sa base, à l'équateur.[29] Orientée selon les points cardinaux, la base de cet impression-nant édifice couvre exactement la distance que parcourt n'importe quel point situé à l'équateur lorsqu'il se déplace autour de l'axe de la Terre en une demi-seconde.[30] La longueur des quatre bases de la pyramide varie tout au plus de quelque 20 centimètres, et lorsqu'on la divise par deux fois sa hauteur, on obtient 3.1416, la valeur de pi. Ces dimensions indiquent que les concepteurs comprenaient parfaitement les principes avancés de la Section d'or, une utile constante mathématique redécouverte au XIVe siècle.[31] Les connaissances que possé-daient ces anciens érudits sont particulièrement saisissantes lorsque l'on se rappelle qu'Euclide, celui qui systématisa les bases de la géométrie, vécut au IIIe siècle av. J.-C., longtemps après la construction de l'édifice. La Grande Pyramide est un monument durable aux talentueux scientifiques de la préhis-toire et à leur profonde compréhension des relations entre les nombres, la géométrie et l'esprit humain.[32]

Dans d'anciens dessins, le Sphinx, qui se trouve à côté de la Grande Pyramide de Gizeh, est tapi en haut d'une construction en pierre.[33] Il est possible qu'un autre édifice soit profondément enterré sous l'immense statue de pierre, qui fut elle-même entièrement recouverte de sable à une certaine époque. Edgar Cayce affirme qu'« il y a une chambre ou un passage entre la patte droite [du Sphinx] et cette entrée de la salle des archives, ou de la tombe des archives. »[34] Des scien-tifiques japonais ayant récemment passé des mois à mesurer et à examiner l'édifice ont découvert des cavités souterraines à proximité du Sphinx, ainsi qu'un possible tunnel près de la patte droite.[35] Le gouvernement égyptien refuse d'autoriser des forages sous les monuments, de peur qu'ils ne s'effondrent.

Cayce soutient que lorsque l'homme aura évolué jusqu'à un niveau de compréhension supérieur et sera prêt à les accueillir, ces connaissances secrètes de l'Atlantide seront révélées.[36]

Une forme d'énergie agit à l'intérieur des pyramides. Même si ce phénomène a fait l'objet de nombreuses expériences, personne n'a réussi à comprendre vraiment comment il fonctionne. L'énergie en question fut découverte lorsqu'on s'aperçut que les anciens rebuts et les animaux morts dans la Grande Pyramide n'étaient pas pourris, ne dégageaient aucune odeur et semblaient momifiés. Selon le médium Paul Solomon, le pouvoir de l'énergie de la pyramide a conservé les aliments entreposés dans la Salle des archives, entre le Sphinx et la Grande Pyramide, et ceux-ci sont encore comestibles.[37] Des chercheurs suggèrent que, dans des conditions appropriées, l'énergie des pyramides peut non seulement conserver les aliments, mais aussi aiguiser les lames de rasoir, améliorer le goût de l'eau du robinet, stimuler la croissance des plantes et la germination des graines, recharger les piles, favoriser le processus de guérison et accroître la vitalité et la virilité.[38]

### Les manuscrits égyptiens

Le gardien du temps a verrouillé les portes de plusieurs pièces du passé, mais des fragments d'information concernant l'Atlantide se sont échappés. Le *Livre des morts égyptien*, écrit sur les papyrus découverts dans les tombeaux et sur les enveloppes de momies datant de milliers d'années avant Jésus-Christ, décrit la « demeure de l'âme » qui se trouve à l'ouest, au-delà des Colonnes d'Hercule, à l'emplacement de l'Atlantide.[39] À cet endroit, des canaux relient des îles vertes et fertiles où le blé et l'orge poussent extrêmement haut.[40] Le *Livre des morts* fait allusion au dieu Thoth, le « Gardien des deux terres », qui apporta la culture de l'ouest jusqu'en Égypte.[41] Le prêtre historien égyptien Manethon mentionne l'existence d'un calendrier égyptien commençant en 1154 av. J.-C.[42] Hérodote parle de papyrus se trouvant en Égypte et contenant les noms de 330 rois. La liste en question remonte à 11 000 ans avant son époque.[43]

Le Papyrus de Turin constitue l'une des deux pièces d'archive se rapportant aux anciens rois d'Égypte. Il fournit les noms des dix dieux qui régnèrent pendant les Premiers Temps, ainsi que ceux des rois mortels qui dirigèrent la haute et la basse Égypte après les dieux, mais avant le premier pharaon de la Première Dynastie, en 3100 av. J.-C.[44] Les anciens Égyptiens décrivaient les Premiers Temps comme la période où les dieux dirigèrent leur pays et le sortirent de la noirceur. Ces dieux, qu'ils appelaient les Neteru, étaient à la fois masculins et féminins. Les Neteru étaient plus forts et intelligents que les humains et possédaient des pouvoirs surnaturels, mais ils étaient vulnérables à la maladie et pouvaient mourir. Leur lien avec l'Atlantide devient évident lorsque l'on considère le fait que les premiers Égyptiens croyaient que les dieux pouvaient transporter les gens à travers l'eau jusqu'à la « demeure de l'âme ». Au cours de l'un de ses voyages en Égypte, Diodore de Sicile étudia aussi d'anciens manuscrits faisant référence à une série de dieux, de héros et de rois mortels qui régnèrent pendant des milliers d'années. Il est très possible que ces « dieux » et les Neteru aient été des visiteurs de l'espace et que leurs contributions à l'ancienne et très avancée civilisation égyptienne se soient manifestées longtemps après leur départ.

### La Grande-Bretagne

Les conditions changèrent rapidement en Grande-Bretagne en 10000 av. J.-C., lorsque disparurent des montagnes de l'Atlantide. Les vents d'ouest dominants, réchauffés par leur passage au-dessus du Gulf Stream, n'étaient plus bloqués par l'Atlantide et finirent par atteindre l'Irlande, le pays de Galles et l'Angleterre. Le climat s'améliora et les glaciers fondirent rapidement. L'herbe commença à pousser dans les prés, des fleurs s'épanouirent et des animaux s'installèrent dans la région. Les Atlantes, sans autres foyers que leurs bateaux, furent ravis de découvrir cette terre accueillante.

Des récits concernant le Peuple du serpent, ses musiciens, ses poètes, ses médecins et ses bâtisseurs talentueux ont été conservés dans les anciennes légendes et dans les livres irlandais. Le *Book of Armagh*, du XIIIᵉ siècle, le *Book of the Dun Cow*, du XIIᵉ siècle, le *Book of Lecan*, le *Book of Leinster* et le *Book of Invasions*, tous compilés à partir de sources encore plus anciennes, décrivent, dans un ordre séquentiel, les envahisseurs qui se sont succédés, soit les Némédiens, les Formoriens, les Fir-Bolgs et enfin les Tuathas. Tous parlaient une langue semblable, car leur culture provenait de l'Atlantide. Ils avaient toutefois vécu des expériences variées après avoir quitté leur terre natale. Avant d'atteindre l'Irlande, certains avaient erré sur l'océan, d'autres avaient parcouru à pied les pays slaves, et quelques-uns passèrent un certain temps en Égypte.[45]

Les premiers arrivés furent les grands et forts Némédiens, connus aussi sous le nom de Fils du Soleil. Ces

Atlantes, qui débarquèrent en Irlande vers 10000 av. J.-C., voyageaient sur des vaisseaux d'argent dont la proue était décorée de peintures représentant des serpents. Ils furent suivis par les Formoriens. Également de forte constitution, ces derniers étaient connus comme le « Peuple de sous la mer ».[46] Les légendes irlandaises rappellent ces Formoriens à la spiritualité développée, qui contrôlaient les forces naturelles et venaient d'une île engloutie.[47]

Des centaines d'années plus tard, arrivèrent les Fir-Bolgs, une race atlante plus costaude et plus petite. Ces individus à la peau foncée, originaires des montagnes situées dans la partie orientale de l'Atlantide, étaient d'excellents mineurs et des bâtisseurs qui combattaient avec les larges lames aiguisées de leurs haches. Les Fir-Golgs étaient reconnus pour leur ruse et leur humour, et sont entrés dans la légende, dans les îles britanniques, sous la forme de lutins et de farfadets.[48]

Les Fir-Bolgs canalisaient l'énergie le long des lignes géobiologiques et réussissaient à déplacer de grandes quantités de terre afin de créer des collines artificielles où ils se rassemblaient chaque année, à des moments déterminés, pour tenir des festivités.[49] Ces collines ou monticules avaient souvent, en mémoire de l'Atlantide, la forme d'un serpent. Un exemple est celui de Glen Floc, à côté de Lock Nell, près d'Oban, qui mesure 90 mètres de long et 6 mètres de haut. Pour leur célébration métaphysique des rites sacrés de magie solaire, les Fir-Bolgs érigèrent la Salle de Tara, un gigantesque édifice de plus de 200 mètres de long et de près de 30 mètres de large, construit à l'aide d'immenses pierres de plusieurs tonnes. Ce lieu sacré servit à des cérémonies religieuses et à des initiations pendant des centaines de siècles. Il est possible, à partir des plans décrits dans les vieux manuscrits ainsi que des ruines de cette salle aux multiples facettes, de reconstruire plusieurs aspects de la complexe organisation sociale des Fir-Bolgs. Le magnifique édifice constituait un espace dont profitaient entre autres les musiciens, les poètes, les médecins, les historiens, les bâtisseurs, les quatre classes de la noblesse, les trois catégories de bouffons, les joueurs d'échecs, les druides, les chasseurs de cerf, les devins, les professeurs, les juges et les forgerons.[50]

Peu de temps après la destruction finale de l'Atlantide, l'Irlande fut envahie par les Tuatha de Danaan, dont le nom signifiait « inondation ». Ces nouveaux-venus au teint clair, aux longs cheveux blonds ou roux et aux yeux bleus venaient des régions les plus au nord de l'Atlantide. Ils utilisaient les métaux, possédaient des pouvoirs surnaturels et entrèrent dans la mémoire comme étant un peuple sage et informé. Les Tuathas comprenaient la langue des Fir-Bolgs, mais ils se montrèrent hostiles à leur égard et les combattirent à l'aide d'étranges armes à feu qui créaient des nuages de fumée noire.[51] Au cours de l'une de ces batailles, le chef des Tuathas perdit une main. Un partenaire habile, qui connaissait bien les techniques médicales avancées de l'Atlantide, remplaça la main par une autre en métal, ce qui valu dès lors au chef le nom de Nuada à la main d'argent.[52] Plusieurs autres récits au sujet des Tuathas ont été conservés dans les légendes irlandaises. Les Tuathas, suivant les traditions que leurs ancêtres pratiquaient en Atlantide, vouaient un culte au Soleil et construisaient de massifs édifices en pierre de taille.[53]

Après la fonte des glaciers, les peuples des Pléiades vinrent en Grande-Bretagne et offrirent leur aide aux émigrants atlantes et à leurs descendants. De nombreuses constructions en pierre érigées à l'époque préhistorique sont alignées en direction des sept étoiles formant les Pléiades, et indiquent l'endroit exact où elles se lèvent aux solstices d'été ou d'hiver.[54] Certaines des dates importantes dans les anciens calendriers britanniques correspondent au mouvement des Pléiades. C'est le cas, par exemple, du Celtic May Day, qui était célébré au moment où la constellation se levait à l'aube.[55]

Dans des chansons et des récits, les plus vieux habitants de Galway, l'une des régions de la côte ouest de l'Irlande où débarquèrent les Atlantes, décrivent la merveilleuse contrée de leurs ancêtres, qui se trouvait à l'ouest, dans des îles. Ils lui donnent le nom de « Iere », qu'ils prononcent *Ai-ree*.[56] Pan, le dieu de la Nature, était un dieu de l'ancienne Iere, un lieu magique habité par les fées et les esprits du mal. À cet endroit, les édifices n'avaient pas d'escaliers, car tout le monde avait la capacité de voler.[57] Des récits décrivent aussi le pays d'Ogham, ou Ogyges, au large des côtes de l'Irlande. Celui-ci se trouve aujourd'hui dans les bas-fonds, à près de 100 mètres sous la mer, sur un plateau qui s'étend presque jusqu'à la dorsale médio-atlantique.[58] Selon les légendes, il fut un jour possible d'atteindre l'Atlantide en passant par Ogham. Le voyage s'effectuait sur une route large et bien éclairée.[59] Une énorme statue de granit représentant Og, le roi d'Ogham, et une autre représentant sa femme, la reine Magog, s'élevaient encore à Londres avant que les bombes de la Seconde Guerre mondiale ne les détruisent.[60]

Les premiers habitants de l'Irlande adoptèrent plusieurs des pratiques atlantes. Le pays était divisé en provinces, chacune dirigée par un roi. Les rois recrutaient leurs forces armées exactement de la même manière qu'en Atlantide, où chaque province fournissait le nombre requis de cavaliers, de fantassins et de lanceurs de pierres.[61] Les grands prêtres irlandais, appelés druides, célébraient les cultes autour de piliers de bronze semblables à la colonne du Temple de Poséidon, dans la Cité aux portes d'or. Se réunissant régulièrement pour régler les controverses, ils sacrifiaient des taureaux blancs et pratiquaient des sacrifices humains, tout comme pendant la dernière période de la civilisation atlante. Les druides croyaient en la transmigration des âmes et prétendaient être capables de léviter, de contrôler le temps qu'il fait et de se rendre invisibles.[62] Les universités des druides établies en Grande-Bretagne étaient parmi les plus importantes du monde occidental, et elles attiraient des érudits de haut calibre venant de régions éloignées. Les membres de leur corps professoral qui se rendirent sur le continent influencèrent Pythagore (582–500 av. J.-C.) et d'innombrables érudits oubliés depuis longtemps.[63]

Les Romains éliminèrent impitoyablement les druides de la Grande-Bretagne et du continent européen. Jules César donna l'ordre de brûler l'immense bibliothèque appartenant aux druides de l'Angleterre, en plus d'exiger que l'on détruise tous leurs documents écrits.[64] Les druides qui survécurent au pays de Galles finirent par être eux aussi éliminés, et les rares qui survivaient encore en Irlande au ve siècle furent convertis au christianisme par Saint Patrick.

De nombreux Atlantes s'établirent au pays de Galles, et l'on retrouve dans le folklore gallois beaucoup de récits concernant l'Ancien Royaume, qui fut d'abord séparé en plusieurs îles, puis recouvert par la mer. Dans *Myvrian Archaeology of Wales*, un ouvrage publié en 1870 mais tiré de sources pré-chrétiennes, il est fait allusion à ceux qui échappèrent à une immense inondation et apparurent dans un immense bateau sans voiles, mais avançant à grande vitesse.[65] Les descriptions et les aventures des Enfants de Don, des immigrants ressemblant aux Tuatha de Danaan de l'Irlande, remplissent également plusieurs pages de la littérature galloise. Lorsque ces puissants individus arrivèrent en provenance d'une terre engloutie située à l'ouest, ils exercèrent de forts pouvoirs magiques pour soumettre la population de la région. Un de leurs chefs avait le don de télépathie. Un autre était capable de se transformer en animal ou en oiseau et de terroriser, grâce à ce talent conservé par les chamans, les naïfs habitants de l'ouest du pays de Galles. Les Enfants de Don possédaient d'autres remarquables capacités et, comme les

Tuathas, ils construisirent des édifices à l'aide de gigantesques blocs de pierre de taille.

*Lyonesse*

Au large de la pointe qui s'avance au sud-ouest de l'Angleterre, juste au-dessous de la surface de l'eau, se trouvent les vestiges de l'île de Lyonesse. Vers 18000 av. J.-C., alors qu'une grande partie des eaux océaniques était intégrée aux glaciers des régions nordiques, Lyonesse était une colonie atlante reliée par un collier d'îles à l'Atlantide. La terre de Lyonesse s'est peu à peu morcelée, et les morceaux qui restèrent devinrent les îles Sculley. Les pêcheurs qui scrutent les profondeurs de l'eau par des journées très claires peuvent apercevoir, résistant fièrement à l'appétit vorace de la mer qui les submerge, les majestueux châteaux de Lyonesse.

Les réfugiés venant de Lyonesse naviguèrent jusqu'au sud-ouest de l'Angleterre, et ils y créèrent le Royaume sacré de Logres, où les descendants errants des Atlantes furent accueillis pendant des centaines d'années. Les habitants de Logres avaient recours aux techniques de la géomancie pour améliorer leur relation avec l'univers. Comptant sur les connaissances techniques et les compétences en génie transmises par leurs ancêtres, ils modelèrent dans leur environnement d'étonnantes figures du zodiaque. De tels signes du zodiaque ont aussi été retrouvés dans les ruines assyriennes préhistoriques et en Égypte, ce qui indique une probable influence extraterrestre. La plus grande sculpture environnementale réalisée à Logres comprend une aire circulaire d'environ 50 kilomètres, qui s'étend aux environs de Glastonbury. La circonférence, que l'on peut clairement distinguer depuis les airs, englobe des collines, des cours d'eau, des arbres et des amas de terre, tous formés de manière à représenter les douze signes du zodiaque. La tête de chaque figure est tournée vers l'ouest, en direction du cimetière de l'Atlantide.[66] Les signes furent si habilement façonnés que, à l'époque où ils furent construits, la marée recouvrait en partie la figure du Poisson, lequelle, on le sait, a besoin d'eau.[67]

*Wotan*

Quand les récits se rapportant aux héros des temps anciens se transmettent à travers les siècles, les figures dominantes du passé se transforment souvent en dieux ou en personnages mythiques. Jusqu'à l'époque anglo-saxonne, Wotan, ou Votan, le dernier roi éminent de l'Atlantide, fut révéré comme un dieu. On voyait en lui, en raison du pouvoir qu'il exerçait sur les forces naturelles, un belliqueux tueur de dragons. Lorsque l'Église chrétienne essaya de détruire les religions païennes en Grande-Bretagne, Saint Michel fut représenté comme un successeur de Wotan. Le nom de Saint Michel fut partout méthodiquement substitué à celui de Wotan. Construit à l'origine pour l'énergie, mais plus tard utilisé pour les processions de dragons, un tracé géobiologique ancien et parfaitement droit était dédié, dans l'Angleterre préhistorique, au dieu Wotan. Suivant cet ancien tracé, dix églises ou points élevés qui furent jadis dédiés à Wotan portent aujourd'hui le nom de Saint Michel. Cette ligne s'étend sur plus de 300 kilomètres, de l'église Saint-Michel, à Clifton Hampden, en passant par le rocher Saint-Michel, à Glastonbury, jusqu'au mont Saint-Michel, près du cap de Land's End. Afin de détruire complètement le souvenir du puissant héros qu'était jadis Wotan, les Chrétiens le dépeignirent comme une force du mal. Ils mirent ainsi l'accent sur le Saint, qu'ils représentèrent entouré d'anges et combattant les pouvoirs des ténèbres, incarnés par Wotan sous la forme d'un dragon. Le *Livre des révélations* décrit le combat de Saint Michel contre la puissante bête, qui représentait le Diable et Satan. On retrouve dans les églises britanniques de nombreuses statues et images de Saint Michel tuant un dragon ou surmontant la bête vaincue, car il fallut plusieurs centaines d'années d'efforts acharnés pour contrer l'influence tenace des croyances ancrées chez les descendants des immigrants venus de la vieille terre rouge.

## L'Europe continentale

La plupart des colonies atlantes le long du littoral de l'océan Atlantique ont disparu définitivement vers 10000 av. J.-C., des raz-de-marée et des inondations ayant entraîné leur destruction complète. Toutefois, certains des vigoureux habitants de Tarshish, une communauté située sur la côte atlantique de l'Espagne, y revinrent lorsque les eaux se retirèrent. Ils luttèrent pour reconstruire leur cité et, en 7000 av. J.-C., Tarshish était de nouveau une métropole prospère, renommée pour sa poésie, ses lois et ses livres.[68] La Bible mentionne les grandes quantités d'or et d'argent que l'on trouvait à Tarshish, et les premiers documents grecs font allusion aux ancres en argent dont étaient équipés les bateaux.[69] En 533 av. J.-C., des maraudeurs carthaginois saccagèrent et brûlèrent la magnifique cité, après quoi celle-ci se mit à décliner. Les vestiges des constructions d'autres colonies atlantes édifiées sur des plateaux continentaux maintenant submergés au large de la côte de

l'Espagne ont été aperçus par des plongeurs, mais le gouvernement espagnol en interdit l'exploration pour des raisons
militaires.[70]

Edgar Cayce décrit comment des Atlantes volèrent dans
les airs ou se rendirent à pied du golfe de Gascogne jusqu'aux
Pyrénées, pour enfin s'établir dans le sud de la France et au nord
de l'Espagne.[71] Relativement isolés, ils vécurent dans ces
régions protégées par d'abrupts cols rocheux pendant des
milliers d'années. Leurs descendants, les Basques, y habitent
encore. Isolés du monde environnant et fiers de leur héritage
atlante, les Basques, tout comme leurs lointains cousins
Guanches des îles Canaries, ont limité les mariages interethn-
iques et ont conservé les traits qui les rapprochent de manière
frappante de l'homme de Cro-magnon. Leur groupe sanguin est
sensiblement différent de celui de leurs voisins français et
espagnols, car les Basques ont un pourcentage beaucoup plus
élevé du groupe O. Le groupe RH négatif est une caractéristique commune à tous les descendant des Atlantes. C'est chez
les Basques que l'on observe la fréquence du groupe RH négatif
la plus élevée au monde.[72] Un pourcentage élevé du groupe RH
négatif a aussi été noté chez les Berbères du nord de l'Afrique,
dans quelques communautés amazoniennes et parmi les
Guanches.

La langue basque, l'euskera, est un reflet de la langue
préhistorique que les Atlantes ont répandue partout dans le
monde. En raison de son origine commune avec la langue du
Guatemala, les autochtones de ce pays d'Amérique centrale
sont capables de la comprendre.[73] Plus près de certaines
langues amérindiennes que des langues indo-germaniques,
l'euskera ne provient d'aucune langue connue.[74] Les similitudes
entre la langue basque et celle que parlent les Touaregs et les
Guanches ont quant à elles déjà été mentionnées dans ces
pages.

En 1978, le poète basque Jacinth Verdaguer a publié un
magnifique poème, *L'Antantida*, qui préserve pour la postérité
le respect de son peuple à l'égard de l'Atlantide, son ancienne
patrie. Verdaguer y décrit les sommets enneigés des montagnes
de l'Atlantide, ainsi que ses bouillonnants volcans. Il dépeint
aussi avec une émotion intense les charmants jardins fleuris et
l'immense étendue des champs de blé, qui s'étendent comme
des cheveux dorés. Ces paysages sont totalement différents de
l'environnement montagneux qui est le sien. Les condors au vol
vertigineux, les sauvages mastodontes et les corpulents
mammouths de l'Atlantide prennent vie dans sa poésie, tout

comme dans les histoires que se transmirent ses ancêtres de génération en génération. Le poète mentionne même la fameuse orangeraie d'or de Gorias. L'affection sincère que porte Verdaguer à l'Atlantide reflète l'amour que ses lointains ancêtres avaient, comme tous les expatriés, pour leur terre d'origine.

## Le Proche-Orient

La grande sagesse des érudits atlantes fut aussi reconnue et conservée dans la mémoire au Proche-Orient. De malheureux réfugiés atteignirent cette région à bord de leurs bateaux en 10000 av. J.-C. Arrivé, comme le décrit la Bible, avec sa famille et plusieurs animaux, Noé est le plus célèbre émigré de l'Atlantide, la seule région du monde suffisamment avancée, à l'époque, pour produire les connaissances qu'il apporta avec lui. *Le Livre des jubilés*, l'un des manuscrits de la mer Morte, fait mention de l'information écrite concernant les médicaments et les plantes que Noé a remise à Shem, en ajoutant qu'au moment venu ces livres furent transmis par Jacob à son fils Lévi, qui les donna à ses enfants.[75] L'éclairage de connaissances que Noé apporta au Proche-Orient est symbolisé dans plusieurs légendes. Les Hébreux décrivent l'un de ces livres sacrés offerts à l'origine à Adam par l'ange Raziel. Ils affirment que le livre était fait de saphirs et qu'il appartenait autrefois à Noé, qui l'utilisait comme « lampe » (lumière de connaissances) lorsqu'il était sur son arche. Finalement, le livre se retrouva dans les mains du roi Salomon et fut considéré comme la source de toute sagesse. Ayant voyagé de l'Atlantide jusqu'au Proche-Orient à l'époque du déluge, l'information au sujet des arts occultes fut intégrée aux pratiques de l'Ordre de l'Essence, une ancienne secte juive formée d'érudits.[76]

Des descendants des réfugiés atlantes, dont les Magyars et les Finlandais, qui étaient relativement avancés, parcoururent l'Europe, où ils perpétuèrent leurs coutumes ancestrales. Les puissants prêtres qui dominaient le peuple magyar convoquaient les esprits du mal et dirigeaient des festivités dans lesquelles des rituels sanglants étaient officiellement organisés.[77] Les Magyars étaient réputés pour leur vaste connaissance des plantes médicinales, et ils conservaient précieusement leurs jolies statues et leurs bijoux en or et en argent.[78]

## LA ROUTE DE L'OUEST

### L'Amérique centrale

Plus que toute autre, la préhistoire de l'Amérique centrale fut complexe et mouvementée, car cette partie du continent américain eut continuellement à subir des tremblements de terre, des éruptions volcaniques et de désastreuses inondations, qui détruisirent tout à tour les premières civilisations. Des tribus nomades affamées, expulsées de l'Amérique du Nord par les glaciers, achevèrent le travail des catastrophes naturelles, en particulier au Mexique. Néanmoins, on peut retrouver les traces d'une forte influence atlante lorsque l'on examine les coutumes, les techniques et les réalisations des habitants du passé, ainsi que les légendes se rapportant au grand serpent, c'est-à-dire au « grand pays » situé à l'est, du côté du soleil levant, là où, avant qu'il ne disparaisse, il y avait des édifices en forme de carrés pointus, et où les habitants étaient très riches.[79]

En 10000 av. J.-C., quand les réfugiés de l'Atlantide atteignirent l'Amérique centrale, ces étranges nouvelles terres étaient habitées par des peuples hostiles et par des animaux et reptiles dangereux. Les fréquentes secousses du sol et les émissions mortelles des volcans leur rappelèrent leur terre natale, mais aggravèrent aussi leurs problèmes. La plupart des familles qui eurent la chance de survivre aux catastrophes naturelles trouvèrent refuge dans des grottes, où elles furent forcées de vivre en retrait pendant plusieurs générations. Les reliques matérielles que leurs ancêtres avaient apportées de l'Atlantide étaient peu utiles. En revanche, ces survivants passèrent des heures et des heures, année après année, à mémoriser et à répéter les récits concernant la civilisation supérieure de la « vieille terre rouge ».

Tandis qu'ils attentaient que les conditions reviennent à la normale, les Atlantes et leurs descendants avaient amplement le temps de se consacrer à la contemplation. Ils cultivèrent les capacités du côté droit de leur cerveau, dont l'intuition et la clairvoyance, et continuèrent d'exécuter des rituels d'initiation destinés aux jeunes. Quand les conditions de vie s'améliorèrent à l'extérieur, les hommes, les femmes et les enfants, qui avaient développé leur résistance et leur intelligence, sortirent peu à peu de leurs sombres abris rocheux et se déplacèrent vers des régions plus fertiles. Tout comme l'avaient fait les prêtres des centaines d'années auparavant en Atlantide, ils utilisèrent des tactiques occultes pour obtenir le respect et exercer un pouvoir sur les autochtones. On retrouvait encore, au XIVᵉ siècle, en Amérique centrale, des traces de leurs pratiques de sorcellerie. Les Mexicains racontèrent aux Espagnols que des sorcières capables d'infliger des mauvais sorts hantaient certaines croisées de chemins. Ces créatures, disait-on, se rendaient à leurs rassemblements en volant sur des balais et utilisaient leurs pouvoirs magiques pour changer de forme.[80]

Les descendants des émigrés de l'Atlantide qui arrivèrent en Amérique centrale durant des périodes où les éléments naturels étaient stables s'en tirèrent très bien. Conjuguant la sagesse de leurs ancêtres et les conseils amicaux des visiteurs de l'espace, notamment ceux qui venaient des Pléiades, ils bâtirent des cités comprenant des constructions importantes, dont des temples, des observatoires et de nombreuses pyramides. À l'instar de la Grande Pyramide d'Égypte, leurs édifices à quatre côtés et aux faces triangulaires furent orientés avec précision selon les points cardinaux, démontrant la très grande importance qu'accordaient ces sociétés aux mathématiques et à l'astrologie.

Les premiers habitants de la région découvrirent à quelques kilomètres de Mexico, c'est-à-dire à Teotihuacán, un lieu caractérisé par une concentration inhabituelle d'énergie terrestre. Le site sacré qu'ils y créèrent a survécu jusqu'à aujourd'hui, sous l'une des plus grandes pyramides du monde, la Pyramide du Soleil. En dessous de cette dernière, se trouve un long tunnel naturel conduisant à une caverne composée de quatre chambres, formées par des coulées de lave il y a plus d'un million d'années. Les tout premiers habitants agrandirent les quatre chambres, soutinrent les plafonds au moyen de blocs de pierre et plâtrèrent les murs avec de la boue. Le site de Teotihuacán était un endroit extrêmement puissant, idéal pour les cérémonies religieuses et les initiations. C'est ce qui incita des résidents dévoués à y bâtir une pyramide, ainsi qu'un tracé géobiologique s'étendant en droite ligne de la caverne originale jusqu'au nord, dans le sud-ouest des États-Unis, où vivaient des descendants des Atlantes. L'architecture et l'emplacement des édifices de Teotihuacán correspondent aux points où se lèvent et se couchent les Pléiades, leur patrie céleste, ce qui laisse supposer que les Pléiadiens prirent part à leur conception. L'immense Pyramide du Soleil fut finalement construite par-dessus la grotte sacrée et la plus petite pyramide originale.[81]

Les mesures de la Pyramide du Soleil de Teotihuacán, qui correspondent à une distance précise du soleil, témoignent à plusieurs égards d'une fine connaissance géographique.

L'extraordinaire construction fut disposée de manière à ce que les ombres produites puissent servir d'horloge perpétuelle. Des mathématiciens qui l'ont analysée avec soin estiment que ses concepteurs comprenaient la relation dans l'espace de la sphère et du tétraèdre. Ces derniers intégrèrent dans le dimensionnement de la pyramide le message selon lequel l'univers physique est tétraédrique, depuis le niveau microscopique de l'atome jusqu'au niveau macroscopique des galaxies, dans une échelle de vibrations où l'homme est situé environ au centre. Peter Tompkins offre, dans *Mysteries of the Mexican Pyramids*, une explication technique détaillée de ce concept et de la manière dont il s'applique à la construction des pyramides.[82] Tout comme pour la pyramide de Gizeh, personne ne comprend comment les pierres qui ont servi à cette gigantesque construction furent transportées jusqu'au site, puis soulevées afin de constituer l'immense édifice. Des Mexicains racontent qu'elles furent créées par des géants qui périrent dans le désastre causé par un déluge et des tremblements de terre. Ces géants étaient probablement des êtres venus de l'espace, qui retournèrent chez eux, dans les étoiles, quand se produisirent les catastrophes naturelles.

On retrouve encore aujourd'hui en Amérique centrale certaines des pyramides construites vers l'époque de l'arrivée des derniers réfugiés atlantes. L'une des plus vieilles est celle de Peña Pobre, à Tlalpam, près de San Angel.[83] Un autre ancien édifice s'élève à Cuicuilo, près de Mexico. Cette immense pyramide s'y trouvait déjà il y a plus de 8 000 ans, quand des quantités mortelles de pierre ponce, de cendre, de terre et de roches volcaniques provenant du mont Azusco, haut de près de 4 000 mètres, et d'un autre cratère plus petit, le Xitli, en couvrirent le tiers inférieur.[84] On sait peu de chose des malheureux résidents de la région environnante, qui durent fuir dans toutes les directions après la catastrophe, mais la qualité et l'aspect élaboré des bijoux, des céramiques et des statuettes qu'ils placèrent dans la pyramide indiquent que ces peuples préhistoriques formaient une race avancée qui avait conservé et développé la culture de ses ancêtres.[85]

Les descendants des Atlantes qui vécurent en Amérique centrale perpétuèrent les coutumes funéraires que pratiquaient leurs ancêtres dans leur contrée d'origine. Un de leurs cimetières, qui se trouve sous un secteur de la ville de Mexico appelé Pedrigal, est aujourd'hui couvert d'une couche de lave d'une épaisseur atteignant à certains endroits plus de 15 mètres, et qui provient d'éruptions volcaniques survenues il y a de 8 000 à 12 000 ans. La plupart des ossements et des objets façonnés sont demeurés intacts, car le terrain situé juste au-dessus est occupé par de charmantes maisons et une partie de l'Université de Mexico. C'est dans ce cimetière que, plusieurs années avant l'éruption fatale, les familles dévotes enterrèrent leurs morts en position recroquevillée, avec l'ocre rouge et les silex qui servaient aux rituels. Les outils étaient destinés à accompagner les défunts dans leur prochaine vie, de la même manière qu'on entourait d'objets, en France, en Espagne, en Afrique et en Amérique du Sud, leurs compatriotes qui trépassaient.

Les semences et les techniques agricoles provenant de l'Atlantide furent utiles aux émigrés dans leur nouvelle patrie. Les premiers colons installés au Mexique consommaient du maïs, d'une variété qui ressemble à celles d'aujourd'hui, mais cette céréale ne poussait pas à l'état sauvage en Amérique centrale. À près de 75 mètres dans le sol formé par le lit asséché du lac qui se trouve sous Mexico, des archéologues ont récemment découvert des grains de pollen de maïs datant, selon les tests effectués à l'aide du carbone 14, de 25 000 ans.[86] Pour répondre aux besoins d'une population nombreuse, des ingénieurs hautement qualifiés conçurent jadis dans cette région des réseaux complexes de canaux servant à l'irrigation et au transport. Ces voies navigables, construites il y a des milliers d'années, peuvent être retracées encore de nos jours à partir des airs, car elles ont provoqué la croissance de feuillages de couleurs différentes.

À l'époque préhistorique, les gens se déplaçaient et les marchands transportaient leurs produits sur le territoire actuellement recouvert par la mer des Caraïbes. Les habitants de Cayman Brac, aux îles Cayman, se rappellent les histoires que leurs grands-parents racontaient au sujet de la Route d'or. Quand le niveau de l'océan était plus bas, cette grande route menait vers le nord, du Pérou jusqu'au Venezuela, et de là, par la terre ferme, à travers ce qui est devenu les Petites Antilles. La route s'étirait ensuite vers Puerto Rico et Haïti, pour se terminer en Jamaïque. Des quantités infinies d'or, d'argent et de pierres précieuses, transportées à dos d'animal, faisaient le trajet de l'Amérique du Sud aux Caraïbes. Finalement, selon ce que disent les autochtones, quelque chose déchira la terre en petites îles, la mer s'infiltra de partout, et les baleines firent leur apparition.[87]

Lorsque se termina la dernière période glaciaire, les glaciers de l'Amérique du Nord fondirent en peu de temps et l'eau coula à torrents vers le sud, par le Mississippi, faisant s'élever rapidement le niveau de la mer dans le golfe du Mexique. Dans un vain effort pour endiguer les flots qui menaçaient leurs précieux domiciles, les descendants des Atlantes, sans doute guidés par des conseillers célestes, utilisèrent leurs compétences en génie pour construire des murs en appareil cyclopéen. Aujourd'hui, dans les Bahama Banks, à peu de distance de la surface de l'eau, s'étendent sur des centaines de mètres des remparts qui furent construits à l'aide de blocs de pierre de taille colossaux pesant jusqu'à 23 tonnes.[88] De vastes fortifications sont aussi visibles au large des côtes du Mexique, du nord de Cuba et de la Floride. Un autre mur important, d'une hauteur de près de 10 mètres, s'étend sur des kilomètres dans la mer, près du Venezuela.

Des preuves ont récemment été mises à jour, qui confirment que des gens s'étaient établis avant 9000 av. J.-C. au Belize, au sud de la péninsule du Yucatán, en un lieu qu'Edgar Cayce décrit comme l'emplacement d'une colonie atlante.[89] Leur intérêt constant pour les concepts mathématiques et astronomiques se reflète dans la culture olmèque et dans les réalisations auxquelles sont parvenus les successeurs des Olmèques, soit les Mayas, dont la civilisation connut son apogée dans cette région vers 200 ap. J.-C. Le calendrier extrêmement précis des Mayas est fondé sur des mesures exigeant au moins 10 000 ans d'observations.[90] Edgar Cayce mentionne la présence de visiteurs d'autres planètes à l'époque des Mayas.[91] Les contacts avec ces extraterrestres ont fermement orienté l'art et l'architecture mayas vers des calculs et des corrélations calendaires et astronomiques. Les inscriptions que l'on retrouve dans le Temple du Soleil maya, à Palenque, dans le centre du Mexique, révèlent une connaissance détaillée du mouvement des planètes. Des milliers d'années consacrées à l'étude du ciel dans les observatoires du Temple de Poséidon, en Atlantide, de même que l'information transmise par les visiteurs célestes, fournirent aux Mayas le savoir astronomique dont témoignent ces gravures inusitées.

La civilisation maya de l'Amérique centrale et l'ancienne culture égyptienne présentent des similitudes frappantes, qui résultent probablement de leur lieu d'origine commun, l'Atlantide, située géographiquement entre les deux. Ces parallèles comprennent le culte au soleil, les coutumes funéraires, l'écriture hiéroglyphique, les constructions de forme pyramidale ainsi que les traits physiques des individus. Après la destruction finale de l'Atlantide, les communications étaient très rares entre les continents européen et américain. La raison en était, comme nous le dit Platon à la fois dans Timée et dans Critias, que l'océan Atlantique était non navigable à cause de l'épaisse barrière de boue qui se trouvait juste sous la surface. De nombreux autres écrivains de l'Antiquité mentionnent le peu de profondeur de l'océan Atlantique. Hérodote, dans *Melpomène*, cite Satraps, lequel dit au monarque perse Xerxès qu'après une certaine limite il était incapable d'aller plus loin sur l'océan Atlantique parce qu'une boue épaisse empêchait son vaisseau d'avancer.[92] Plutarque, dans *Sur le visage qui apparaît à la surface de la Lune*, fait allusion à l'île d'Ogygian, à cinq jours en bateau à l'ouest de la Grande-Bretagne, trois îles à l'ouest de cet endroit, puis vers la mer au-delà de celles-ci, un passage lent et rempli de boue, menant au « grand continent que borde l'océan ».[93] *Periplus*, du géographe grec Scylax de Caryanda, est un autre ouvrage qui atteste de la non navigabilité de l'Atlantique en raison du « peu de mer, de la boue et des herbes ».[94] Les marins carthaginois décrivent la présence d'une terre juste au-dessous de la surface, qui rendait l'océan très peu profond et non navigable.[95] Les volcans rejettent principalement de la pierre ponce, laquelle flotte pendant longtemps sur l'eau. L'énorme quantité produite au moment où l'Atlantide fut détruite demeura à la surface de l'océan Atlantique pendant une très longue période avant de se transformer en boue, pour enfin couler lentement au fond de l'eau.[96]

Les récits amérindiens font allusion à un livre écrit par un descendant du fils de Votan qui prit la mer vers l'ouest quand les vagues recouvrirent l'Atlantide. Les Mayas conservèrent précieusement l'ancien manuscrit, intitulé *Preuve que je suis un serpent*, jusqu'à l'époque de la conquête européenne.[97] Le document fut brûlé par les Espagnols, en même temps que se consumèrent toutes les précieuses archives mayas, contenant notamment les connaissances scientifiques et l'information sur la préhistoire du monde. Les trois livres qui échappèrent aux feux des conquistadors espagnols, au XVIe siècle, se révélèrent difficiles à traduire et semblaient traiter principalement de questions astrologiques. D'autres documents ramenés par les Espagnols en Europe seraient entreposés au Vatican et peut-être y aurons-nous un jour accès pour enrichir notre compréhension de l'Atlantide.

En 1519, lorsque Cortés arriva en Amérique centrale, les Aztèques vivaient à l'endroit qui allait devenir la ville de Mexico, ainsi que dans la région environnante. Cortés fut surpris de constater que les compétences des Aztèques en matière de métallurgie et d'architecture étaient de loin plus avancées qu'elles ne l'étaient partout en Europe. Dans leurs chroniques, les Espagnols rapportent l'existence d'une cité comprenant des zones de terre et d'eau, et font part aussi de l'utilisation prodigieuse que les Aztèques faisaient de l'or, de l'argent et de pierres précieuses, ce qui rappelle la capitale de l'Atlantide telle que décrite par Platon et laisse supposer l'influence d'extraterrestres. D'où venaient les Aztèques? Ils expliquèrent aux Espagnols que leurs lointains ancêtres étaient arrivés par bateau, en provenance d'Aztlan, une contrée disparue qui se trouvait jadis dans la mer, à l'est.[98] Dans leur langue, *atl* signifie « eau », et *tlan*, un « lieu » ou une « terre », ce qui fait qu'Aztlan veut dire « terre d'eau », ou peut-être « île ».[99] Dans le souvenir des Aztèques, Aztlan était un lieu où abondaient les flamants roses. Ces oiseaux continuent, par milliers, de se rassembler et de se reproduire à Andros, dans les Bahamas. Les Aztèques parlèrent aux Espagnols d'une montagne sacrée se trouvant à Aztlan et dont les sept cavernes furent les points d'origine de leurs sept tribus. Lorsque des secousses avertirent leurs ancêtres de l'imminence d'une catastrophe, les sept groupes quittèrent ce lieu et se déplacèrent en direction du couchant vers une terre plus sûre. Certains de leurs descendants nomades finirent par s'établir dans la partie centrale du Mexique. Les Carib racontent la même histoire à propos de leurs ancêtres.

Malgré le passage du temps, les Aztèques conservèrent quelques-unes des coutumes de leurs ancêtres atlantes. Lorsqu'ils se réunissaient, les rois Aztèques pratiquaient un rituel semblable à celui qu'avaient adopté les rois de l'Atlantide, c'est-à-dire qu'ils buvaient du sang dans des coupes en or.[100] Comme il n'y avait pas de gros animaux au Mexique à leur époque, au lieu de sacrifier des taureaux, ils utilisaient des victimes humaines. Les Aztèques vouaient un culte au Soleil et effectuaient des cérémonies religieuses et magiques sur les sommets plats de leurs pyramides. Des médiums croient que les prêtres aztèques invoquaient Kundalini, ou le serpent de feu, au cours de ces rites. Kundalini est une force, apparentée à une déité, qui se trouve à l'intérieur des gens, enroulée à la base de la colonne vertébrale. Lorsque libérée, grâce au yoga ou par une croissance progressive, elle permet à la personne de réaliser des voyages astraux, et de quitter et de regagner son corps à volonté.[101]

En dépit des cataclysmes naturels et des troubles suscités par les agressives tribus nomades venues du nord, les descendants des Atlantes qui naviguèrent vers l'ouest conservèrent et développèrent des compétences dans les domaines des mathématiques, du génie et de l'astronomie, en même temps que d'indéniables talents artistiques. Les autochtones de l'Amérique centrale créent aujourd'hui, sans l'aide d'aucune machine, des articles charmants et attrayants. Les collectionneurs de partout dans le monde reconnaissent la valeur de leurs poteries décorées à la main et des autres pièce aussi recherchées que produisent et utilisent ces populations descendant, en partie, des Atlantes.

### L'Amérique du Sud

Les Atlantes qui naviguèrent vers l'Amérique du Sud lorsque disparut leur continent en 10000 av. J.-C. se retrouvèrent dans une région de hautes montagnes et de jungles impénétrables. Certains rejoignirent les descendants de leurs compatriotes qui les avaient précédés plusieurs siècles auparavant, d'autres se mêlèrent aux habitants asiatiques. La vie était, pour la plupart des réfugiés, très différente de tout ce qu'ils avaient connu par le passé, et la simple survie se révéla extrêmement difficile. Forcés de chasser et de cultiver la terre en petits groupes, ils vivaient dans des huttes en écorce et portaient des vêtements primitifs. Ceux qui ne purent résister aux piqûres d'insectes, aux infections, au manque de nourriture et au travail manuel quittèrent bientôt ce monde, mais les Atlantes les plus forts et les plus déterminés survécurent.

Les Atlantes qui émigrèrent en Amérique du Sud en 10000 av. J.-C. et qui s'établirent dans les régions amazoniennes s'en sortirent très bien et se multiplièrent rapidement. Ils défrichèrent de grandes étendues de terre afin d'obtenir des récoltes de plus en plus abondantes, et finirent par détruire pratiquement toutes les forêts. Le climat en vint ainsi à se modifier. Il n'y avait plus ces grandes masses constituées d'arbres pour capturer l'humidité flottant dans l'air. Par conséquent, il plut de moins en moins. Comme la terre fertile se transformait peu à peu en une plaine aride, la végétation se déplaça naturellement vers les régions voisines de plus haute altitude, et les gens suivirent. Ils eurent toutefois à faire face à d'autres problèmes, tels que la présence d'animaux sauvages et dangereux. Ils durent consacrer de plus en plus de temps pour assurer leur survie, et leur civilisation dégénéra, confirmant l'idée selon laquelle les « barbares » représentent souvent la dégénération d'une culture. Des descendants des Atlantes quittèrent le bassin de l'Amazone et suivirent ses affluents en direction du nord-ouest, jusqu'à la côte de l'Amérique du Sud.

Ces individus entreprenants contribuèrent à l'édification de la magnifique cité de Tiahuanaco.

Pendant toute cette première période semée d'épreuves, une certaine expertise fut préservée grâce aux récits sur la vie prodigieuse en Atlantide, qui furent respectueusement transmis de génération en génération. Des visiteurs de l'espace fournirent aussi sans aucun doute leurs conseils, comme en témoignent les ruines de la cité préhistorique située dans les hauteurs de la Cordillera Blanca, au Pérou. Ce lieu inspiré, appelé Yayno, se trouve à trois jours de marche de la route la plus proche, en passant par des cols extrêmement élevés. Subsistant au sommet d'un haut pic, les ruines dominent un panorama constitué de montagnes enneigées et de vallées luxuriantes. Yayno est un endroit pratiquement coupé de notre civilisation. Une race inconnue et très avancée y vécut longtemps avant les Incas. Malgré les graves tremblements de terre qui ont secoué la région, les murs de leurs imposants édifices de cinq ou six étages sont toujours debout. Le style de ces constructions est complètement différent de celui des Incas. Toutefois, comme les autres édifices préhistoriques, elles sont faites d'immenses blocs de pierre pesant plusieurs tonnes. Le mystère de ce site inusité ne sera peut-être jamais percé par la science moderne. Comment les gigantesques pierres ayant servi à construire les grands édifices à plusieurs étages furent-elles transportées sur de grandes distances jusqu'au sommet de la montagne? Comment ces populations formant une civilisation aussi avancée réussirent-elles à survivre dans ce lieu sec et inaccessible? D'où venaient les connaissances nécessaires pour construire des édifices capables de résister aux secousses qui perturbèrent de manière répétée la surface de la terre? Yayno témoigne du talent de nos prédécesseurs et de celui des extraterrestres, qui ont laissé plusieurs traces de leur présence au Pérou.

Depuis l'époque de l'Atlantide, chaque fois qu'une civilisation en a remplacé une autre, les compétences des vaincus ont été appropriées par les vainqueurs, et ce, dans le domaine des arts autant que du génie. Il y a un millier d'années, les belliqueux Incas vainquirent tous les peuples habitant le territoire s'étendant de la Bolivie au Chili, dont un vaste empire, l'ancien royaume du Grand Chimú. Les Incas, guerriers et agressifs, intégrèrent les techniques artistiques avancées des Chimús à leur propre culture et copièrent leur système politique et social. De la même manière, longtemps auparavant, les Chimús avaient eux aussi appris de ceux qu'ils assujettirent, en particulier les Moches, qui construisirent de gigantesques tertres dont les bases étaient plus longues que celle de la Grande Pyramide d'Égypte.[102] Les Moches étaient extrêmement doués dans le travail des métaux précieux. Après leur conquête par les Chimús, les artistes chimús étudièrent attentivement les chefs-d'œuvre artistiques des Moches et apprirent ainsi à fabriquer de jolies et délicates parures, telles que des plumes en or presque aussi douces que des plumes d'oiseau.[103] Les Incas acquirent à leur tour ce savoir-faire des chimús, ou encore forcèrent les prisonniers à travailler pour eux.

La plus grande cité jamais construite dans le Pérou préhistorique, la capitale des Chimús, Chanchán, s'étendait sur près de 26 kilomètres carrés, près de Trujillo, sur la côte pacifique. Comme il leur était difficile de trouver des pierres, les Chimús bâtirent leurs pyramides, leurs temples et leurs édifices publics à l'aide de briques d'adobe que les artisans décoraient d'élégants motifs en or, en argent et en bronze. Les capacités remarquables des Chimús en matière de génie se voient encore dans les vestiges de leurs longues enceintes et de leur complexe réseau d'irrigation, qui s'apparente aux canaux des Atlantes.

La capitale des Incas, à Cuzco, dans les hauteurs des Andes, reflète les talents des Chimús et de leurs prédécesseurs, les Moches, et probablement celui de ceux qui vécurent avant eux. En 1531, à l'arrivée d'Hernando de Soto, l'architecture élaborée des édifices de Cuzco, leur mobilier richement orné et leurs jardins raffinés ressemblaient à la description que Platon avait faite de la Cité aux portes d'or. L'un des cloîtres de Cuzco antérieur aux Incas, le Temple du Soleil, pouvait accueillir 1 000 individus. Quand les Incas s'emparèrent de l'édifice, ils couvrirent les murs du cloître de feuilles d'or et ciselèrent la fontaine plaquée or située au centre dans un simple bloc de pierre. L'autel principal, en forme de soleil, était aussi couvert d'épaisses feuilles d'or. À l'instar du Temple de Poséidon, qui regroupait des statues des anciens rois et de leurs épouses, il était entouré de statues en or représentant les rois défunts. De Soto découvrit à Cuzco d'autres édifices imposants, constitués de lourds blocs de pierre polie si étroitement ajustés qu'il était impossible d'insérer une lame de couteau entre les pierres.[104] Tout comme l'Atlantide, cette région montagneuse du Pérou est sujette aux tremblements de terre. Toutefois, les édifices et les murs ainsi érigés résistent mieux aux séismes que les constructions dont les pierres ne sont pas ajustées de manière aussi serrée. Souvent, en fait, les secousses viennent les renforcer, car elles resserrent encore plus étroitement les pierres parfaitement taillées.

Les Incas et leurs prédécesseurs utilisaient un genre d'aide-mémoire appelé quipu. Cet appareil consistait en une grosse corde à laquelle étaient attachées au moins une cinquantaine de cordelettes nouées, de couleurs variées et de différentes longueurs. La couleur et la longueur des cordelettes, leur position sur la corde principale, le nombre et la position des nœuds sur chacune d'elles, tous les éléments de cet outil complexe avaient une signification. Le quipu était utilisé pour exercer la mémoire ainsi que pour noter et déchiffrer l'information complexe et détaillée appartenant à l'administration du vaste empire inca. Des fonctionnaires dûment formés organisaient l'ensemble des cordelettes, qui ressemblaient à l'intérieur d'une machine contemporaine répondant à une technologie avancée. Il semble que le quipu soit une simple imitation d'une méthode élaborée de comptabilité provenant d'une civilisation scientifiquement avancée antérieure aux Incas.[105] Peut-être aussi a-t-il été conçu grâce aux conseils des dieux venus du ciel.

D'autres réminiscences de l'Atlantide sont encore présentes au Pérou. En 1958, dans la région isolée de la vallée de la Mancha, l'archéologue britannique Karola Siebert a trouvé la preuve de l'existence d'un culte venant de l'Atlantide. À proximité d'une colonne de pierre d'un peu plus de deux mètres, Siebert a en effet découvert des pierres empilées de manière à former un fer à cheval, le symbole de Vulcain, le dieu du Feu. Au centre du fer à cheval se trouvait un autel, sur lequel étaient posés les ossements d'un bébé. Sur une colline voisine, les habitants de la région avaient planté des cactus en suivant la forme du trident de Poséidon ainsi que des lignes en zigzag, le symbole du feu et de l'eau. D'autres signes et vestiges retracés dans les environs ont convaincu Siebert que cette colonne de plus de deux mètres était un symbole de l'Atlantide, vénéré par les autochtones de cette région pendant des milliers d'années.[106]

Les archéologues ont noté des similitudes frappantes entre les civilisations inca et sumérienne. Dans *America's Ancient Civilizations*, A. Hyatt Verrill et sa femme Ruth Verrill, une spécialiste de Sumer, ont répertorié 42 traits identiques, ou sinon très rapprochés, entre ces deux anciennes cultures. À cette liste s'ajoutent près de 100 mots ou noms jumeaux ou très semblables, qui ont la même signification dans les langues sumérienne et péruvienne.[107] Il doit bien y avoir une explication logique à ces centaines de correspondances qui existent, malgré la distance géographique, entre les cultures du Pérou et de Sumer, et à leur ressemblance avec l'Atlantide. L'une d'elles pourrait être la présence d'extraterrestres. Les réalisations des Sumériens sont largement redevables à des visiteurs célestes. Ces derniers vinrent en aide aux Atlantes et assistèrent probablement les Incas et leurs prédécesseurs.

Au cours du XIX<sup>e</sup> siècle, en Amérique du Sud, de nombreux récits évoquaient l'existence d'anciennes cités atlantes disparues dans la jungle entourant l'Amazone et ses affluents. Des explorateurs et des prospecteurs parcoururent les endroits reculés dont ils avaient une vague description, dans l'espoir d'y trouver les anciens édifices de pierre désintégrés et couverts de plantes grimpantes habités jadis par les descendants des Atlantes. Le colonel Percy W. Fawcett, un géomètre, géographe et ingénieur militaire ayant été pendant 20 ans à l'emploi de l'armée britannique, fut l'un de ces chasseurs de cités perdues. De 1906 à 1925, le colonel Fawcett explora de vastes territoires non cartographiés au Brésil et en Bolivie, et devint ainsi un spécialiste de la survie, parmi les peuples hostiles, dans cet environnement difficile. Il entra finalement en possession d'une carte indiquant l'emplacement d'une cité inconnue dans les profondeurs de la jungle au sud-ouest du Brésil et entreprit de la retrouver en compagnie de son fils de 20 ans et d'un ami. Selon son dernier rapport, qu'il fit du camp du Cheval mort, dans le bassin du Zingu, l'équipe se dirigeait vers les ruines d'une cité située au nord d'un grand lac.

On n'eut plus de nouvelles du colonel Fawcett jusqu'à ce que, dix ans plus tard, Geraldine Cummins, une médium engagée par sa femme, réussisse à entrer en contact avec lui. Fawcett put ainsi leur dire qu'il n'était pas mort, mais dans un état de demi-conscience, en Amérique du sud, prisonnier dans un petit village. Il avait trouvé une cité perdue et, comme dans un rêve, avait eu une vision de ce qu'était jadis la vie à cet endroit. Il vit, dans la cité déserte, des figures taillées dans la pierre et d'autres inscriptions fournissant la preuve que l'Atlantide existait, dans une région maintenant au fond de l'océan Atlantique.

Fawcett croyait que les constructions érigées dans les cités mystérieuses de cette civilisation perdue allaient fournir de l'information concernant l'une des sources d'énergie des Atlantes. Il prévoyait utiliser ces connaissances au bénéfice de l'espèce humaine. Juste avant qu'il ne disparaisse, il nota avoir découvert des tours blanches qui, la nuit, produisaient une lumière brillante. Lors d'un contact ultérieur avec un médium, il dit croire que le Soleil bombardait la Terre avec des électrons et que les tours de l'Amérique du Sud, servant en quelque sorte de crible, récupéraient l'énergie de ces électrons. Les vieux monuments de pierre semblent attirer un genre de courant électrique qui produit de la lumière. Celle-ci, lorsqu'elle n'est pas contrôlée, devient tellement chaude qu'elle fait fondre les pierres. Des photographies de vieux monuments de pierre ont dans certains cas révélé, apparaissant autour de ceux-ci, des bandes lumineuses qui n'étaient pas visibles à l'œil nu.[108]

Plusieurs autres aventuriers ont suivi les cartes établies par de vieux prospecteurs, ou bien les vagues descriptions fournies par les Espagnols au XVIIe siècle, ou encore la rumeur et les traditions locales, qui les ont conduits dans les régions les plus sauvages de l'Amérique du Sud. Ils furent encouragés à aller de l'avant par tous ces récits évoquant les ruines de cités aux murs impressionnants, aux habitations de pierre alignées le long de rues pavées, fendues par les racines des arbres, avec leurs passages voutés créés dans des rochers de plusieurs centaines de tonnes, et par la promesse, enfin, de grandes quantités d'or. La fièvre, l'hostilité des autochtones et la jungle elle-même finissaient inévitablement par les vaincre, tout comme avaient été défaits les courageux individus qui, des centaines de siècles auparavant, cherchèrent refuge dans ces régions après avoir fui leur terre en train de s'engloutir, à l'est, dans l'océan.

## L'Amérique du Nord

Il y a 30 000 ans, quand les chutes de neige et la formation des glaciers semblaient transformer le monde en une vaste planète gelée, l'Amérique du Nord n'était pas une destination envisageable pour les Atlantes. Des Dakotas, au sud, jusqu'au sud de l'Ohio et jusqu'à l'État de New York, à l'est, de gigantesques masses de glace d'une épaisseur atteignant parfois 1,5 kilomètre se déplaçaient alors horizontalement et verticalement, dans un genre de balancement, sur l'ensemble du territoire, décimant tout ce qui se trouvait sur leur passage. Les pierres et les rochers emprisonnés dans ces masses mouvantes agissaient comme des dents aiguisées qui mordaient dans tout ce qu'elles rencontraient. Les fragments de glaciers franchissaient en cascade des centaines de mètres à l'heure, apportant un froid souvent très soudain qui, conjugué au mouvement rapide de ces énormes couches de glace, éliminait non seulement les plantes et les animaux, mais les êtres humains et tous leurs biens. Les hommes, les femmes, les enfants et les animaux s'enfuirent en direction du sud, vers l'Amérique centrale.

La neige et la glace finirent par fondre, mais en 20000 av. J.-C. les glaciers recouvrirent de nouveau la terre, le niveau des océans baissa, des îles apparurent et les plateaux continentaux resurgirent. Des Atlantes prirent la mer et traversèrent la distance, devenue plus courte, entre leur pays et la côte sud du continent nord-américain, d'où s'étaient retirés les glaciers. La fertile vallée longeant le Mississippi et ses affluents immédiats devint le foyer de nombreux individus parlant l'algonquin, une langue distincte qui n'a aucun lien avec celle qui allait être parlée par ceux qui habitèrent l'ouest des États-Unis à une époque ultérieure. Les Atlantes, qui vouaient un culte aux dieux de la nature, firent du commerce par bateau, en suivant le Mississippi et la rivière Ohio, avec les nations installées au sud, dans les Caraïbes. Les régions plus au nord, recouvertes de neige et de glace, ne leur étaient toutefois pas accessibles.

Entre 20000 av. J.-C. et 10000 av. J.-C., les Algonquins ne furent pas importunés par les immigrants asiatiques. Les glaciers et des couches de glace infranchissables bloquaient le détroit de Béring, entre la Russie et l'Alaska, rendant le voyage à pied pratiquement impossible. Il faisait si froid dans cet étroit corridor que même les bouleaux nains de la toundra ne pouvaient y survivre.[109] Les animaux, dont dépendent les voyageurs migrants pour s'alimenter, choisirent de ne pas habiter un aussi rude environnement et descendirent beaucoup plus au sud, au plus grand bénéfice des Algonquins.

En 10000 av. J.-C., lorsque les glaciers finirent par se retirer, les bisons et les caribous habitant les vallées fluviales du sud gagnèrent le nord, où ils purent se nourrir de l'herbe tendre et des fleurs aux riches couleurs qui étaient apparues presque du jour au lendemain sous la neige fondante. Les Algonquins se déplacèrent aussi, suivant les animaux dans toutes les parties des États-Unis. Selon Edgar Cayce, leurs descendants, les Iroquois, sont des descendants directs des Atlantes.[110] Plusieurs autres peuples – Dakotas, Sioux, Mandans, Delawares, Shawnees, Algonquins, Choctaws et Cherokees – ont retenu le nez aquilin, les pommettes saillantes et le crâne allongé de leurs ancêtres atlantes. Peu après que les glaciers aient commencé à fondre, des groupes de personnes réussirent à traverser de l'Asie à l'Alaska, et à descendre plus au sud. Ils entrèrent constamment en conflit avec ceux qui habitaient déjà l'Amérique du Nord, et les individus appartenant aux deux différents groupes se marièrent rarement entre eux. Les immigrants du nord-ouest conservèrent les traits physiques et les groupes sanguins asiatiques; les Algonquins conservèrent leurs attributs atlantes. Les

Asiatiques de l'est font partie des groupes sanguins B et AB dans une proportion de 30 % à 60 %, tandis que seulement de 0 % à 2 % des descendants des Algonquins appartiennent à ces mêmes groupes.[111]

Edgar Cayce a révélé que la deuxième génération d'Atlantes ayant habité le centre des États-Unis faisait partie de ceux qui furent connus sous le nom de *mound builders*.[112] Pratiquant la géomancie, ils déplacèrent d'énormes quantités de terre afin de construire des buttes artificielles, que les premiers européens appelaient mounds. Il est difficile de déterminer avec exactitude à quel moment furent construits ces tertres, car ils datent de différentes époques et les plus récents étaient souvent érigés par-dessus les anciens. Les vestiges de ce genre de constructions que l'on a retrouvées à Koster, en Illinois, sont recouverts de six mètres de débris glaciaires, ce qui indique que certains tertres furent érigés avant les derniers glaciers, il y a 15 000 ans.

Ces tertres servaient souvent de lieux de sépulture, ou encore comme base où l'on élevait les temples. La terre était parfois déplacée de manière à constituer des formes figuratives, tel cet énorme mastodonte retrouvé au Wisconsin ou le serpent d'Adams County, en Ohio, d'une longueur de plus de 400 mètres, couvrant environ 6 hectares et atteignant la hauteur d'un édifice de 10 étages.[113] Comme c'est le cas de la plupart des tertres formant des figures, ces formes ne sont visibles que depuis les airs. Les Amérindiens affirment que l'énorme butte représentait le serpent envahisseur venu du sud, par le Mississippi. Dans sa bouche se trouvait une forme ovale symbolisant une tortue et représentant les Dakotas conduisant des gens vers le nord.[114] Environ 22 000 tertres ont été identifiés dans l'ouest du Mississipi, 1 000 dans un comté de l'Ohio et encore beaucoup plus de la Georgie au Montana.[115] Parmi les tertres de l'Ohio se trouvaient de nombreuses pyramides, dont les côtés étaient tous orientés de manière à correspondre exactement aux points cardinaux. Le Great Mound of Cahokia, à l'est de Saint-Louis, était aussi volumineux que la pyramide de Kheops, en Égypte. Lorsqu'il fut détruit, au XIX^e siècle, il contenait des objets brodés, des bijoux en or, en argent et en cuivre, et un parchemin semblant porter des traces d'écriture.[116] En 1890, Georgia Cyrus Thomas effectua, au nom de la Smithsonian Institution, une « exploration » systématique de plusieurs centaines de ces tertres. Son travail impliquait qu'il éventre et démolisse les constructions.[117] Des voyageurs et les premiers colons dévastèrent ce qui restait. Parmi les autres constructions élaborées qui furent érigées jadis dans le sud-est des États-Unis et qui rappellent le talent remarquable des Atlantes en matière de génie, on compte d'immenses tours et fortifications de plus de 240 mètres de long et des canaux s'étendant sur une distance de plus de 20 kilomètres.[118]

Telles les cathédrales érigées en Grande-Bretagne et en France par les chrétiens sur les sites de grande force spirituelle où se trouvaient les temples païens, plusieurs tertres furent construits, aux États-Unis, par-dessus d'anciennes constructions sacrées érigées longtemps auparavant en des lieux investis d'une grande concentration d'énergie. Les tertres les plus importants sont souvent situés à l'intersection de deux ou de plusieurs lignes géobiologiques. La butte artificielle de Portsmouth, en Ohio, à partir de laquelle des groupes de tertres s'étendent en cercles concentriques jusqu'à l'ouest de la Virginie et au Kentucky, est l'un des emplacements les plus puissants. Portsmouth est situé sur une ligne géobiologique dont le point de départ, situé à environ 100 kilomètres, se trouve à Marietta, en Ohio. Cette ligne d'énergie, qui se rend à Lexington, au Kentucky, est à 59° du nord magnétique, ce qui correspond à l'angle exact du lever du soleil à Marietta le 21 juin, jour du solstice d'été.[119] Ces faits sont en concordance avec les légendes qui circulent en Grande-Bretagne et selon lesquelles les druides s'élèvent dans les airs et se déplacent le long des trajectoires énergétiques lorsque le soleil, à son lever, projette directement sa lumière sur l'une de ces routes.

Pendant des milliers d'années, chez les Amérindiens, les gardiens de la mémoire conservèrent et transmirent les connaissances par le biais de la mémorisation et du bouche à oreille. Ce sont des femmes qui jouaient généralement ce rôle, en raison du risque moins grand qu'elles courraient d'être tuées au combat. Comptant parmi les citoyens les plus respectés de chaque nation, les gardiens de la mémoire consacraient leur vie à assimiler les connaissances historiques, médicinales, religieuses et profanes léguées par leurs prédécesseurs, puis les enseignaient à leur tour à des représentants de la génération suivante. Jusqu'à récemment, les Amérindiens étaient réticents à partager ces connaissances avec l'homme blanc, mais, pour empêcher qu'elles ne se perdent à jamais, le Cherokee Dhyani Ywahoo, Sedillio, le chef des Indiens yaquis, le chef apache Asa Delugio et quelques autres ont généreusement révélé le contenu de ce savoir précieusement conservé.

Dhyani Ywahoo nous raconte que les ancêtres des Cherokees étaient venus des Pléiades jusqu'à l'Atlantide, où ils vécurent jusqu'à sa destruction finale. Quand leur terre sombra dans l'océan, ils s'enfuirent et gagnèrent le continent américain. Avant l'arrivée des Européens, le peuple de Dhyani Ywahoo vivait heureux, en harmonie avec son environnement naturel. Leurs connaissances avancées et détaillées dans les domaines des mathématiques et de l'astronomie, de même que les légendes qu'ils se sont transmises concernant les sources d'énergie, reflètent la sagesse et les talents de leurs ancêtres. Les sorciers cherokees utilisaient des cristaux pour capter et canaliser l'énergie de la Terre afin d'assurer leur protection. Ywahoo décrit cette énergie positive projetée par de puissants dragons que les Cherokees appellent Ukdena. D'anciens rituels sacrés aidaient ces descendants des Pléiadiens de l'Atlantide à conserver dans un équilibre harmonieux l'énergie du soleil, de la lune, de la Terre et de l'univers. Les Cherokees réussirent ainsi à obtenir des récoltes abondantes et vécurent heureux pendant un nombre incalculable d'années dans le sud-est des États-Unis. Quand la culture occidentale gagna du terrain, le nombre de sorciers cherokees diminua, les chamans perdirent l'énergie du dragon et leur relation bénéfique avec les courants d'énergie de l'univers fut détruite.[120] Il ne resta que des traces de leurs lignes géobiologiques.

Les légendes transmises pendant des générations par les descendants des peuples algonquins évoquent la grande inondation et cette immense contrée qui fut engloutie dans la mer du côté du soleil levant. Dans leurs dessins, c'est la forme du croissant qui en est le symbole; lorsque les pointes sont tournées vers le haut, cela signifie que la vieille terre est encore en vie, tandis que les pointes tournées vers le bas indiquent que leur terre d'origine est couverte par l'océan.[121] Les Sioux, tout comme les Aztèques et les Carib, croient être les enfants des sept rois d'une « vieille terre rouge ». L'aspect réaliste de leurs récits concernant l'inondation contribue à confirmer que les gardiens de la mémoire ont rapporté des faits, et non de la fiction. Les Apaches se rappellent d'une grande île de feu qui se trouvait à l'est dans l'océan et de son port dont l'accès était protégé par un genre de labyrinthe. Asa Delugio offre une description fort vivante de la montagne sacrée qui « expulsait du feu comme une fontaine géante » et décrit « le dieu du feu rampant à l'intérieur des grottes, en grondant et en brassant la terre à peu près comme un loup secoue un lapin. »[122] Il rapporte que, après avoir fui leur patrie, ses lointains ancêtres prirent la direction de l'Amérique du Sud, à l'ouest, et finirent par atteindre les montagnes. Ils y trouvèrent des abris temporaires, dans d'anciens tunnels offrant un espace immense. Après avoir quitté ces montagnes, ils errèrent avec leurs semences et leurs plants de fruits pendant de nombreuses années avant de gagner le continent nord-américain.[123]

Les Hopi, qui vivaient dans le sud-ouest des États-Unis, décrivent leur Troisième Monde, celui qui précéda celui-ci, comme ayant été une civilisation avancée qui s'est développée sur une terre rouge où les habitantts portaient des boucliers leur permettant de voler dans les airs.[124] Leurs légendes dépeignent l'inexorable inondation qui a détruit ce monde et la traversée des survivants, sur des radeaux en roseau, jusqu'à l'actuel Quatrième Monde. Lorsqu'ils débarquèrent finalement sur les côtes d'une contrée chaude située au sud, leurs ancêtres se divisèrent en plusieurs groupes et commencèrent leurs longues migrations d'un bout à l'autre du continent. Les Hopi croient que les îles qui constituaient leur terre d'origine émergeront de nouveau un jour afin de prouver la véracité de leurs souvenirs.

Probablement l'aide des extraterrestres toujours en quête de minéraux, des individus à l'esprit entreprenant, peut-être des Atlantes, firent à l'époque de la préhistoire l'extraction de plusieurs milliers de tonncs de minerai de cuivre à partir des gisements de l'Isle Royale et de la péninsule de Keweenaw, au Michigan. Quand les Atlantes cessèrent d'y venir, plusieurs des excavations se remplirent d'argile, de buissons et de grands arbres. Toutefois, on y retrouve encore des indices des techniques sophistiquées qu'employèrent les travailleurs pour localiser les filons, extraire le cuivre et le transporter. Des tunnels et des mines situés à près de 20 mètres de profondeur, des drains pour l'évacuation des surplus d'eau, des marteaux de pierre de 80 kilos, des puits rectilignes longs de 3 kilomètres et des quantités de cuivre déjà extrait, pesant près de 6 tonnes et déposées sur une surface surélevée de 1,5 mètre, formée de poutres et de cales, voilà autant d'éléments qui témoignent des techniques avancées dont disposaient, en matière de génie, ces mineurs dont on ne connaît pas l'identité.[125] Il n'y a aucune preuve que l'une ou l'autre des colonies situées dans un rayon de 1 500 kilomètres ait fait usage de ce métal.[126] Selon les légendes locales, le serpent rouge remonta le Mississippi avec un appétit insatiable pour le cuivre.[127] Les O'Chippewas du Michigan se rappellent les bateaux venus de la lointaine région de Pahn pour chercher du cuivre.[128] Des individus compétents travaillèrent dans des mines aux États-Unis longtemps avant l'histoire écrite. Il existe à Wattis, en Utah, une mine de charbon creusée à plus de 2 500 mètres dans le sol. Cette mine est tellement ancienne que les résidus de charbon retrouvés dans les tunnels où peinèrent jadis les travailleurs se sont oxydés au point de ne plus avoir de valeur commerciale.[129]

Les coutumes des descendants des Algonquins habitant le continent américain ressemblent à celles des descendants des réfugiés atlantes qui vécurent dans d'autres régions en bordure de l'océan Atlantique. À une certaine époque, les Cherokees et les Iroquois sacrifiaient le buffle selon un rituel pratiquement identique à celui des Atlantes qui sacrifiaient le taureau.[130] Les Choctaws, des descendants d'un peuple parlant une langue algonquine, pratiquaient la double sépulture. Ils plaçaient délicatement les corps de leurs morts sur une plate-forme en haut d'un arbre, hors de la portée des animaux affamés, mais de manière à ce que les oiseaux puissent les atteindre et arracher la chair. Au bout d'une année, lorsque les os étaient propres, avait lieu une autre cérémonie élaboré, au cours de laquelle les parents et les amis polissaient, peignaient de rouge et enterraient le squelette en vue de sa prochaine vie.[131]

Les effets destructeurs du matérialisme poussé à l'excès en Atlantide sont restés profondément gravés dans l'esprit des descendants de ceux qui immigrèrent en Amérique du Nord après que leur terre ait été submergée. À mesure que la civilisation se développa sur ce continent, chacun continua d'accorder la plus haute importance au fait de conserver un mode de vie en complète harmonie avec l'univers. Se rappelant la patrie de leurs ancêtres, ils préservèrent une conscience respectueuse à l'égard du monde qui les entourait et vécurent dans la simplicité. En 1600 ap. J.-C., 60 millions de personnes habitaient les États-Unis, sans toutefois créer par leur mode de vie des effets dommageables sur l'environnement. Soucieuses de limiter la taille de leurs cités, ces populations n'imposèrent jamais de surcharge à l'écologie des différentes régions qu'elles habitèrent, et surent toujours respecter et apprécier ce que leur offrait généreusement la nature.

# 10
# L'AVENIR

L'Atlantide est disparue mais pas oubliée. Telles des perles minuscules qu'un collier brisé laisse tomber au sol et s'éparpiller dans toutes les directions, les Atlantes se dispersèrent en quittant leur terre qui sombrait dans l'océan. Leur souvenir et celui de leur patrie demeure solidement ancré dans l'inconscient de leurs descendants, de la même manière que les perles du collier vont se loger hors de notre vue dans les fissures et les recoins. Grâce à cette mémoire universelle gravée dans l'inconscient, survit la croyance en une civilisation avancée qui s'est épanouie sur une terre au milieu de l'océan Atlantique, avant d'être détruite par des catastrophes naturelles.

Les souvenirs persistants de l'Atlantide sont fondamentalement justes. L'existence du continent atlante, du peuple qui l'a habité et de ses descendants est de plusieurs manières confirmée. À l'aide du sous-marin Alvin, conçu pour les profondeurs, des scientifiques ont commencé à cartographier la dorsale atlantique. Sur la base de ces études des courants océaniques et des échantillons de roche, la preuve sera faite qu'une partie de cette région se trouvait au-dessus de la surface de l'eau avant 10000 av. J.-C. La thermographie marine offre en effet la possibilité de localiser des formes qui ont été enterrées.

Ceux qui pratiquent la radiesthésie et l'hydroscopie à l'aide de cartes, et d'autres types de médiums doués pour décrire l'histoire et l'utilisation des objets anciens, sont une source latente et encore inexploitée d'information. Afin d'assurer la fiabilité des données fournies, plusieurs de ces personnes devraient être employées dans le cadre d'un projet semblable, ce qui permettrait de comparer les résultats et d'en établir la cohérence. La grotte de Thevet, du côté nord de San Miguel, aux Açores, devrait être ouverte afin d'en permettre l'exploration minutieuse par des archéologues. Thevet, un historien qui a visité la caverne en 1675, affirme avoir vu d'étranges inscriptions sur deux stèles qui se trouvent à cet endroit. La grotte a toutefois été fermée parce que des chercheurs y ont trouvé la mort après avoir inhalé les gaz émis par les cratères volcaniques et les sources thermales adjacentes.[1]

Les momies guanches sont-elles, comme tant d'autres descendants atlantes, du groupe RH négatif ? Y a-t-il des ruines préhistoriques au fond du grand lac des Sept Cités, qui s'est formé au XVe siècle à San Miguel,[2] lorsque l'île fut secouée par des tremblements de terre ? D'excellents navigateurs crétois parcoururent de grandes distances en 7000 av. J.-C. Quand leur langue écrite aura complètement été traduite, de nouvelles connaissances au sujet de l'Atlantide pourraient être révélées. La Salle des archives, en Égypte, ou l'une des trois sources d'information concernant les convertisseurs solaires décrites par Edgar Cayce seront peut-être découvertes. Les documents des Aztèques que les Espagnols du XVIe siècle rapportèrent en Europe pourraient par ailleurs refaire surface au Vatican.

Lorsque l'existence du continent atlante et de son peuple sera confirmée aux yeux de la communauté scientifique occidentale, cela stimulera davantage l'intérêt à l'égard de cette terre disparue et des civilisations qui s'y sont développées. Cette information procurera des bénéfices durables à l'espèce humaine, car elle nous aidera à prévoir ce qui éventuellement nous attend. Les scénarios du passé sont en effet toujours appelés à se répéter.

À mesure que nous comprenons mieux la civilisation atlante, se révèle à nous un continent où, durant la majeure partie de sa longue histoire, les gens vécurent une vie « centrée » et harmonieuse, dans une ambiance que nous aimerions sans doute reproduire. Nous avons aujourd'hui accès à l'expertise et aux connaissances qui contribuèrent à ce que leur existence touche un idéal sur le plan de la spiritualité. La méditation, par exemple, parce qu'elle mène à une conscience plus élevée, permet de faire face aux problèmes quotidiens de manière plus équilibrée. En portant attention à nos pensées intérieures, nous devenons mieux en mesure de développer notre intuition, nos perceptions extrasensorielles et nos autres pouvoirs psychiques. Les individus du XXᵉ siècle commencent à se fier davantage à leur intuition et à en tirer profit dans leurs relations personnelles et professionnelles. La communauté médicale est en voie de reconnaître le pouvoir de la pensée et son influence sur la santé physique et mentale. Des médecins suggèrent maintenant la technique ancestrale de la visualisation et de la pensée positive comme un moyen de favoriser la guérison. Nous pouvons nous inspirer de différentes manières du mode de vie équilibré des Atlantes. Le fait de passer du temps à l'extérieur, dans les parcs ou en forêt, au milieu des arbres, des plantes et des oiseaux accroît notre énergie positive. La communion avec la nature nous aide à ajuster nos perspectives et nous rappelle que les montagnes, les vagues de l'océan et les étoiles ont été là de toute éternité, et qu'elles continueront d'exister longtemps après que nos problèmes et nous-mêmes aurons disparu.

La pratique préhistorique du feng shui, ou géomancie, s'est conservée en Chine. Les architectes du monde entier y ont recours afin de concevoir des intérieurs appropriés et pour déterminer l'emplacement des édifices en fonction des facteurs naturels qui fourniront une énergie supplémentaire. Les Atlantes croyaient que les constructions circulaires étaient compatibles avec l'esprit humain et les canaux où circule l'énergie universelle. Nous pourrions construire ce genre d'habitations.

N'hésitons pas à imiter les Atlantes, croyons aux dons psychiques de nos jeunes enfants et aidons-les à les cultiver. En leur accordant tout le temps nécessaire pour qu'ils entrent en relation avec leur environnement naturel, nous les encourageons à comprendre que les êtres humains, la Terre, le ciel et tout ce qui s'y trouve ont été créés par un extraordinaire pouvoir spirituel. L'astronomie devrait faire partie de tous les programmes scolaires, et les gens devraient tous avoir accès gratuitement à un télescope, car l'étude du ciel permet de mieux apprécier l'univers et nous aide à ajuster nos priorités.

Les rituels familiaux et communautaires et le respect de l'environnement étaient les fondements de la société atlante. Quand cette civilisation fut arrivée à un certain degré de maturité, le matérialisme et le désir prirent le dessus sur le respect de la nature, entre les personnes et à l'égard d'un être spirituel unique et tout-puissant. L'énergie négative s'accrut et le pays finit par subir des ravages. La nature s'est ainsi rebellée à des époques plus récentes. Quand le pharaon refusa de libérer le peuple d'Israël, la Bible nous dit que Dieu envoya des fléaux – des sauterelles et des mouches, du tonnerre, de la grêle et des éclairs – en Égypte. Lorsque Jésus succomba sur la croix, un tremblement de terre fendit des pierres et détruisit un temple des environs. Port-Royal, en Jamaïque, était au XVIIe siècle un port pirate des Caraïbes réputé dans le monde entier pour ses bars et ses bordels, et aussi pour les horribles crimes qui s'y commettaient quotidiennement. En 1692, en l'espace de quelques brèves minutes, l'ensemble de la communauté fut complètement dévasté par un tremblement de terre. Encore une fois, le Dieu tout-puissant utilisa les forces de la nature pour punir les habitants de notre planète et obliger les survivants à repartir à zéro. Pour prévenir de tels désastres et faire rayonner l'énergie positive sur cette planète, il est important que les gens établissent entre eux des relations harmonieuses. Nous devons faire des efforts afin de conserver la célébration des anniversaires, la tradition des jours fériés et d'autres coutumes ancestrales. Nous pourrions aussi trouver un meilleur équilibre dans notre vie en ravivant, dans des lieux sacrés, les rituels communautaires en l'honneur des solstices, des équinoxes et de la pleine lune.

Les civilisations atlantes se sont développées pendant plus de 20 000 ans avant que des catastrophes naturelles ne les détruisent. Les rituels familiaux et communautaires et le respect de l'environnement étaient le fondement des sociétés de l'Âge d'or. De même, des cultures plus récentes ont développé des systèmes de croyances et des stratégies accordant la priorité au fait de nourrir la Terre et de répondre aux besoins de ses habitants plutôt qu'à la quête effrénée de réalisations matérielles. Le développement technologique met l'accent sur les objets tangibles, manufacturés, et tend à créer un effritement de la moralité, puisque les gens en viennent à s'évaluer les uns les autres en fonction non pas de leurs qualités personnelles, mais des biens matériels qu'ils possèdent. L'industrialisation contribue aussi à détruire les ressources naturelles de la Terre, ce qui de nos jours représente un grave problème.

Dans son récent livre, intitulé *How Much Is Enough?*, Alan Durning fait des suggestions concrètes pour arrêter la vague de consommation qui déferle dans les pays développés. Il suggère des tactiques visant à diminuer le temps et les efforts investis dans la fabrication de biens manufacturés, tout en protégeant nos ressources naturelles : consommer principalement des produits locaux, manger des céréales plutôt que de la viande, utiliser le train, l'autobus et la bicyclette à la place des automobiles privées, réparer les vieilles marchandises au lieu d'en acheter de nouvelles, taxer la publicité télévisée et imposer une taxe sur les biens manufacturés en fonction des dommages que leur production peut causer à l'environnement. Le fait de consacrer moins d'heures au travail donnerait aux gens l'occasion de développer davantage leurs talents et des relations d'amitié. Cela nous permettrait de croître sur le plan spirituel et d'avancer dans le processus menant à une plus grande conscience et à une meilleure compréhension de notre place au sein de la nature et de l'univers. Si les pays sous-développés taxaient les ressources naturelles qu'ils exportent vers les nations industrialisées en fonction des coûts que représentent les dommages à l'écologie, ils auraient des fonds plus importants à consacrer à des services essentiels dans les domaines de la santé, de l'éducation et du planning familial.

Il existe une infinité de moyens de protéger l'écosystème de notre planète. Edgar Cayce et d'autres médiums nous offrent de multiples aperçus des incroyables capacités technologiques de la société atlante, laquelle s'est développée sans polluer son environnement. L'énergie magnétique et sonique, celle de l'esprit humain, des cristaux et des rayons du soleil nous ouvrent des perspectives inspirantes.

L'étude de la préhistoire attire notre attention sur les visiteurs de l'espace dont les conseils ont permis aux peuples primitifs d'améliorer leur mode de vie en relativement peu de temps. De surprenantes constructions de pierre viennent témoigner de l'influence qu'on eue dans le monde entier des ingénieurs et bâtisseurs dont on ne connaît pas l'identité, mais dont les techniques et les compétences étaient remarquablement avancées. La description que Platon a faite de l'architecture de la Cité aux portes d'or nous rappelle les magnifiques cités de Nineveh et de Tiahuanaco, ainsi que les édifices d'Angor Wat et de Cuzco. Alors que les scientifiques contemporains avancent à tâtons dans l'obscurité en tentant d'expliquer ces anomalies, ils devraient considérer la possibilité que des extraterrestres aient amicalement contribué, par leurs conseils, à leur construction. Edgar Cayce a décrit la manière dont les Atlantes utilisaient un immense cristal pour capter l'énergie solaire. Cette description, tout comme celle de leurs différents moyens de transport, devient plus plausible si l'on admet au départ qu'ils ont reçu l'aide de visiteurs de l'espace. Tant de documents anciens ont disparu que nous ne saurons probablement jamais à quel point les extraterrestres conseillèrent les peuples préhistoriques de la Terre. Les Atlantes, les Sumériens et les habitants de     Tiahuanaco ont eux aussi disparu. Cependant, leurs visiteurs célestes sont encore près de nous.

Les dieux venus du ciel fournirent aux civilisations préhistoriques des connaissances précises concernant les astres et les calendriers, des techniques de construction sans précédent et des conseils dans les domaines de la médecine et de la chirurgie. Des scientifiques supervisent aujourd'hui l'exploration et les voyages dans l'espace. Ces initiatives peuvent nous être utiles si elles nous aident à trouver d'éventuelles source de minéraux, ou si nous devons un jour quitter notre planète après en avoir détruit l'écosystème. Toutefois, il serait préférable de consacrer nos ressources limitées à la conservation de l'environnement afin d'assurer à l'espèce humaine la possibilité de vivre ici indéfiniment, sans avoir à émigrer. L'énergie provenant de sources naturelles est nécessaire à la survie de notre civilisation, et les extraterrestres sont en mesure de nous aider à l'utiliser. Les travaux sur le magnétisme effectués dans le cadre de l'expérience de Philadelphie ont attiré, comme en témoigne la recrudescence soudaine des cas rapportés, plusieurs OVNIs au début des années 1940. Il semble que les habitants de ces vaisseaux spatiaux utilisent le magnétisme terrestre qui entoure la Terre lorsqu'ils se déplacent près de la surface de notre planète.

Les observateurs venus de l'espace ne sont pas accueillis avec un grand enthousiasme à l'époque actuelle, mais ils nous visitent et, comme ce fut toujours le cas, proviennent de différents endroits. Les extraterrestres qui rendirent visite aux Sumériens venaient principalement de la dixième planète, dont l'orbite s'était à ce moment approchée de la nôtre. Les Syriens instruisirent les Dogons, et les Pléiadiens furent toujours actifs sur notre planète. Lorsque l'un de nos radars se fixe sur un OVNI pendant 90 secondes, il interfère avec l'ordinateur de commande du véhicule. Des vaisseaux sont ainsi forcés parfois d'atterrir. En 1948, un véhicule de 11 mètres de diamètre et de

117 mètres de long s'est écrasé près de Phoenix, en Arizona. L'armée de l'air américaine a tenté de plusieurs manières d'expliquer l'accident, mais des enquêteurs prétendent que les représentants du gouvernement découvrirent dans les débris de ce véhicule de l'espace les corps de deux extraterrestres, sur lesquels des examens furent effectués.[3] Des experts croient que le vaisseau en forme de soucoupe qui s'est écrasé près de Roswell, au Nouveau-Mexique, en juillet 1947 avait été frappé par un éclair pendant un orage et qu'il avait dû voler sur une distance de 200 kilomètres avant d'être forcé d'atterrir. Les tentatives du gouvernement pour couvrir l'affaire ressemblèrent au scénario de 1948 mais, plusieurs personnes ayant été témoins de l'incident de Roswell, le cas continue d'attirer l'attention.[4] À la suite peut-être de l'annonce de l'arrivée de martiens diffusée avec enthousiasme à travers tous le réseau radiophonique par Orson Wells en 1938, nos dirigeants observent le secret le plus strict en ce qui concerne la visite d'extraterrestres. Cette annonce avait été conçue comme une blague, mais la panique qu'elle déclencha ne pouvait qu'inciter les gouvernements à nier dorénavant tout ce qui pourrait laisser croire en la présence d'extraterrestres sur la Terre.

Les textes sumériens énumèrent plusieurs raisons pouvant expliquer la venue dans notre monde de leurs dieux de l'espace. Ces visiteurs avaient en fait différentes motivations. Certains étaient simplement curieux. D'autres étaient préoccupés par le mauvais état de cette planète, car la pollution de l'atmosphère terrestre devient évidente vue d'en haut. La capacité des extraterrestres de voyager dans l'espace, tout comme le pouvoir qu'ils ont su exercer sur ceux avec qui ils sont entrés en contact sur la Terre, démontre l'étendue et l'avancement de leurs connaissances. Les fils de Dieu se sont unis aux filles de l'homme pour produire des êtres humains plus forts. Actuellement, un autre groupe semble procéder à des enlèvements de courte durée, au cours desquels les personnes enlevées sont soumises à des expériences qui visent peut-être, comme cela s'est produit dans le passé, à développer une nouvelle race. John Mack, un psychiatre de Harvard ayant interviewé ces dernières années plus de 100 personnes enlevées par des OVNIs, se dit convaincu de la véracité des propos de ses patients. Ces derniers ont fait l'expérience de traumatismes externes, et non de rêves, lesquels sont des événements internes. Selon trois enquêtes nationales menés par l'organisation Roper, plus de 5 millions d'Américains auraient été enlevés, et la plupart ont vécu dans ces circonstances des expériences désagréables.[5]

Les Atlantes et les Sumériens ont bénéficié de leurs contacts avec des visiteurs célestes. Et nous, le pourrons-nous? L'impuissance ressentie par les personnes enlevées par des OVNIs et les résultats désastreux de l'expérience de Philadelphie et du projet Montauk donnent à croire que nous ne sommes pas prêts à communiquer d'égal à égal avec ces extraterrestres qui possèdent des compétences et des connaissances avancées ainsi qu'une très grande force mentale. Il semble que les extraterrestres ne soient pas tous bienveillants à notre égard, et que certains tentent de profiter des êtres humains. Toutefois, nous devons présumer que la plupart d'entre eux ne sont pas heureux de voir mourir notre planète. Espérons que nous puissions communiquer avec ceux qui nous aideront à faire face aux problèmes écologiques fondamentaux et aux dangers qui, telle une guerre nucléaire, menacent toute la planète. Pour conserver notre santé mentale lors de contacts avec des extraterrestres hautement avancés, nous devons cultiver les capacités que possédaient les Atlantes et développer la force et le pouvoir de notre esprit.

Aussi longtemps que nous habitons cette planète, nous avons une maîtrise sur notre destin immédiat. La nature se rebelle au moment opportun, mais nous n'en sommes pas que les victimes. Dans le passé, lorsque les gens ont créé de l'énergie négative par la haine, le péché et le crime, ils ont contribué à leur propre destruction. Comme citoyens de nations avancées, nous pouvons suivre l'exemple des civilisations de l'Atlantide qui surent traverser le temps. Ainsi, si nous vivons plus simplement, en accordant plus d'importance à l'amour, à la compassion et au respect de la nature, et si nous sommes ouverts aux conseils que peuvent éventuellement nous apporter des visiteurs de l'espace, la race humaine et la Terre survivront. Plusieurs prédisent que l'Atlantide émergera un jour de l'océan. Ce qui s'élèvera alors ne sera pas nécessairement le continent lui-même, mais l'ambiance d'immatérialité, d'illumination et de spiritualité qui caractérisa, à différents moments, l'Âge d'or. Le bénéfique équilibre d'énergie et l'harmonie du passé seront rétablis encore une fois sur notre planète.

## POSTFACE

Un récent voyage aux Açores a fait revivre à mes yeux le merveilleux continent que fut l'Atlantide. Après des milliers d'années, les sommets de ses montagnes, qui sont bien sûr aujourd'hui beaucoup plus près du niveau de la mer qu'ils ne le furent jadis, sont devenus un paradis naturel qui nous rappelle les charmes de la région disparue. Les bouillonnantes sources chaudes entourées de fougères et d'arbres couverts de mousse dépeintes par Platon, le concert sans fin des oiseaux omniprésents, les vastes étendues de blé ressemblant à des champs de cheveux d'or (comme les a décrites le poète basque Jacinth Verdaguer), les magnifiques fleurs odorantes poussant à l'état sauvage, les plus grandes et intensément colorées que j'aie vues de toute ma vie, et tous les autres cadeaux de la nature y reproduisent ce que fut un jour l'Atlantide. L'irrigation, mêlant l'eau riche en minéraux des sources chaudes à une eau plus fraîche, permet aux habitants de produire les deux abondantes récoltes annuelles évoquées par Platon. Toute la région est dominée par l'immense cône volcanique du mont Pico, un rappel constant du majestueux mont Atlas, qui semblait s'élever de la terre pour aller soutenir le ciel.

L'instabilité qui perturbait constamment les terres atlantes est encore présente aux Açores. Les nuages de vapeur blanche qui, comme dans nos grandes centrales électriques, s'élèvent sur les flancs des vieux volcans sont des indices de cette activité par ailleurs non perceptible. En juin 1997, un séisme mesurant 5 à l'échelle Richter a secoué l'île de Terceira, suivi d'environ 1 000 plus petites secousse atteignant au moins 4 à la même échelle. En raison des activités sismiques, le fond de l'océan se soulève et redescend constamment dans cette région. À l'heure actuelle, la terre qui s'élève près de Terceira se trouve à peine à plus de deux mètres sous la surface. Peut-être, comme l'a prédit Edgar Cayce, qu'une partie de l'ancienne Atlantide s'élèvera vraiment de nouveau.

# ANNEXE

Les travaux des auteurs suivants ont fourni une information appréciable qui a servi à la rédaction de L'Atlantide. Voici de courts résumés biographiques faisant part de leurs expériences et qualifications, et qui devraient aider le lecteur à mieux les situer.

## Auteurs anciens

**DIODORE DE SICILE** est un géographe et historien originaire de la Sicile, qui vécut au Ier siècle av. J.-C. Grand voyageur, compilateur qualifié et expérimenté, il a réuni une information détaillée au sujet de l'Atlantide, qu'il a recueillie auprès des indigènes au cours de ses recherches en Égypte, au Maroc et dans d'autres régions de l'Afrique du Nord.

**HÉRODOTE** (485 av. J.-C. – 425 av. J.-C.) est l'auteur du premier grand ouvrage historique produit dans l'Antiquité. Il habita d'abord la Grèce, mais ses voyages le menèrent d'un bout à l'autre de l'Europe, dans l'ouest de l'Asie, en Russie et au nord de l'Afrique. Son regard attentif aux détails et son intérêt pour les coutumes et les événements ayant marqué le passé des régions qu'il a visitées se reflètent dans sa volumineuse Histoire (des guerres qui ont opposé les Grecs aux Perses), actuellement divisée en neuf volumes.

**PLATON** est né vers 429 av. J.-C., au sein d'une éminente famille grecque. On dit que son père prétendait être un descendant du dieu Poséidon. D'abord politicien, Platon en vint à considérer qu'il n'y avait pas de place pour un homme de conscience dans la politique athénienne. Il se tourna alors vers l'étude de la philosophie.

Une partie des connaissances qu'avait Platon au sujet de l'Atlantide lui venaient de son ami Critias. Dans *Timée*, Platon nous dit que Critias s'est fait raconter cette histoire par son grand-père, qui avait alors 90 ans. Le grand-père, Critias le Vieux, l'avait apprise de son père, Dropides, qui avait lui-même obtenu ces renseignements de son ami Solon, un célèbre juriste grec qui entreprit vers 579 av. J.-C. un voyage d'étude en Égypte. Selon ce qu'écrit Platon, tandis que Solon était en Égypte, il visita Saïs (El Saïd), la florissante capitale, où il travailla avec plusieurs prêtres, dont Psonchis, qui traduisit pour Solon le savoir au sujet de l'Atlantide qui était inscrit sur des piliers. Plus permanente que les manuscrits, l'écriture dans la pierre était un moyen consacré pour conserver les faits du passé.

L'Atlantide était un sujet qui fascina tellement Platon qu'il continua ses recherches afin de compléter les faits qui lui avaient été rapportés par Critias. Il était en mesure de consulter des érudits, dont des étudiants de Pythagore (582–500 av. J.-C.) qui avaient eu l'occasion de connaître la tradition historique qui fut perdue lorsque les grandes bibliothèques du monde occidental furent détruites. Dans son *Commentaire sur le Timée*, le philosophe Proclus (V$^e$ siècle av. J.-C.) décrit un voyage que fit Platon en Égypte. Proclus rapporte que Platon vendit des huiles comestibles aux Égyptiens pour défrayer son séjour et qu'une fois sur place il put s'entretenir avec des prêtres de Saïs, d'Héliopolis et de Sébennytos.

Proclus raconte aussi que Crantor, un étudiant de Platon, se rendit en Égypte et à Saïs afin de chercher de l'information susceptible d'attester les faits avancés par Platon. Proclus affirme que Crantor visita le temple de Neith, où des prêtres lui montrèrent un pilier couvert d'écritures concernant l'histoire de l'Atlantide. La traduction que les érudits firent de ces écritures devant Crantor confirma entièrement le récit de Platon (Muck, *The Secret of Atlantis*, 16).

Plusieurs autres intellectuels ont tenté de vérifier la véracité des comptes rendus détaillés de Platon et ont confirmé que, Solon, Dropides et les deux Critias ayant vécu à l'époque concernée, la transmission de l'information était possible. Plusieurs autres preuves authentifient les sources de Platon. Clément d'Alexandrie, l'un des prêtres qui enseignèrent à Pythagore, a rapporté que Solon, alors qu'il était en Égypte, s'est entretenu avec Psonchis à Saïs, de même qu'avec Psénophis à Héliopolis (Sykes, dans Donnely, *Atlantis : The Antediluvian World*, 17). Dans le *Timée*, Platon écrit que Solon préparait un poème sur l'Atlantide. *La Vie de Solon* de l'historien grec Plutarque (av. J.-C. 46–120) comprenait un poème maintenant introuvable de Solon, intitulé *Atlantikos* (Ibid).

Platon a écrit ses deux dialogues au sujet de l'Atlantide vers la fin de sa longue vie, probablement afin que cette précieuse information soit conservée. Il mourut vers 347 av. J.-C.

## Auteurs contemporains

**CHARLES BERLITZ** (1914–) est le petit-fils de Maximilian Berlitz, le fondateur des écoles de langue Berlitz. L'un des plus importants linguistes actuels, Charles Berlitz parle, plus ou moins couramment, 25 langues. (Voir la bibliographie.)

**EDGAR EVANS CAYCE** (1918–) est le plus jeune fils d'Edgar Cayce. Son livre *On Atlantis*, publié en 1968, offre une fine interprétation des lectures de son père au sujet du continent disparu et de sa civilisation. Dans *Mysteries of Atlantis Revisited*, un ouvrage publié en 1988 et écrit en collaboration avec Gail Cayce Schwartzer et Douglas G. Richards, il étudie de manière attentive dans quelle mesure les principales découvertes scientifiques survenues depuis la mort de son père correspondent à l'information contenue dans les lectures d'Edgar Cayce. (Voir la bibliographie.)

**IGNATIUS DONNELLY** (1831–1901) est un politicien et réformateur américain doublé d'un chercheur érudit et méticuleux. Très jeune, à l'âge de 28 ans, il fut nommé gouverneur du Minnesota, avant d'être élu, quatre ans plus tard, au Congrès des États-Unis, où il démontra être un législateur extrêmement intelligent. Partisan du droit de vote pour les noirs et pour les femmes, de l'impôt fédéral sur le revenu et de la protection de l'environnement, il était fort en avance sur son temps. Peu après son arrivée à Washington, Donnelly perdit sa jeune épouse. Sans autres ressources, il se tourna vers l'univers des livres pour se consoler et fut bientôt absorbé par l'étude des mythes, de la préhistoire et de l'Atlantide. Donnelly en est venu à croire qu'un élément de vérité se trouve à la base de plusieurs légendes qui se rapportent à des événements et à des personnes précédant l'histoire écrite. Il suggère que les dieux et les déesses de l'Antiquité grecque étaient des personnifications des dirigeants de l'Atlantide et d'autres cultures du passé. Ainsi, par exemple, Gandhi, Mandala, Churchill ou Abraham Lincoln pourraient bien devenir dans 15 000 ans des personnages de légendes. La formation juridique tout comme l'intelligence remarquable de Donnelly apparaissent évidentes dans *Atlantis, the Antediluvian World*, un ouvrage qui réunit une somme impressionnante d'information bien documentée et présentée avec conviction. Il s'agit de la première publication qui ait suggéré de manière rationnelle la possibilité que l'existence de l'Atlantide soit vérifiée par des scientifiques. Dans un livre subséquent, *Ragnarok : The Age of Fire and Gravel*, Donnelly est le premier à soumettre l'idée que la Terre ait été à plusieurs reprises victime de catastrophes d'origine extraterrestre, telles que des objets massifs provenant de l'espace, qui détruisirent des êtres humains autant que des plantes et des animaux. Donnelly a aussi écrit *Caesar's Column : A Story of the Twentieth Century* et *The Great Cryptogram*.

**LUCILLE TAYLOR HANSEN**. Hansen, une avocate, a mené de vastes recherches sur le terrain en Amérique et en Afrique alors qu'elle tentait de retracer l'héritage des Amérindiens en remontant jusqu'à leur origine, en Atlantide. Ses recherches comprennent des entrevues menées auprès d'individus tels que Sedillio, le chef des Indiens yaquis, qui est diplômé de deux universités européennes. Parmi les autres Amérindiens qui se sont confiés à Hansen, on retrouve un Choctaw, un Pueblo sachem et le leader apache Asa Delugio.

**MARCEL F. HOMET**. Homet, un archéologue allemand, croit que les Atlantes sont la source de plusieurs similitudes entre les cultures des régions qui entourent l'océan Atlantique. Homet a effectué de nombreux voyages en Europe, dans le nord de l'Afrique, dans le bassin amazonien, en Amérique du Nord et en Amérique centrale. Il fut surpris de constater que les hommes de Cro-magnon dont les squelettes et les outils ressemblaient à ceux qui furent découverts sur le continent européen avaient vécu en Amérique du Sud avant d'apparaître en Europe.

**JOHN MICHELL** (1933–) est un chercheur et écrivain parmi les plus reconnus à l'échelle mondiale, qui s'est penché sur les pouvoirs sacrés et les mystères des structures naturelles construites par l'homme dans toutes les parties du monde. (Voir la bibliographie.)

**OTTO MUCK** (1928–1965) est un éminent physicien allemand et aussi un ingénieur renommé ayant à son actif 2 000 brevets d'invention. Il est l'auteur d'un excellent ouvrage intitulé *Secret of Atlantis*, lequel reflète son étude rigoureuse du sujet et sa croyance en une terre fertile ayant existé avant 10000 av. J.-C. dans l'océan Atlantique et qui fut habitée par un peuple dont les coutumes et les croyances se sont répandues dans les régions environnantes.

**ZECHARIA SITCHIN** (1920–). Spécialiste de la Bible et archéologue, Sitchin lit plusieurs langues, dont la plupart des écritures des anciennes civilisations. Résultat de 30 années d'études et de voyages, il a publié de nombreux travaux savants qui fournissent une information peu connue au sujet de nos ancêtres extraterrestres et de quelques-unes de leurs interventions sur la planète Terre au cours des centaines de milliers d'années arrivant jusqu'à nous. Il est l'une des rares personnes ayant traduit les anciens textes sumériens, assyriens, babyloniens et hittites. (Voir la bibliographie.)

**JAMES LEWIS THOMAS CHALMERS SPENCE** (1874–1955), originaire de l'Écosse, est un spécialiste des mythes et de l'histoire ancienne. Intellectuel hautement respecté, il fut vice-président de la Scottish Anthropological and Folklore Society et a reçu une rente royale « pour services rendus à la culture ». Membre d'une organisation occulte reconnue, il a eu accès à des manuscrits de la Tradition des arcanes (les archives de fraternités occultes) écrits il y a plus de 1 000 ans. Spence maîtrise les diverses langues – anglais, français, espagnol, allemand, grec et arabe – dans lesquelles ont été écrits ces livres de l'Âge d'or. Comme il existe peu de copies de ces vénérables documents, ils sont lus à voix haute aux nouveaux membres des groupes occultes au cours des cérémonies sacrées d'initiation. Spence avait l'habitude de mémoriser les contes populaires et les légendes, ce qui l'a aidé à retenir dans tous les détails l'intéressante information qu'il a reçue oralement pendant son initiation. Intrigué par les nombreuses références à l'Atlantide dans l'ancienne Tradition des arcanes, il s'est mis à étudier sérieusement le sujet.

À l'instar de plusieurs érudits qui se sont attaqués à la tâche énorme que représentent les recherches sur l'Atlantide, Spence a développé un intérêt passionné pour cette contrée préhistorique unique et pour son peuple. Spence était convaincu que les arts occultes, en raison des similitudes inusitées qu'ils présentent dans toutes les régions entourant l'océan Atlantique, devaient avoir une origine commune. Il ne trouva, dans l'ouest de l'Europe, aucune région ayant une culture suffisamment ancienne pour avoir servi de foyer à partir duquel les pays voisins auraient reçu leurs idées semblables de la religion, des mythes et de la magie. Il croyait fermement que notre connaissance des sciences occultes provenait de l'Atlantide.

Pour illustrer sa théorie selon laquelle les arts occultes sont issus de l'Atlantide, Spence souligne le fait qu'un grand nombre de sorcières de la mythologie sont rattachées à l'Atlantide. Dans l'*Odyssée* d'Homère, Calypso était la fille du sage Atlas, et Circé était de la race des titans. Les Titans étaient communément associés aux Atlantes en raison de leur grande taille. La tête divisée de la sorcière Méduse transforma Atlas en une montagne de pierre, réminiscence du mont Atlas, le plus haut sommet de l'Atlantide. Les trois Gorgones représentent la force puissante et implacable des tremblements de terre, des volcans et des eaux qui détruisirent l'Atlantide.

Afin de révéler les résultats de ses vastes recherches, Spence a écrit de manière prolifique (voir la bibliographie). Malgré son enthousiasme pour la question, il en vint à considérer que sa position comme intellectuel crédible et accompli était en danger s'il continuait à parler ouvertement de la qualité de la vie à l'époque de l'Atlantide et des arts occultes qui à son avis s'y pratiquaient. Il cessa complètement de travailler sur le sujet et, selon ce qu'ont rapporté ceux qui le connaissaient, refusa même par la suite d'en discuter (Michell, *The New View Over Atlantis*, 200).

**DR N.F. ZHIROV**, un scientifique russe possédant un doctorat en chimie, est aussi géologue marin et membre de l'Académie des sciences soviétique. Il a publié, en 1970, un ouvrage complexe et bien documenté sur l'Atlantide, qui comprend une bibliographie de 825 références. Plusieurs de ses sources proviennent de l'Europe de l'Est, où l'existence de l'Atlantide est reconnu par des membres respectés de la communauté scientifique.

**EDGARTON SYKES** (1894–1983), un Britannique, s'est d'abord intéressé à l'Atlantide au moment où il était étudiant et se spécialisait en études de l'Antiquité. En plus d'avoir travaillé au sein des services diplomatiques britanniques, il fut ingénieur, soldat, journaliste et membre de la Royal Geographical Society. Peu après la Seconde Guerre mondiale, Sykes a fondé l'Atlantis Research Center de Brighton, en Angleterre. Dans ce cadre, avec l'aide d'autres spécialistes de la préhistoire, il a réuni une vaste collection de références classiques, de documents anciens et de légendes se rapportant à l'Atlantide. En 1949, il a édité *Atlantis : The Antediluvian World*, de Donnelly, en y ajoutant des commentaires profonds et sensibles. Au cours de sa vie, il a publié deux périodiques, *New World Antiquity* et *Atlantis*. Après sa mort, le matériel rassemblé dans la bibliothèque de Sykes, en

Angleterre, a été déplacé vers la bibliothèque de l'Association for Research and Enlightenment, à Virginia Beach, en Virginie.

**HAROLD T. WILKINS** est un anthropologue britannique qui, au début du XX$^e$ siècle, effectua de nombreux voyages en Amérique centrale et en Amérique du sud.

**DAVID ZINK** (1927–), un physicien, a servi comme ancien officier des communications militaires et a enseigné la littérature anglaise à l'Air Force Academy et à la Lamar University, au Texas. Inspiré par son étude des lectures de Cayce, il a mené, en 1974, une expédition à Bimini dans le but de retrouver les ruines des édifices atlantes. (En 1926, Edgar Cayce a prédit qu'en 1968 ou 1969 une partie de l'Atlantide réapparaîtrait et que les vestiges d'un ancien temple seraient découverts à Bimini, dans la région nord-ouest des Bahamas. En 1968, des pilotes d'avion ont aperçu des blocs de pierre taillée et des colonnes à l'endroit indiqué par Cayce.) À la suite de ses premières découvertes dans les Bahamas, Zink, un navigateur, photographe sous-marin et plongeur expérimenté, est retourné plusieurs fois dans la région. Combinant ses compétences en géologie, en astrophysique et en anthropologie avec sa vaste connaissance de la mythologie et les lectures rigoureuses effectuées sur le terrain par des médiums contemporains, Zink a écrit *The Ancient Stones Speak* et *The Stones of Atlantis*.

## Médiums

**TAYLOR CALDWELL** (1900–1985). À l'âge de 12 ans, Taylor Caldwell a écrit un roman minutieux au sujet d'une princesse atlante vivant durant la dernière période de l'Atlantide. Le livre se terminait avec la fuite de la princesse, qui s'éloignait à bord d'un bateau de la terre en train de s'engloutir. Le grand-père de Caldwell, un éditeur, fut horrifié en lisant le manuscrit, car la maturité intellectuelle et philosophique qui s'en dégageait donnaient à croire qu'une personne beaucoup plus âgée l'avait rédigé. En fait, le contenu du livre parvenait, suivant une voie inconsciente, du lointain passé de Caldwell, tout comme d'ailleurs une partie de l'information non connue apparaissant dans ses autres écrits. Vers la fin d'une carrière littéraire couronnée de succès, au moment où elle travaillait à l'édition de *The Romance of Atlantis* avec l'aide de Jess Stern, elle a fait trois rêves. Les deux premiers répétaient et précisaient ses souvenirs inconscients de l'Atlantide, tandis que le troisième se déroulait dans une étrange région chaude constituée de forêts et de montagnes, où elle habitait avec quelques personnes ayant survécu à la destruction de l'Atlantide, leur île d'origine.

**EDGAR CAYCE** (1877–1945) a grandi dans le sud des États-Unis, dans une ferme où il a reçu très peu d'éducation. Alors qu'il était encore un jeune homme, Cayce perdit la voix et, dans un effort désespéré pour soigner cette maladie, il fit appel à l'hypnose. Pendant qu'il était dans un genre d'état de transe, il formula lui-même des conseils qui révélèrent un traitement efficace de son problème. Cayce découvrit bientôt que lorsqu'il était dans un état d'auto-hypnose il pouvait poser des diagnostics et prescrire des traitements bénéfiques pour résoudre les problèmes physiques et mentaux d'individus éprouvant des malaises, même si ces personnes se trouvaient très loin. Il décida de consacrer sa vie à formuler des suggestions utiles pour assurer la guérison des individus venus le consulter.

Les milliers de documents sténographiés contenant les énoncés que Cayce a formulés par télépathie et clairvoyance sont connus sous le nom de « lectures ». Lors de ces séances où il entre dans un genre d'état de transe, Cayce fait souvent allusion aux vies antérieures de ses patients, dont certaines se sont déroulées en Atlantide. Selon ses descriptions, l'Atlantide a donné lieu, il y a plus de 12 000 ans, à une société hautement développée sur le plan technologique et disposant de moyens de communication et de transport étendus. Au cours d'une période de 21 ans, Cayce a livré 30 000 lectures et évoqué spécifiquement 700 réincarnations en Atlantide. Bien que des milliers de personnes différentes étaient impliquées, ses données demeurèrent parfaitement cohérentes. On n'a relevé aucune affirmation contradictoire concernant des dates ou des événements dans l'information que Cayce a fournie sur différents sujets. Ses fils confirment qu'il n'a jamais lu ce que Platon a écrit à propos de l'Atlantide, ni aucun livre portant sur ce continent. Les lectures d'Edgar Cayce sont disponibles au siège de l'Association for Research and Enlightenment, à Virginia Beach, en Virginie.

Le savoir d'Edgar Cayce au sujet de l'Atlantide apparaît plus plausible lorsque l'on considère les faits qui n'étaient pas encore connus au moment où il les a révélés dans ses lectures, mais qui ont plus tard été vérifiés. Les archéologues ont découvert les Manuscrits de la mer Morte 11 ans après que Cayce ait fourni une lecture de vie sur l'incarnation d'une femme qui fut membre d'une communauté enseignante chez les Essènes, sur la rive nord-ouest de la mer Morte. Au cours de cette lecture, Cayce a décrit l'endroit exact, dans cette communauté essène perdue, où les manuscrits furent ultérieurement découverts. En 1937, à l'époque de cette lecture, on croyait que les Essènes étaient des communautés formées uniquement de moines célibataires et que Cayce avait fait erreur en évoquant un membre féminin. Toutefois, 12 ans plus tard, confirmant ce que Cayce avait dit, des fouilles ont permis de découvrir les squelettes de femmes aussi bien que d'hommes parmi les Essènes. En 1939, Cayce fit allusion à la présence de Salomé lors de la mort et de la résurrection de Lazare, un fait que les historiens considéraient comme très peu plausible jusqu'à ce que, en 1960, une lettre dont on croit qu'elle a été écrite par Saint Marc au sujet du miracle de Lazare soit découverte dans un monastère près de Jérusalem. La lettre mentionnait qu'une femme nommée Salomé était présente à l'événement. L'une des informations géologiques les plus remarquables à être vérifiée fut cette description que Cayce avait faite du Sahara et du Nil à l'époque ancienne. Il avait en effet affirmé, en 1925, qu'il y a 10,5 millions d'années le Sahara était une terre fertile et que, à cette époque, le Nil se rendait jusqu'à l'océan Atlantique. À l'aide d'une caméra radar de la Navette spatiale, les scientifiques ont pu vérifier ce fait. Ils ont aussi découvert les traces de campements datant de 250 000 ans sur le haut Nil, là où Cayce avait dit que des gens vivaient à cette époque (Edgar Evans Cayce, *Mysteries of Atlantis Revisited*, 65).

Avec la capacité qu'il avait d'accéder à l'information au sujet de civilisations aussi reculées dans l'histoire que l'était l'Atlantide, Edgar Cayce aurait pu facilement utiliser ses talents pour servir ses propres intérêts. Il a néanmoins consacré sa vie à offrir des conseils de guérison à ceux qui faisaient appel à lui.

**MANLY PALMER HALL** (1901–1990) a démontré à un très jeune âge une incroyable intelligence et une profonde compréhension des réalités mystérieuses. C'est dans la vingtaine qu'il a rédigé son étude encyclopédique des traditions occultes occidentales, *The Secret Teachings of All Ages*, à la suite de quoi il a maintenu tout au long de sa vie une production littéraire substantielle. Il a fondé en 1934 la Philosophical Research Society de Los Angeles.

**PHYLOS**. En 1884, à l'âge de 18 ans, Frederick S. Oliver fut visité par la présence de Phylos le Tibétain. Phylos dicta à Oliver, sous la forme d'images mentales, de l'information au sujet de sa vie (celle de Phylos) en Atlantide 13 000 ans auparavant, soit en 11650 av. J.-C. Oliver a consigné l'information reçu de Phylos dans un livre intitulé *Dweller On Two Planets*, publié en 1952. Tout comme *The World Before*, un ouvrage de Ruth Montgomery fondé lui aussi sur la clairvoyance, l'information fournie par Oliver peut être sujette à la critique, mais le livre mérite d'être considéré avec sérieux.

**H. C. RANDALL STEVENS** a grandi en Grande-Bretagne comme un garçon normal. D'abord pilote au sein du Royal Naval Air Service, il devint plus tard un chanteur connu. Il ne s'intéressait pas particulièrement aux questions occultes jusqu'à ce que, en 1925, un Initié de l'ancienne Égypte ne lui transmette, par la voie de l'écriture automatique, de l'information au sujet de l'Atlantide et de l'ancienne Égypte. Ces séries de communications furent connues sous le nom d'Écrits osiriens. Rendall-Stevens a publié le premier de ces Écrits en 1928, et les autres volumes ont suivi. Le quatrième, *Atlantis to the Latter Days*, a été publié en 1957. Ses autres ouvrages sont *The Book of Truth*, *The Chronicles of Osiris*, *The Wisdom of the Soul*, *The Teachings of Osiris* et *Jewels of Wisdom*.

# NOTES

## Introduction

1. Pliny, *Natural History* (Romain, ier siècle ap. J.-C.).
2. Spence, *The Occult Sciences in Atlantis*, 38.
3. Cayce, Lecture 315-4.
4. Spence, *The Occult Sciences in Atlantis*, 49-50.
5. Homet, *Sons of the Sun*.

## Chapitre 1

1. Zhirov, *Atlantis*, 247.
2. Spence, *The Problem of Atlantis*, 205.
3. Walters, *Book of the Hopi*.
4. Muck, *Atlantis*, 149.
5. Donato, *A Re-Examination of the Atlantis Theory*, 113.
6. Muck, *The Secret of Atlantis*, 46.
7. Les 13 îles Canaries s'étentent, à 80 kilomètres de la côte au nord-ouest de l'Afrique, sur près de 500 kilomètres dans l'océan Atlantique. Les îles de Madère se trouvent à 480 kilomètres au nord des îles Canaries, et les 10 îles du Cap-Vert, qui occupent près de 4 000 kilomètres carrés, sont à 515 kilomètres au sud. Les 9 îles des Açores sont à 1 300 kilomètres à l'ouest du Portugal, au milieu de la dorsale atlantique.
8. Muck, *The Secret of Atlantis*, 101.
9. Platon, *Critias*, Trad. R. B. Bury, 291.
10. Hansen, *The Ancient Atlantic*, 140.
11. Zhirov, Atlantis, chapitre 9.
12. Ibid.
13. Ibid, chapitre 13.
14. Ibid, 315.
15. Courtillot, « What Caused the Mass Extinction? », *Scientific American*, octobre 1990, 89.
16. Caldwell, *The Romance of Atlantis*, 35.
17. Muck, *The Secret of Atlantis*, 66-69.
18. Zhirov, *Atlantis*, chapitre 10.

## Chapitre 2

1. Scott-Elliot, *The Story of Atlantis and the Lost Lemuria*.
2. Heinberg, *Memories and Visions of Paradise*, 177.
3. Vigers, *Atlantic Rising*, 31. L'information présentée dans *Atlantis Rising*, publié en 1944, a été transmise à Daphne Vigers par Helio-Aarkhan, qui communiqua

plusieurs années plus tard des renseignements à peu près identiques à Tony Neate, un autre mystique britannique, qui lui-même ne connaissait pas Vigers, ni son livre.

4. Cousteau, *Calypso Log*, février 1989.
5. Cayce, Lecture 364–10.
6. White, « Divine Fire : A Little-known Psychic Power », *Venture Inward*, mars/avril 1990.
7. Platon, *Critias*.
8. Sitchin, *The Twelfth Planet*, 60.
9. Robinson, *Edgar Cayce's Story of the Origin and Destiny of Man*, 53.
10. Montgomery, *The World Before*.
11. Caldwell, *The Romance of Atlantis*, 50.
12. Robinson, *Edgar Cayce's Story of the Origin and Destiny of Man*, 54.
13. Cayce, Lecture 362–39.
14. Ibid.
15. Cayce, Lecture 1977–1.
16. Cayce, Edgar Evans, *On Atlantis*, 80.
17. Robinson, *Edgar Cayce's Story of the Origin and Destiny of Man*, 55.
18. Cayce, Edgar Evans, *Mysteries of Atlantis Revisited*, 78.
19. Oliver, *A Dweller on Two Planets*, 174.
20. Robinson, *Edgar Cayce's Story of the Origin and Destiny of Man*, 110.
21. Ibid, 111.
22. Montgomery, *The World Before*, 126.
23. Oliver, *A Dweller on Two Planets*, 420.
24. Ibid.
25. Raymo, « Ice Age Venus », *The Boston Globe*, 15 janvier 1990.
26. Edgar E. Cayce, *Mysteries of Atlantis Revisited*, 77.
27. Donato, *A Re-examination of the Atlantis Theory*, 87. William M. Donato a présenté sa thèse intitulée *A Re-examination of the Atlantis Theory* en 1979, à la Faculté de la California State University de Fullerton, en Californie, comme exigence partielle de la maîtrise ès Arts en anthropologie.
28. Ibid, 75.
29. Mertz, *Atlantis, Dwelling Place of the Gods*, 57.
30. Spence, *Atlantis in America*, 18.

31. Robinson, *Edgar Cayce's Story of the Origin and Destiny of Man*, 123.
32. Cayce, Lecture 5750–1.
33. Asher, *Ancient Energy*, 101.
34. Ibid.
35. Hansen, *The Ancient Atlantic*, 384.
36. Donato, *A Re-examination of the Atlantis Theory*, 185.
37. Ibid, 117.
38. Hansen, *The Ancient Atlantic*, 384.
39. Homet, *Sons of the Sun*, 231.
40. Ibid, 82.
41. Ibid, 109.
42. Spence, *The Occult Sciences in Atlantis*, 90.
43. Ibid.
44. Spence, *Atlantis in America*, 130.
45. Spence, *The Occult Sciences in Atlantis*, 90.
46. Patten, *The Biblical Flood and the Ice Epoch*, 106.
47. Muck, *The Secret of Atlantis*, 184.
48. Bricker and Denton, « What Drives Glacial Cycles ? », *Scientific American*, janvier 1990, 56.
49. Sitchin, *The Twelfth Planet*, 254. Les « douze planètes » évoquées dans le titre de ce livre font référence aux descriptions sumériennes, qui incluent les dix planètes ainsi que le Soleil et la Lune.
50. Ibid.
51. Ibid, 402.
52. Genèse 7:11.
53. Sitchin, *The Twelfth Planet*, 404.
54. Beardsley, « The Big Bang », *Scientific American*, novembre 1991, 30.

**Chapitre 3**
1. Begley and Lief, « The Way We Were », *Newsweek*, 10 novembre 1986.
2. Cayce, Lecture 225–2.
3. Robinson, *Edgar Cayce's Story of the Origin and Destiny of Man*, 54.
4. Roberts, *Atlantean Traditions in Ancient Britain*, 32.
5. Montgomery, *The World Before*, 107.
6. Ibid, 89.
7. Vigers, *Atlantis Rising*, 29.
8. Ibid.
9. Ibid.
10. Scott-Elliot, *The Story of Atlantis and Lost Lemuria*, 50.

11. Vigers, *Atlantis Rising,* 29.
12. Ibid.
13. Homet, *Sons of the Sun*, 151-153.
14. Donnelly, *Atlantis : The Antediluvian World*, 152-154.
15. Romant, *Life in Ancient Egypt*, 18.
16. Donnelly, *Atlantis :The Antediluvian World*, 210.
17. Spence, *Atlantis in America*, 99.
18. Ibid.
19. Goodman, *The Genesis Mystery*, 206.
20. Ibid, 250.
21. Homet, *Sons of the Sun*.
22. Ibid.
23. Hansen, *The Ancient Atlantic*, 99.
24. Ibid, 100.
25. Donnelly, *Atlantis : The Antediluvian World*, 180.
26. Spence, *Atlantis in America*, chapitre 6.
27. Vigers, *Atlantis Rising*, 26.
28. Cayce, Lecture 914–1.
29. Vigers, *Atlantis Rising*, 26.
30. Cayce, Lecture 275–38.
31. Vigers, *Atlantis Rising*, 29.
32. Hope, *Practical Atlantean Magic*, 153.
33. Ibid.
34. Cayce, Lecture 275–38.
35. Wilkins, *Mysteries of Ancient South America*, 70.
36. Charroux, *The Mysteries of the Andes*, 46 ; Begley et Lief, « The Way We Were », *Newsweek*, 10 novembre 1986, 62–72.
37. Ibid, 83.
38. Begley et Lief.
39. Ibid.
40. Ibid.
41. Hope, *Practical Atlantean Magic*, 115.
42. Zhirov, *Atlantis*, 43.
43. Donato, 188.
44. Phelon, *Our Story of Atlantis*, 90–102.
45. Hansen, *The Ancient Atlantic*, 105.
46. Wilkins, *Secret Cities of Old South America*, 64.
47. Halifax, *The Fruitful Darkness*, 97.
48. Vigers, *Atlantis Rising*, 27.
49. Zink, *The Stones of Atlantis*, 261.
50. Montgomery, *The World Before*, 97.
51. Firman, *Atlantis, A Definitive Study*, 38.
52. Goodman, *The Genesis Mystery*, 7.

53. Ibid.
54. Goodman, *The Genesis Mystery*, 251 ; Bahn et Vertut, *Images of the Ice Age*, 96.
55. Genèse XI.
56. Berlitz, *Atlantis, The Eight Continent*, 56.
57. Wright, « Quest for the Mother Tongue », *The Atlantic Monthly*, avril 1991, 39–64.
58. Muck, *Atlantis*, 128.
59. Berlitz, *The Mystery of Atlantis*, 158.
60. Ibid.
61. Asher, *Ancient Energy*, 91.
62. Hansen, *The Ancient Atlantic*, 295–298, tiré de Willian Coxon, « Arizona Highways », *Ancient Manuscripts on American Stones*, septembre 1964.
63. Ibid.
64. Noorbergen, *Secrets of the Lost Races*, 27.
65. Hope, *Practical Atlantean Magic*, 96.
66. Cayce, Lecture 3345–1.
67. Berlitz, *The Mystery of Atlantis*, 173.
68. Phelon, *Our Story of Atlantis*, 103.
69. Herma Waldthausen.
70. David Hall.
71. Vigers, *Atlantis Rising*, 24 ; Cerminara, *Many Mansions*, 175.
72. Scott-Elliot, *The Story of Atlantis and Lost Lemuria*, 45.
73. Ibid, 46.
74. Oliver, *A Dweller on Two Planets*, 27.
75. Ibid.
76. Ibid.
77. Bahn et Vertut, *Images of the Ice Age*, 74.
78. Hadingham, *Secrets of the Ice Age*, 163.
79. Bahn et Vertut, *Images of the Ice Age*, 132.
80. Platon, *Critias*.
81. Bahn et Vertut, *Images of the Ice Age*, 156.
82. Encyclopedia Britannica, volume 15, 291.
83. Goodman, *The Genesis Mystery*, 238.
84. Halifax, *Shamanic Voices*, 17.
85. Bahn et Vertut, *Images of the Ice Age*, 190.
86. Homet, *Sons of the Sun*, 66.
87. Ibid, 205.
88. Goodman, *The Genesis Mystery*, 251.
89. Homet, *Sons of the Sun*, 207.
90. Ibid, 253.
91. Bower, *Science News*, 13 décembre 1986, 378–379.

92. Ibid.
93. Bryant et Galde, *The Message of the Crystal Skull*, 4.
94. Garvin, *The Crystal Skull*, 89.
95. Ibid, 14.
96. Ibid, 87.
97. Bryant et Galde, *The Message of the Crystal Skull*, 48.
98. Garvin, *The Crystal Skull*, 1.
99. Ibid, 10.
100. Ibid, 62.
101. Bryant et Galde, *The Message of the Crystal Skull*, 55.
102. Sykes, *Atlantis*, volume 27, n° 4, juillet–août 1974, 64.
103. Turnbull, *Sema-Kanda – Threshhold Memories*, 55.
104. Clapp, Anne Lee, Lecture re : Edgar Cayce Readings. A.R.E., 23 septembre 1988.
105. Turnbull, *Sema-Kanda – Threshhold Memories*.
106. Ibid, 55.
107. Platon, *Critias*.
108. Ibid.
109. Donato, *A Re-examination of the Atlantis Theory*, 135.
110. Platon, *Critias*.
111. Scott-Elliot, *The Story of Atlantis and Lost Lemuria*, 56.
112. Oliver, *A Dweller on Two Planets*, 52.
113. Ibid, 54–58.
114. Ibid, 182.
115. Blakeslee, Sandra, « Pulsing Magnets Offer New Method of Mapping Brain », *The New York Times*, 21 mai 1996.
116. Spence, *The Occult Sciences in Atlantis*, 54–55.
117. Hansen, *The Ancient Atlantic*, 312.
118. Ibid.
119. Ibid, 307.
120. Cayce, Lecture 364–12.
121. Winston, Shirley Rabb, lecture re : Edgar Cayce Readings. A.R.E., 22 septembre 1988.
122. Hansen, *The Ancient Atlantic*, 307.
123. Ibid, 395.
124. Platon, *Timaus*.
125. Ibid.
126. Donato, *A Re-examination of the Atlantis Theory*, 68, 188.
127. Spence, *The Occult Sciences in Atlantis*, tiré de Michael Scot, 55.
128. Ibid.
129. Hansen, *The Ancient Atlantic*, 106.

130. Ibid, 184, 314.
131. Feiffer, « Cro-Magnon Hunters Were Really Us, Working Out Strategies for Survival », *Smithsonian*, octobre 1986.
132. Prideaux, *Cro-Magnon Man*, Time-Life Book, 62.
133. Fix, *Pyramid Odyssey*.
134. Ibid.
135. Roberts, *Atlantean Traditions in Ancient Britain*, 31.
136. Hansen, *The Ancient Atlantic*, 394.
137. Cayce, Lecture 5750–1.
138. Cayce, Lecture 5750–1.
139. Hope, *Practical Atlantean Magic*, 106.
140. Michell, *The New View Over Atlantis*, 208.
141. Hitching, *Earth Magic*, 164.
142. Bibby, *Testimony of the Spade*.
143. Hitching, *Earth Magic*, 191.
144. Michell, *The New View Over Atlantis*, 208.
145. Spence, *History of Atlantis*, 223.
146. Ryan, *Notes on the Place of Atlantis in World Evolution*, 19.
147. Halifax, *Shamanic Voices*.
148. Spence, *The Occult Sciences in Atlantis*, 50.
149. Donnelly, *Atlantis, The Antediluvian World*, 283.
150. Homet, *Sons of the Sun*, 208.
151. Turnbull, *Sema-Kanda–Threshold Memories*.
152. Klossowski de Rola, *Alchemy, The Secret Art*.
153. Spence, *The Occult Sciences in Atlantis*, 98.
154. Spence, *Atlantis in America*, 128 ; Spence, *The Occult Sciences in Atlantis*, 98.
155. Spence, *The History of Atlantis*, 224.

**Chapitre 4**
1. Platon, *Critias*.
2. Ibid.
3. Ibid.
4. Stahel, *Atlantis Illustrated*, 102. L'architecte H.R. Stahel tente de dépeindre avec précision la Cité aux portes d'or en se fondant sur les descriptions de Platon.
5. Platon, *Critias*.
6. Michell, *New View Over Atlantis*, 91.
7. Spence, *The Occult Sciences in Atlantis*, 82.
8. Platon, *Critias*.
9. Zhirov, *Atlantis*, 46.
10. Wilkins, *Secret Cities of Old South America*, 86.

11. Muck, *The Secret of Atlantis*, 43 ; Cayce, Lecture 470–33.
12. Sykes, dans Donnelly, *Atlantis, The Antediluvian World*, 298.
13. Berlitz, *Mystery of Atlantis*, 107.
14. Platon, *Critias*.
15. Ibid, 291.
16. Platon, *Critias*.
17. Sykes, *Atlantis*, volume 27, n° 3, mai–juin 1974, 44.
18. Hope, *Practical Atlantean Magic*, 83.
19. Platon, *Critias*.
20. Sitchin, *The Twelfth Planet*, 16.
21. Ibid.
22. Platon, *Critias*.
23. Cayce, Lecture 364–12.
24. Turnbull, *Sema-Kanda–Treshold Memories*.
25. Platon, *Critias*.
26. Ibid.
27. Stahel, *Atlantis Illustrated*, 54.
28. Ibid, 52, 57.
29. Cayce, Lecture 364–12.
30. Oliver, *A Dweller on Two Planets*, 50.
31. Ibid, 50.
32. Caldwell, *The Romance of Atlantis*, 100.
33. Oliver, *A Dweller on Two Planets*, 135.
34. Ibid, 136–138.
35. Platon, *Critias*.
36. Hansen, *The Ancient Atlantic*, 133.
37. Hope, *Practical Atlantean Magic,* 101.
38. Vigers, *Atlantis Rising*, 25.
39. Hope, *Practical Atlantean Magic*, 82.
40. Donnelly, *Atlantis,* 202.
41. Donato, *A Re-examination of the Atlantis Theory*, 282.
42. Berlitz, *Atlantis, The Erghth Continent*, 176.
43. Hansen, *The Ancient Atlantic*, 124.
44. Ibid, 282.
45. Ibid.
46. Zink, *The Stones of Atlantis*, 142.
47. Ibid, 143.
48. Sykes, *Atlantis*, volume 27, n° 4, 64.
49. Ibid.
50. Zink, *The Stones of Atlantis*, 272.
51. Ibid, 142, 143.
52. Sykes, *Atlantis*, volume 27, n° 4, 69.

53.   Berlitz, *Atlantis : The Eighth Continent*, 108.
54.   Lafferty et Holowell, *The Eternal Dance*, 154–155.
55.   Berlitz, *Atlantis : The Eighth Continent*, 108.
56.   Zink, *The Stones of Atlantis*, 154.
57.   Ibid.
58.   Edgar Evans Cayce, *Mysteries of Atlantis Revisited*, 168–170.
59.   Steiger, *Atlantis Rising*, 17.
60.   Tomas, *The Home of the Gods*, 1.
61.   Homet, *Sons of the Sun*, 176, 221.
62.   Steiger, *Atlantis Rising*, 79.
63.   Homet, *Sons of the Sun*, 212.
64.   Hansen, *The Ancient Atlantic*, 422.
65.   Wilkins, *Mysteries of Ancient South America*, 189.
66.   Ibid, 188.
67.   Homet, *Sons of the Sun*, 222.

**Chapitre 5**
1.   Hansen, *The Ancient Atlantic*, 386.
2.   Vigers, *Atlantis Rising*, 26.
3.   Muck, *Atlantis*, 41.
4.   Firman, *Atlantis, a Definitive Study*, 46.
5.   Platon, *Critias*.
6.   Zhirov, *Atlantis*, 36–37.
7.   Sitchin, *The Twelfth Planet*, 414.
8.   Goodman, *The Genesis Mystery*, 6.
9.   Boid, *A Description of the Azores*, 24, 33, 34.
10.   Cayce, Lecture 364-4.
11.   Donnelly, *Atlantis : The Antediluvian World*, 445.
12.   Goodman, *The Genesis Mystery*, 216.
13.   Hansen, *The Ancient Atlantic*, 394.
14.   Goodman, *The Genesis Mystery*, 171.
15.   Tomas, *The Home of the Gods*, 140.
16.   Firman, *Atlantis, A Definitive Study*, 8.
17.   Ibid.
18.   Ibid, 8.
19.   Ibid, 13.
20.   Ibid, 12.
21.   Ibid, 56–57.
22.   Cayce, Edgar Evans, *On Atlantis*, 98.
23.   Hancock, *Fingerprints of the Gods*, 22.
24.   Ibid, 99.
25.   Hansen, *The Ancient Atlantic*, 381.
26.   Ibid, 312.

27. Nova, WGBH Transcripts, 15 décembre 1987 ; *Secrets of the Red Paint People*, 6, 7.
28. Ibid, 11.
29. Anon, *The Truth About Atlantis*, 12–13.
30. Ibid.
31. Wilkins, *Secret Cities of Ancient South America*, 77.
32. Ibid.
33. Ibid, 78.
34. Cayce, Lecture 364–6.
35. Cayce, Lecture 1735–2.
36. Hancock, *Fingerprints of the Gods*, 488, 489.
37. Cayce, Lecture 1859–1. En ce qui a trait aux véhicules volants, voir Ezekiel 1:4–5, 15–28.
38. Winston, Shirley Rabb, lecture re : Edgar Cayce Readings, A.R.E., 22 septembre 1988.
39. Ibid.
40. Oliver, *Dweller on Two Planets*, 148–172.
41. Childress, *Lost Cities of China, Central Asia & India*, 241.
42. Donato, *A Re-examination of the Atlantis Theory*, 153.
43. Genèse 6:4.
44. Cayce, Lecture 1681–1.
45. Cayce, Lecture 1681–1.
46. John Mack, Conférence devant l'Association for Research and Enlightenment, 14 mai 1995.
47. Hope, *Practical Atlantean Magic*, 159.
48. Tomas, *The Home of the Gods*, 103.
49. Livre des Rois 2:6:17.
50. Livre des Rois 2:11–12.
51. Zacharie 6:1–7.
52. Isaïe 19:1, 1:9.
53. Genèse, 19:1.
54. Exode 24: 15–18.
55. Sitchin, *The Twelfth Planet*, 25–27.
56. Steiger, *The Fellowship*, 40.
57. Roberts, *Atlantean Traditions in Ancient Britain*, 77.
58. Ywahoo, *Voices of our Ancestors*, 11.
59. Kinder, *Light Years*, 67.
60. James Mullaney, astronome, Conférence devant l'Association for Research and Enlightenment, 12 mai 1995.
61. Ray Stanford, Conférence devant l'Association for Research and Enlightenment, 12 mai 1995.
62. Davenport, *Visitors from Time*, 85.

63.     Ray Stanford, Conférence devant l'Association for Research and Enlightenment, 12 mai 1995.

**Chapitre 6**
1.      Steiner, *Cosmic Memory*, 45.
2.      Michel, *The New View over Atlantis*, 90.
3.      Vigers, *Atlantis Rising*, 27.
4.      Ibid.
5.      Asher, *Ancient Energy*, 18.
6.      Tomas, *Home of the Gods*, 92.
7.      Tomas, *Atlantis from Legend to Discovery*, 132.
8.      Wilkins, *Secret Cities of Ancient South America*, 79.
9.      Raloff, *Science News*, 28 nbovembre 1987.
10.     Donato, *A Re-examination of the Atlantis Theory*, 153.
11.     Montgomery, *The World Before*, 61.
12.     Cayce, Lectures 621–1 et 419–1.
13.     Cayce, Lecture 262–39.
14.     Cayce, Edgar Evans, *Mysteries of Atlantis Revisited*, 38.
15.     Cayce, Lecture 621–1.
16.     Childress, *Lost Cities of Central Asia & India*, 245.
17.     Berlitz, *Atlantis, The Eighth Continent*, 215 ; Childress, *Lost Cities of Central Asia & India*, 245.
18.     Ibid, 216 ; Berlitz, *Mysteries from Forgotten Worlds*, 215.
19.     Ibid, 215.
20.     Sitchin, *The Wars of Gods and Men*, 342.
21.     Ibid.
22.     Childress, *Lost Cities of Central Asia & India*, 244.
23.     Montgomery, *The World Before*, 75.
24.     Donato, *A Re-examination of the Atlantis Theory*, 159.
25.     Cayce, Lecture 440–5.
26.     Winer, *The Devil's Triangle*, 212.
27.     Cayce, Lecture 2329–3.
28.     Cayce, Lecture 440–5.
29.     Hoffman, « Ancient Magnetic Reversals : Clues to the Geo Dynamo », *Scientific American*, mai 1988, 76.
30.     Ibid.
31.     Michell, *The New View Over Atlantis*, 211.
32.     Watkins, *Ley Hunter's Manual*, chapitre 2.
33.     Noorbergen, *Secrets of the Lost Races*, 115.
34.     Asher, *Ancient Energy*.
35.     Ibid, ix.
36.     Davenport, *Visitors from Time*, 248.
37.     Moore et Berlitz, *The Philadelphia Experiment*.

38. Nichols, *The Montauk Project*.
39. Ibid, 65.
40. Ibid, 142.
41. Hitching, *Earth Magic*, 256.
42. Ibid, 96.
43. Michell, *The New View Over Atlantis*, 208.
44. Ibid, 47.
45. Hancock, *Fingerprints of the Gods*, 190.
46. Sitchin, *The Twelfth Planet*, 197.
47. Ibid, 189.
48. Marshack, *Reading before Writing*.
49. Michell, *The New View Over Atlantis*, 88.
50. Ibid, 86.
51. Ibid, 87.
52. Wilkins, *Secret Cities of Ancient South America*, 72.
53. West, *Serpent in the Ski*, 71.
54. Carlson, *The Great Migration*, 33, 34.
55. Caldwell, *The Romance of Atlantis* ; Oliver, *A Dweller on Two Planets*, 48.
56. Caldwell, *The Romance of Atlantis*.
57. Oliver, *A Dweller on Two Planets*, 136.
58. Hope, *Practical Atlantean Magic*, 110.
59. Noorbergen, *Secrets of the Lost Races*, 117.
60. Dave et Lane, The Rainbow of Life, 30.
61. Cayce, *Auras*.
62. Dave et Lane, *The Rainbow of Life*, 13, 61.
63. Asher, *Ancient Energy*, 52.
64. Ibid, 10.
65. Cayce, *Auras*, 15.
66. Herma Waldthausen.
67. Wood, *The Healing Power of Color*.
68. Campbell, « Music : Medicine for the New Millen nium », *Venture Inward*, janvier/février 1996, 11, 12.
69. Alper, *Exploring Atlantis*, 21.
70. Ibid, 16.
71. Cayce, Lecture 470–33.
72. Warren Russell.
73. Valentine, *Psychic Surgery*.
74. Sithchin, *The Twelfth Planet*, 33.
75. Ibid, 33–35.
76. Berlitz, *Mysteries from Forgotten Worlds*, 55.
77. Steiger, *Atlantis Rising*, 78.
78. Ibid.
79. Ibid.

80.     Goodman, *American Genesis*, 223.
81.     Cerminara, *Many Mansions : The Edgar Cayce Story of Reincarnation*, 176.
82.     Wood, « The body Electric », *Backpacker Magazine*, novembre 1986.
83.     Michell, *The New View Over Atlantis*, 88.
84.     Cayce, Lecture 440–5.
85.     Caldwell, *The Romance of Atlantis*, 18.
86.     Solomon, *Excerpts from the Paul Solomon Tapes*, 9.
87.     Caldwell, *The Romance of Atlantis*, 18.

**Chapitre 7**
1.      Vigers, *Atlantis Rising*, 32.
2.      Oliver, *A Dweller on Two Planets*, 420.
3.      Spence, *The Occult Science in Atlantis*, 23.
4.      Ibid, 92–94.
5.      Ibid.
6.      Wilkins, *Secret Cities of Old South America*, 68.
7.      Firman, *Atlantis, A Definitive Study*, 6.
8.      Anon., *The Truth About Atlantis*, 38.
9.      Wagner a immortalisé Wotan comme une puissance manifestation de la source de vie dans son grand opéra *Der Ring des Nigelungen*.
10.     Hansen, *The Ancient Atlantis*, 355, 356.
11.     Ibid.

**Chapitre 8**
1.      Cayce, Lecture 1681–1.
2.      Randall–Stevens, *Atlantis to the Latter Days*, 157.
3.      Spence, *The Problem of Atlantis*, 63.
4.      Berlitz, *Mysteries from Forgotten Worlds*, 112.
5.      Spanuth, *Atlantis of the North*, 124.
6.      Donato, *A Re-examination of the Atlantis Theory*, 195.
7.      Spence, *Occult Sciences in Atlantis*, 100.
8.      Ibid.
9.      Roberts, *Atlantean Traditions in Ancient Britain*, 106.
10.     Donato, *A Re-examination of the Atlantis Theory*, 183.
11.     Zhirov, *Atlantis*, 211.

**Chapitre 9**
1.      Bower, « Rivers in the Sand », *Science News*, 26 août 1989, 136.
2.      Berlitz, *Atlantis : The Eighth Continent,* 123.
3.      Hansen, *The Ancient Atlantic*, 187.

4. Sykes, dans Donnelly, *Atlantis : The Antediluvian World*, 223.
5. Tomas, *Atlantis from Legend to Discovery*, 141.
6. Hansen, *The Ancient Atlantic*, 33, 381.
7. Ibid, 130.
8. Ibid, 107.
9. Porch, *The Conquest of the Sahara*, 35.
10. Berlitz, *The Mystery of Atlantis*, 172.
11. Donato, *An Examination of the Atlantis Theory*, 191.
12. Hansen, *The Ancient Atlantis*, 291.
13. Ibid, 128.
14. Cayce, Edgar Evans, *On Atlantis*, 136–142.
15. Clapp, Anne Lee, lecture re : Edgar Cayce Readings, A.R.E., 22 septembre 1988.
16. Cayce, Lecture 966–1.
17. Cerminara, *Many Mansions : The Edgar Cayce Story on Reincarnation*, 176.
18. Prideaux, *Cro-Magnon Man, Time-Life Book*, 46.
19. Hancock, *Footprints of the Gods*, 412.
20. West, *Serpent in the Sky*. Dans cet ouvrage volumineux et bien documenté, John Anthony West défend les derniers travaux effectués par l'égyptologue Schiller de Lubicz. Celui-ci croyait qu'une haute sagesse était conservée vivante à travers les siècles dans l'Égypte antique.
21. Sitchin, *The Twelfth Planet*, 84.
22. Zhirov, *Atlantis*, 378.
23. Hancock, *Fingerprints of the Gods*, 449.
24. Tompkins, *Secrets of the Great Pyramid*, 1, 220.
25. Ibid, 103.
26. Ibid, 17.
27. Tomas, *Atlantis from Legend to Discovery*, 114.
28. Ibid.
29. Tompkins, *Mysteries of the Mexican Pyramids*, 279.
30. Ibid, 241.
31. Tompkins, *Secrets of the Great Pyramid*, 193.
32. Heinberg, *Memories and Visions of Paradise*, 181.
33. Sitchin, *The Stairway to Heaven*, 302.
34. Cayce, Lecture 5748–6.
35. Cayce, Edgar Evans, *Mysteries of Atlantis Revisited*, 151.
36. Cayce, Lecture 5748–6.
37. Solomon, *Excerpts from the Paul Solomon Tapes*, 12. Paul Solomon, ordonné ministre, possédait une maîtrise

en éducation religieuse. Sous hypnose, il a posé des diagnostics et des traitements efficaces sur le plan médical, en plus de livrer de l'information au sujet de l'Atlantide.

38. King, *Pyramid Eneregy Handbook*, 27.
39. Braghine, *The Shadow of Atlantis*, 111.
40. Hancock, *Fingerprints of the Gods*, 438.
41. Tomas, *From Legend to Discovery*, 138.
42. Graghine, *The Shadow of Atlantis*, 111.
43. Mertz, *Atlantis, Dwelling Place of the Gods*, 74.
44. Hancock, *Footprints of the Gods*, 386.
45. Sykes, dans Donnelly, *Atlantis : The Antediluvian World*, 262.
46. Donato, *Examination of the Atlantis Theory*.
47. Roberts, *Atlantean Traditions in Ancient Britain*, 32.
48. Ibid, 40.
49. Ibid.
50. Ibid.
51. Gregory, *Gods and Fighting Men*, 27.
52. Hope, *Practical Atlantean Magic*, 109.
53. Roberts, *Atlantean Traditions in Ancient Britain*.
54. Ibid, 77.
55. Zink, *The Stones of Atlantis*, 154.
56. Wilkins, *Secret Cities of Old South America*, 71.
57. Ibid.
58. Hansen, *The Ancient Atlantic*, 290.
59. Wilkins, *Secret Cities of Old South America*, 71.
60. Hansen, *The Ancient Atlantic*, 290.
61. Spence, *The History of Atlantis*, 179.
62. Michell, *The New View over Atlantis*, 200.
63. Roberts, *Atlantean Traditions in Ancient Britain*.
64. Ibid.
65. Ibid, 54.
66. Ibid, 9.
67. Ibid, 16.
68. Strabo, un géographe et historien grec ayant vécu de 63 av. J.-C. à 21 ap. J.-C.
69. Berlitz, *Mysteries from Forgotten Worlds*.
70. Asher, *Ancient Energy*, 123.
71. Cayce, Lectures 3541–1, 2545–1 et 2677–1.
72. Cavalli-Sforza, « Luigi Luca, Genes, Peoples and Languages », *Scientific American*, novembre 1991, 108.
73. Siebert, *Atlantis in Peru*, 18 ; Braghine, *The Shadow of Atlantis*, 187.

74. Berlitz, *The Mystery of Atlantis*, 157–158.
75. Schonfield, *Secrets of the Dead Sea Scrolls*, tiré de Vigers, *Atlantis Rising*, 6.
76. Vigers, *Atlantis Rising*, 6.
77. Wilkins, *Secret Cities of Old South America*, 369.
78. Ibid.
79. Wilkins, *Secret Cities of Old South America*, 69.
80. Spence, *The Occult Sciences in Atlantis*, 98.
81. Tompkins, *Mysteries of the Mexican Pyramids*, 333–338.
82. Ibid, 280.
83. Braghine, *The Shadow of Atlantis*, 222.
84. Carlson, *The Great Migration*.
85. Graghine, *The Shadow of Atlantis*, 222.
86. Goodman, *American Genesis*, 270.
87. Wilkins, *Secret Cities of Ancient South America*, 64.
88. Noorbergen, *Secrets of the Lost Races*, 136.
89. Cayce, Edgar Evans, *Mysteries of Atlantis Revisited*, 105.
90. Zhirov, *Atlantis*, 378.
91. Cayce, Lecture 1616–1.
92. Wilkins, *Secret Cities of South America*, 69.
93. Bramwell, *Lost Atlantis*, 269 (traduction de O.A. Pritchard, 1911).
94. Ibid.
95. Berlitz, *The Mystery of Atlantis*, 52.
96. Muck, *Atlantis*, 200, 201.
97. Hansen, *The Ancient Atlantic*, 282.
98. Berlitz, *Mysteries from Forgotten Worlds*, 131.
99. Berlitz, *Atlantis, The Eighth Continent*, 56.
100. Spence, *The Myths of Mexico and Peru*.
101. Tompkins, *Mysteries of the Mexican Pyramids*, 340.
102. Hadingham, *Lines to the Mountain God*, 202.
103. Ibid.
104. Beltran, Cuzco, *Window on Peru*, 46–48.
105. Tomas, *The Home of the Gods*, 76.
106. Siebert, *Atlantis in Peru*.
107. Verill et Verill, *America's Ancient Civilizations*, 310–315.
108. Michell, *The New View Over Atlantis*, 208.
109. Zhirov, *Atlantis*, 353.
110. Cayce, Lecture 1219–1.
111. Zink, *Atlantis*, 112.
112. Cayce, Lecture 3528–1.

113. Berlitz, *Mysteries from Forgotten Worlds*, 146.
114. Hansen, *The Ancient Atlantic*, 302.
115. Mertz, *Atlantis, Dwelling Place of the Gods*, 127.
116. Hansen, *The Ancient Atlantic*, 39.
117. Ibid, 99.
118. Ibid, 103.
119. Ted Bauer, dans *The Marietta Times*.
120. Ywahoo, *Voices of Our Ancestors*, 16.
121. Hansen, *The Ancient Atlantic,* 281.
122. Ibid, 274.
123. Ibid.
124. Waters, *The Book of the Hopi*, 17.
125. Noorbergen, *Secrets of the Lost Races*, 156.
126. Ibid, 156.
127. Hansen, *The Ancient Atlantic*, 292.
128. Ibid.
129. Noorbergen, *Secrets of the Lost Races*, 156.
130. Hansen, *The Ancient Atlantic*, 304.
131. Ibid, 99.

**Chapitre 10**
1. Sykes, *Atlantis*, volume 27, n° 3, 48.
2. Braghine, *The Shadow of Atlantis*, 53.
3. Stevens, *UFO... Contact from Reticulum*, 139, 386.
4. Davenport, *Visitors from Time*, 33–35.
5. Ibid.

# BIBLIOGRAPHIE

*L'Atlantide* est fondé sur plusieurs sources en plus de celles qui apparaissent dans la liste suivante. Je n'y ai inclu que les références qui me semblaient les plus utiles au lecteur intéressé à approfondir certaines questions brièvement abordées dans ces pages, ou désirant vérifier l'information contenue dans le livre.

Allegre, Claude. *The Behavior of the Earth, Continental and Seafloor Mobility*. Cambridge, Mass. : Harvard University Press, 1988.

Alper, Frank, Dr. *Exploring Atlantis*. Irvine, Calif. : Quantum Productions, 1981.

Alvarez, William et Asaro, Frank. What caused the Mass Extinction? An Extraterrestrial Impact, *Scientific American*, octobre 1990.

Anon, *The Truth about Atlantis*. Albuquerque, N. Mex.: Sun Publishing, 1971.

Asher, Maxine, *Ancient Energy*. New York : Harper & Row, 1979.

Bahm, Paul G. et Jean Vertut. *Images of the Ice Age*. Londres : Bellow Publication Co., Ltd., 1988.

Begley et Lief. The Way We Were. *Newsweek*, 10 novembre 1986.

Bellamy, H.S. *The Atlantis Myth*. Londres : Faber & Faber Ltd., 1947.

Beltran, Marian. *Cuzco, Window on Peru*. New York : Alfred A. Knopf, 1970.

Berlitz, Charles. *Atlantis : The Eighth Continent*. New York : Fawcett Crest, 1984.

--------. *Mysteries from Forgotten Worlds*. New York : Doubleday & Co., Inc. 1972.

--------. *The Mystery of Atlantis*. New York : Grosset & Dunlap, 1969.

Bloxham, Jeremy et David Gubbins. The Evolution of the Earth's Magnetic Field. *Scientific American*, décembre 1989.

Bord, Janet et Colin. *Mysterious Britain*. St. Albans, Angleterre : Granada Publishing Ltd., 1975.

Bower, Bruce. Rivers in the Sand. *Science News*, 26 août 1989.

--------. Humans in the Late Ice Age. *Science News*, 13 décembre 1986.

Boid, Capitaine G. A. *Description of the Azores or Western Islands*. Londres : Edward Churton, 1835.

Braghine, Alexander Pavlovitch. *The Shadow of Atlantis*. Wellinborough, Northamptonshire : The Aquarian Press, 1940.

Bramwell, James. *Lost Atlantis*. New York : Harper & Bros. 1938.

Broecker, Wallace C. Et George H. Denton. What Drives Glacial Cycles? *Scientific American*, janvier 1990.

Bryant, Alice et Phyllis Galde. *The Message of the Crystal Skull*. St. Paul, Minn. : Llewellyn Publications, 1989.

Caldwell, Taylor. *The Romance of Atlantis*. New York : William Morrow & Co., 1975.

Carlson, Vada F. *The Great Migration*. Virginia Beach, Va. : A.R.E. Press, 1970.

Cayce, Edgar Evans. *On Atlantis*. New York : Hawthorne Books, 1968.

--------. *Mysteries of Atlantis Revisited*. San Francisco : Harper & Row, 1988.

--------. *Auras*. Virginia Beach, Va. : A.R.E. Press, 1987.

Cerminara, Gina. *Many Mansions : The Edgar Cayce Story of Reincarnation*. New York : New American Library Signet Book, 1950.

Charroux, Robert. *The Mysteries of the Andes*. New York : Avon Books, 1977.

Childress, David Hatcher. *Lost Cities of Atlantis, Ancient Europe & the Mediterranean*. Stelle, Ill. : Adventures Unlimited Press, 1996.

--------. *Lost Cities of Central Asia & India*. Stelle, Ill.: Adventures Unlimited Press, 1991.

Clark, Thurston. *The Last Caravan*. New York : G.P. Putnam's Sons, 1978.

Coleman, Arthur P. *The Last Million Years*. Toronto : University of Toronto Press, 1941.

Colinvaux, Paul A. The Past and Future Amazon. *Scientific American*, mai 1989.

Countryman, J. *Atlantis and the Seven Stars*. New York: St. Martin's Press, 1979.

Courtillot, Vincent E. What Caused the Mass Extinction? A Volcanic Eruption. *Scientific American*, octobre 1990.

Cummins, Geraldine. *The Fate of Colonel Fawcett*. Londres : The Aquarian Press, 1955.

Davenport, Marc. *Visitors from Time*. Tigard, Oregon : Wildfire Press, 1992.

De Camp, L. Sprague. *Lost Continents : The Atlantis Theme in History, Science, and Literature.* New York : Dover, 1970.

Donato, William M. *A Re-examination of the Atlantis Theory.* Self-published, 1979.

Donnelly, Ignatius. *Atlantis : The Antediluvian World.* Edited by Edgarton Sykes. New York : Gramercy Publishing Co., 1949.

--------. *The Destruction of Atlantis, Ragnarok : The Age of Fire and Gravel.* New York : Steiner Publications, 1971.

Downing, Barry H. *The Bible & Flying Saucers.* New York : Avon Books, 1968.

Durning, Alan T. *How Much is Enough?* New York : Norton & Co., 1992.

Ebon, Martin. *Atlantis, The New Evidence.* New York : New American Library, 1977.

Ferro, Robert et Michael Grumley. *Atlantis : The Autobiography of a Search.* New York : Doubleday & Co., Inc., 1970.

Firman, George. *Atlantis, A Definitive Study.* Hallmark Litho, Inc., 1985.

Fix, William R. *Pyramid Odyssey.* New York : Mayflower Books, 1978.

Folliot, Katherine, A. *Atlantis Revisited.* Great Britain : Information Printing, 1984.

Garvin, Richard. *The Crystal Skull.* New York : Doubleday & Co., Inc. 1973.

Germinara, Gina. *Many Mansions.* New York : New American Library Signet Book, 1950.

Goodman, Jeffrey. *American Genesis.* New York : Summit Books, 1981.

--------. *The Genesis Mystery.* New York : Times Books, 1983.

Gordon, Cyrus, H. *Before Columbus.* New York : Crown Publishing, 1971.

Gregory, Lady Augustus. *Gods and Fighting Men.* New York : Oxford University Press, 1970.

Grigson, Geoffrey. *The Painted Caves.* Londres : Phoenix House Ltd., 1957.

Guiley, Rosemary Ellen. *Tales of Reincarnation.* New York : Pocket Books, 1989.

Hadingham, Evan. *Secrets of the Ice Age.* New York : Walker, 1979.

--------. *Lines to the Gods, Nazca and the Mysteries of Peru*. New York : Random House, 1987.

Halifax, Joan. *Shamanic Voices*. New York : Penguin Books, 1979.

--------. *The Fruitful Darkness*. San Francisco : Harper-Collins, 1993.

Hall, Manly P. *Atlantis*. Los Angeles : Philosophical Research Society, 1976.

--------. *The Secret Teachings of All Ages*. Los Angeles : Philosophical Research Society, 1977.

Hammerschlag, Carl A., M.D. *The Dancing Healers*. San Francisco : Harper & Row, 1988.

Hancock, Graham. *Fingerprints of the Gods*. New York: Crown Publishers, Inc., 1995.

Hansen, Lucille Taylor. *The Ancient Atlantic*. Amherst, Wis. : Amherst Press, 1969.

Hapgood, Charles. *Maps of the Ancient Sea Kings : Evidence of Advanced Civilization in the Ice Age*. Philadelphie: Chilton Book Co., 1966.

--------. *The Path of the Pole*. Philadelphia : Chilton Book Co., 1970.

Heinberg, Richard. *Memories and Visions of Paradise*. Los Angeles : Jeremy P. Tarcher, Inc., 1989.

Hitchings, Francis. *Earth Magic*. New York : Pocket Books, 1976.

Hoffman, Kenneth A. Ancient Magnetic Reversals, Clues to the Geodynamo. *Scientific American*, mai 1988.

Holt, Etelka. *The Sphinx and the Great Pyramid*. Church Universal and Triumphant Inc., 1975.

Homet, Marcel P. *Sons of the Sun*. Londres : Hapgood, 1963.

Hope, Murry. *Practical Atlantean Magic*. Londres : The Aquarian Press, 1991.

--------. *Atlantis–Myth or Reality?* Londres : Penguin Books, 1991.

Imbrie, John et Katherine Palmer. *Ice Ages*. Hillside, New Jersey : Enslow Publishers, 1979.

Joseph, Francis. *The Destruction of Atlantis*. Olympia Fields, Illinois : Atlantis Research Publishers, 1987.

Kinder, Gary. *Light Years*. New York : The Atlantic Monthly Press, 1987.

King, Serge V. *Pyramid Energy Handbook*. New York : Warner Books, 1977.

Klossowski de Rola, Stanislas. *Alchemy*. New York : Avon Books, 1973.

Lafferty, Laverdi et Bud Holowell. *The Eternal Dance*. St. Paul, Min. : Llewellyn Publications, 1983.

Le Plongeon, Augustus. *Maya/Atlantis : Queen Moo and the Egyptian Sphinx*. New York : Steiner Publications, 1973.

--------. *Sacred Mysteries*. New York : Publishing and Masonic Supply Co., 1909.

Levin, Harold L. *The Earth Through Time*. New York : Saunders College Publishing, 1983.

Lovelock, James. *The Ages of Gaia*. New York : Norton & Co., 1988.

Luce, J.V. *Lost Atlantis, New Light on an Old Legend*. New York : McGraw-Hill, 1969.

MacLeish, William H. *The Gulf Stream*. Boston : Houghton Mifflin Co, 1989.

Maver, James W. *Voyage to Atlantis*. New York : G.P. Putnam's Sons, 1969.

Mertz, Henriette, *Atlantis, Dwelling Place of the Gods*. Chicago, Ill. : Mertz, 1976.

Michell, John. *The View over Atlantis*. New York : Balantine, 1969.

--------. *The New View over Atlantis*. San Francisco : Harper & Row, 1983.

Montgomery, Ruth. *The World Before*. New York : Ballantine Books, 1976.

Moore, William L. et Charles Berlitz. *The Philadelphia Experiment*. New York : Fawcett Crest, 1979.

Muck, Otto Heinrich. *The Secret of Atlantis*. New York : Times Books, 1978.

Nichols, Preston B. et Peter Moon. *The Montauk Project*. New York : Sky Books, 1992.

Noorbergen, Rene. *Secrets of the Lost Races : New Discoveries of Advanced Technology in Ancient Civilization*. New York : The Bobbs-Merrill Co., Inc., 1977.

Nova, Show #2107, *In Search of Human Origins*, Partie II, 1er mars 1994.

O'Brien, Henry. *Atlantis in Ireland : The Round Towers of Ireland*. New York : Steiner Publications, 1976.

Oliver, F.S. et Phylos. *A Dweller on Two Planets*. Los Angeles : Borden Publishing Co., 1952.

Patten, Donald Wesley. *The Biblical Flood and the Ice Epoch*. Seattle : Pacific Meridian Publishers, 1966.

Pellegrino, Charles. *Unearthing Atlantis : An Archaeological Odyssey*. New York : Random House, 1991.

Pennick, Nigel. *The Ancient Science of Geomancy*. Londres : Thames & Hudson, 1979.

Pheiffer, John E. Cro-Magnon Hunters Were Really Us, Working Out Strategies for Survival. *Smithsonian*, 1986.

Phelon. *Our Story of Atlantis*. Calif. : Hermetic Brotherhood, 1903.

Platon. *Timaeus and Critias*. Trad. R. G. Bury. Cambridge, Mass. : Harvard University Press, 1929.

Porch, Douglas. *The Conquest of the Sahara*. New York : Alfred A. Knopf, 1984.

Prideaux, Thomas. *Cro-Magnon Man*. New York : Time-Life Books, 1973.

Rae, Stephen. John Mack. *New York Times Magazine*, 20 mars 1994.

Ramage, Edwin S. *Atlantis, Fact or Fiction?* Bloomington, Ind. : Indiana University Press, 1978.

Randall-Stevens, H.C. *Atlantis to the Latter Days*. Londres : Knights Templars of Aquarius, 1957.

Roberts, Anthony. *Atlantean Traditions in Ancient Britain*. Londres : Rider & Co., 1975.

Robinson, Lytle. *Edgar Cayce's Story of the Origin and Destiny of Man*. New York : Berkeley Publishing Corp., 1972.

Romant, Bernard. *Life in Egypt in Ancient Times*. Genève : Éditions Minerva, 1978.

Ryan, Charles J. *Notes on the Place of Atlantis in World Evolution*. Escondido, Calif. : The Book Tree, 1997.

Schul, Bill et Edward Pettit. *The Secret Power of Pyramids*. New York : CBS Publications, Ballantine Books, 1975.

Scott-Elliot, W. *The Story of Atlantis and the Lost Lemura*. London : Theosophical Publishing House Ltd., 1930.

Schure, Edouard. *From Sphinx to Christ : An Occult History*. New York : Steiner, 1970.

Siebert, Karola. *Atlantis in Peru*. Londres : Markham House Press, 1968.

Sitchin, Zecharia. *Genesis Revisited*. New York : Avon Books, 1990.

--------. *Stairway to Heaven*. New York : Avon Books, 1980.

--------. *The Twelfth Planet*. New York : Avon books, 1976.

--------. *Wars of Gods and Men*. New York : Avon Books, 1985.

Solomon, Paul. *Excerpts from the Paul Solomon Tapes.* Fellowship of Inner Light, 1974.

Spanuth, Jergen. *Atlantis of the North.* Londres : Reinhold Co., 1979.

Spence, Lewis. *Atlantis in America.* Santa Fe, N. Mex.: Sun Publishing Co., 1981.

--------. *The Problem of Atlantis.* Londres : Rider & Son, 1924.

--------. *The History of Atlantis.* New York : University Books, Inc., 1968.

--------. *The Myths of Mexico and Peru.* Londres : George C. Harrapt and Co., 1913.

--------. *The Occult Sciences in Atlantis.* New York : Samuel Weiser, Inc., 1978.

Stahel, H.R. *Atlantis Illustrated.* New York : Grosset & Dunlop, 1971.

Steiger, Brad. *Atlantis Rising.* New York : Dell Publishing Co., Inc., 1973.

--------. *The Fellowship.* New York : Doubleday & Co., Inc., 1988.

Steiner, Rudolph. *The Story of Atlantis and the Lost Lemuria.* Londres : The Theosophical Publishing House, Ltd., 1930.

--------. *Cosmic Memory.* West Nyack, New York : Steiner Publications, 1959.

Stemman, Roy. *Atlantis and the Lost Lands.* New York: Doubleday & Co., Inc., 1977.

Stevens, Wendell C. UFO... *Contact from Reticulum.* Tucson, Ariz. : Wendell Stevens (self-published), 1981.

Sugrue, Thomas. *There is a River – The Story of Edgar Cayce.* New York : Dell Publishing Co., Inc., 1970.

Sykes, Edgarton. *Atlantis.* Volume 27, n° 3, mai–juin 1974. Brighton, Angleterre : Markham House Press.

--------. *Atlantis.* Volume 27, n° 4, juillet–août 1974. Brighton, Angleterre : Markham House Press.

Temple, Robert K.G. *The Sirius Mystery.* New York : St. Martin's Press, 1976.

Tomas, Andrew. *Atlantis from Legend to Discovery.* Londres : Robert Hale & Co., 1972.

--------. *The Home of the Gods.* New York : Berkeley Publications, 1972.

--------. *We Are Not First.* New York : Bantam Books, 1971.

Tompkins, Peter. *Mysteries of the Mexican Pyramids*. New York : Harper & Row, 1976.

--------. *Secrets of the Great Pyramid*. New York : Harper & Row, 1971.

Trefil, James. Stop to Consider the Stones that Fall from the Sky. *Smithsonian*, septembre 1989.

Turnbull, Coulson. *Sema-Kanda–Threshold Memories*. New York : Random House, 1976.

Valentine, Thomas. *Psychic Surgery*. Chicago : Henry Regnery Co., 1973.

Van Sertima, Ivan. *They Came Before Columbus*. New York : Random House, 1976.

Velikovsky, Immanuel. *Earth in Upheaval*. New York : Dell Publishing Co., Inc., 1973.

--------. *Worlds in Collision*. New York : Macmillan, 1950.

Verill, Alpheus Hyatt et Ruth. *America's Ancient Civilization*. New York : G.P. Putnam's Sons, 1953.

Vigers, Daphine. *Atlantis Rising*. Londres : Aquarian Press, 1952.

Von Daniken, Erich. *Pathways to the Gods*. New York : B.P. Putnam's Sons, 1982.

Warshofsky, Fred. Noah, the Flood, the Facts. *Reader's Digest*, vol. III, n° 665, septembre 1977.

Waters, Frank. *Book of the Hopi*. New York : Penguin Books, 1963.

Watkins, Frank. *Ley Hunter's Manual*. Wellingborough, Northamptonshire : Turnstone Press Limited, 1983.

Wauchope, Robert. *Lost Tribes and Sunken Continents : Myth and Method in the Study of American Indians*. Chicago : University of Chicago, 1962.

West, John Anthony. *Serpent in the Sky*. New York : Harper & Row, 1979.

WGBH Transcripts. *Secrets of the Lost Red Paint People*. Boston, Mass. : WGBH Educational Foundation, 1987.

White, John. *Pole Shift*. Virginia Beach, Va. : A.R.E. Press, 1986.

White, Peter. *The Past Is Human*. New York : Taplinger Publishing Co., 1974.

White, Robert S. Et Daniel P. McKenzie. Volcanism at Rifts. *Scientific American*, juillet 1989.

Wilkins, Harold T. *Mysteries of Ancient South America*. New York : The Citadel Press, 1956.

--------. *Secret Cities of Old South America*. Londres : Rider & Co., 1950.

Winer, Richard. *The Devil's Triangle*. New York : Bantom Books, Inc., 1974.

Wood, Betty. *The Healing Power of Colour*. Wellingborough, Northamptonshire : Aquarian Press, 1984.

Wright, Machaella Small. *Perelandra Garden Workbook*. Jeffersonton, Va. : Perelandra, Ltd., 1987.

Wright, Robert. Quest for the Mother Tongue. *The Atlantic Monthly*, April 1991.

Wycoff, James. *The Continent of Atlantis*. New York : G.P. Putnam Sons, 1968.

Ywahoo, Dhyani. *Voices of Our Ancestors*. Boston : Shambhala, 1987.

Zhirov, Nicolai F. *Atlantis. Moscou* : Progress Publishers, 1970.

Zink, David D. *The Stones of Atlantis*. New York : Prentice-Hall, Inc., 1978.

--------. *The Ancient Stones Speak*. New York : Prentice-Hall, Inc., 1990.